福祉ライブラリ

現代の地域福祉

第2版

2021年度社会福祉士・精神保健福祉士養成
新カリキュラム対応

都築光一　編著

日下輝美・熊坂　聡・佐藤哲郎・柴田邦昭・菅原里江
豊田正利・中村健治・長谷川武史・吉田守実
共著

建帛社
KENPAKUSHA

は し が き

　少子高齢化が進行する今日，社会に占める社会福祉分野の役割が非常に大きくなってきております。それと同時に，社会福祉の仕事を担う福祉専門職の意義が高まってきており，社会の期待に応えていかなければならない責任も重くなってきております。

　社会福祉分野における取り組みは，私たちが生活を営む地域社会を基盤に，様々な形で展開されています。一方でその地域社会においては，人々のつながりが希薄になってきています。その地域社会では，高齢者から子どもまで，さらには障害のある人・ない人など，様々な人々が生活しています。私たちの地域社会は，誰もが安心して幸せに暮らせるものでなければなりません。加えてその地域づくりの主体は，あくまでもその地域で生活している住民でなければならないのです。そこで，地域を基盤とした様々な社会福祉の実践のあり方が求められます。さらにはその取り組みを支援する担い手が求められ，その担い手として，社会福祉の専門家が求められてきているのです。

　本書は，そのような新しい時代の新しい地域福祉に関する，福祉専門職を目指す方々のためのテキストです。本書の前身は，2012年に初版を発行した『地域福祉の理論と実際』であり，版を重ねてきましたが，2021年度から実施される新たな社会福祉士養成のカリキュラムに則り，『現代の地域福祉』と改題して内容を一新しました。新カリキュラムの「地域福祉と包括的支援体制」に対応するだけでなく，今後一層重要視されると思われる部分や，現場においては必須となるであろうと思われる事項に関する内容も盛り込んでおります。

　地域福祉を学ぶ皆さんにとって，一にも二にも有益なテキストであることを願うと同時に，皆さん一人ひとりの志がかない，それによってわが国の地域福祉の一層の充実が図られることを願ってやまないところです。

2020年10月

編者　都築 光一

第2版にあたって

　本書は2020（令和2）年10月に初版を発行したところであるが，刻々と変化する地域の状況等に対応した内容とするため，調査や統計のデータを更新し，このたび「第2版」を発行することとした。

2022年4月

編者　都築　光一

目　　次

第8章　災害と地域福祉

序章　地域福祉を学ぶ

第1節　今，地域福祉を学ぶこと

　日本では，1970年代以降，地域福祉という新たな福祉の考え方が唱えられるようになった。地域における様々な取り組み事例が，現在まで社会の状況に応じて毎年のように紹介されている。これらは，地域住民の主体的な取り組みであったり，国が奨励する地域づくりの取り組みであったりなど，福祉分野からの人々の生活を支える様々な活動が，地域を中心として実践された取り組みである。

　これら地域の取り組みが，地域福祉として意味を有する活動となるためには，第一に，あらゆる人々に対して例外なく，人々の生活の場において活動が展開される必要がある。第二に，福祉の当事者性が重視される必要がある。そして第三に，住民が主体となる活動であることという点があげられる。この場合福祉は，その目的が人に向けられるべきであって，人を手段とするものであってはならないという点を基本にする。その上で地域福祉は，地域住民等が人的社会的資源等を活用して，福祉コミュニティの構築を目指す実践をいう。したがって社会福祉の取り組みが，わが国全体に遍く行き届いたものとなるためには，地域において地域住民を中心に実践される必要があるのである。

　人々は日常生活を送る上で，共に協力し合って生活する。その際に，進化論を唱えたダーウィンが言うように人類は，集団の中で弱い立場の者も含めて，安心して暮らせるように「社会」という仕組みを作り上げた。したがって本来は，すべての人が社会の一員として，しあわせに暮らせるようでなければならない。このため社会の中で，和やかな生活を送っている住民がいる一方で，片や日々の生活に苦しむ住民が存在していることは，基本的には許されない状況であり，矛盾した社会であるといわなければならない。とりわけ社会的に弱い

立場の住民が出現することは，本来あってはならないことである。

　しかし「社会」が形成されたときから，こうした矛盾した状況は常に出現していた。この課題に取り組むため様々な実践が試みられ，現在に至っており，地域福祉もこの取り組みの一つなのである。このことは地域福祉を学ぶ上で，基本的な事項として理解されなければならない。

第2節　地域福祉の具体的な展開

　地域福祉という用語は，欧米ではわが国にいう社会福祉とほぼ同義に扱われているのに対して，わが国では社会福祉とは区別して取り扱っている。これは福祉の歴史的背景に違いがあるためである。加えて地域福祉に関しては，社会福祉の具体的な展開の中で捉えられることが一般的で，近年では市町村圏域もしくはさらに市町村内の小単位地域を範域とした，具体的な活動の展開を想定したうえで述べられることが多くなっている。

　そこで重要となるのは，具体的な展開の場面においては，住民が主体的であったり行政が主導する場合であったり，専門職が中心となったりなど，様々な形態があるということである。加えて活動の展開が主たる内容だったりサービス提供が中心だったりなど，実践の内容も多様となっている。しかしそうはいっても地域福祉は，住民が主体であり，加えて福祉の当事者性が確保されることから，その展開過程においては内実が重要となる。さらにいえば，地域における活動は，取り組んだからといって即結果や効果が目に見えて表れるものではない。月単位はおろか年単位で取り組んで，初めて効果が確認されるかどうかという場合も少なくはない。それは，仕組みや活動を展開する多くの地域住民に，地域福祉に関する理解が浸透し根付くまで時間を要するからである。そのような丁寧な取り組みがあってこそ，地域に定着した活動が展開できるようになる。そのためどのような実践の過程を経て内実を確保し，それによって現在の地域の実情がどうなっているのかを学ぶ必要がある。

　こうして住民主体の地域づくりが福祉分野から具体的に取り組まれることにより，福祉のまちづくりに通じることに理解を深めることが望まれている。

地域福祉とは何か

　地域福祉は，欧米ではわが国にいう社会福祉とほぼ同義に扱われている。これに対して，わが国では社会福祉とは区別するのが通例となっている。ここでは，地域福祉の理念・原理や概念などの基本的な考え方について整理する。

第1節　地域福祉とは何か

　地域福祉は，社会福祉の分野の中でも比較的新しい領域である。ここではこれまでの主要な理論を概括し，主要な概念や社会福祉法の規定内容を整理しつつ，地域福祉について理解する。

1 地域福祉の主要な理論

　地域福祉について，わが国で最初に概念化したのは岡村重夫である。岡村は欧米のコミュニティ・ケアの概念を紹介しながら，「地域共同社会による保護サービス」となっている点が特徴であるとし，その本質については「地域住民の自発性と協同的行動によるサービス活動である点に本質をもつ」[1]と述べた。ここで岡村は，地域住民がサービス主体者であり，在宅の対象者との社会関係と精神的紐帯が生まれ，地域社会の一員になるという点に着目している。その上で岡村は，福祉コミュニティという概念を唱えた。この岡村の地域福祉の概念は，時代を反映してノーマライゼーションの理念の普及と相まって一般化していった。今日岡村の地域福祉に関する概念は，未だに地域福祉論の基軸を構成する重要な理論となっている。後年岡村は，M.G.ロスのコミュニティ・オーガニゼーション理論を翻訳し紹介した。このM.G.ロスのコミュニティ・オーガニゼーション理論は，後に園田恭一によって，日本に導入するための検討がなされた[2]。このように，地域福祉に関する概念とその実践に関して，基礎的な理論の構築は岡村によるところが大きい。

　一方「あらたな『公共』」を唱え，地域に視点を当てた施策である「地域の福祉」と，住民の共同性・連帯性・自治性を，個のレベルと地域のレベルの双方を主体として認識する「地域福祉」との相違を明らかにしつつ，在宅福祉も施設福祉も包含する概念として地域福祉を唱えた右田による「自治型地域福祉論」がある。右田は，本来共同して生活していく人間の社会では，個々人が妥協しつつ公共性や連帯性を確保し，社会集団の安定性を保とうと様々な取り組みがなされるものの，ここに人間生活の困難も引き起こすことが多く，その解決支援として社会福祉実践があると説く[3]。このように右田は，主体論において岡村の理論に影響を受けつつも，個人と社会の相関を探る中で地域福祉の理論化を行った。ここでは制度・政策と方法・技術の中間（メゾ）レベルとして，地域福祉をとらえ，その課題として社会福祉運営の理論構築も試みている。

　またわが国では，地域福祉を推進する団体として社会福祉協議会が法的に規定されている。これの理論的支柱となった地域福祉論を著したのが，永田幹夫である。永田は，牧賢一が社会福祉協議会の展開理論としてコミュニティ・オーガニゼーションの解説を行い，これによってわが国の社会福祉協議会の発展に貢献したことを評価しつつも，今後のあり方としてはコミュニティ・オーガニゼーション理論のみで社会福祉の実践を言い表すことはできないとし[4]，社会福祉協議会の展開理論として地域福祉論を著した。永田はまたこの中で，W.I.ニューステッターのインター・グループワーク説も参考にしながら，社会福祉協議会基本要項に反映させた点を指摘している。在宅福祉と地域の統合性を高める「福祉のまちづくり」の2つの柱から構成される，とした三浦[5]が唱えた在宅福祉型地域福祉の考え方も，永田とも近いとされる。

　一方，住民の主体形成に着目し，福祉教育を重視した点で地域福祉について論じたのは，大橋謙策である[6]。大橋が，近年の社会動向を踏まえて，その前提となる地域福祉に関する計画・実践・サービス利用および契約の4つの課題をあげ，地域福祉の主体形成の必要性を述べ，地域住民に対する福祉教育を重視した意義は大きいといえよう。

　こうした様々な地域福祉の理論化がなされる中で，近年の激変する社会の状況を踏まえ，様々な地域福祉理論の体系化が試みられている。

2 地域福祉の概念

　地域福祉を概念としてどのように把握するのかという点で，主要な理論に関し，牧里[7)]が構造論的アプローチに関する理論と機能論的アプローチに関する理論とを整理・区分し，それぞれの理論的特徴を説明している。これに関して牧里は，地域福祉は本来，構造論と機能論の双方が一体となっている点を踏まえて，研究の重点が国家の政策的視点を中心にすると構造論的アプローチとなり，地域福祉のサービスシステムや体系化を機能的成立要件の中から見いだそうとする立場をとると機能論的アプローチとなると説明している。

（1）構造論的アプローチの特徴

　牧里は，基本的に以下の5点が構造論的アプローチの理論的特徴となっていることを指摘している。

① 国家独占資本主義段階における政府・自治体が講ずる社会問題対策の1つである地域政策である。

② 地域福祉は，資本主義社会の生み出す貧困問題を核とした生活問題を対象とするため，概ね貧困・低所得階層に対応した政策となる。

③ 地域福祉は最低生活保障を基点としながら，地域における生活水準の向上を底辺から支える公的施策である。

④ 地域福祉施策は，住民運動など社会運動を媒介として規定される。

⑤ 公的責任に基づいて行われる政策という点から貧困・低所得階層を対象とするため，受益者負担は軽減されるべきであり，無料が原則となる。

　この構造論的アプローチの立場に立つのが右田，井岡，真田などである。

（2）機能論的アプローチの特徴

　機能論的アプローチは，端的に言えば「社会的ニードを充足する社会的サービスおよび社会的資源の供給システム」として理解する点にある。そしてこの機能論的アプローチには，ニーズの主体者である地域住民を主体として地域福祉の体系を構想する主体論的アプローチと，サービス等供給システムの体系化に関心を寄せる資源論的アプローチとに区分できるとしている。この立場は，以下の5点が理論的特徴となっていることを指摘している。

① 地域福祉は，地域社会における社会的ニーズの拡大と多様化に伴って，ニーズと資源の需要供給システムが作動しなくなるところから出現する。
② 地域福祉の対象は，要援護者を中心とする国民諸階層に対応する。
③ 地域福祉のサービスは，公的施策に限定されず，公私の複合的な供給システムにより標準的な生活の確保を目指す，多元的な組織体の施策である。
④ 住民参加を強調しつつも，住民運動は論じていない。
⑤ サービス利用者の応益負担または応能負担を原則的に容認する。

　以上が，牧里が整理した機能論的アプローチの特徴で，岡村や永田，三浦などがこの立場にある。上記のとおり地域福祉を論じる場合，構造論的アプローチと機能論的アプローチの比較対象を検討しつつ，その論点を5点に絞ることができる。ただし，牧里は，構造論的アプローチと機能論的アプローチは一体をなしており，決して理論として独立したものではないとしている。

3 地域福祉とは何か

（1）概念整理から

　地域福祉の課題は，何らかの事情により地域住民の生活に必要な資源に不具合が生じ，とりわけ福祉サービスを必要とする地域住民にこの傾向が顕著に表れるところから，地域ぐるみによる解決の必要に迫られるところにある。これの原因は様々に考えられ，制度的欠陥もあれば地域的な資源不足や不適合もあろう。いずれにしても，地域住民の生活の安定が脅かされる状況に置かれ，これの解決が求められるところにあるといえる。

　地域福祉の主体が地域住民であることは，近年の文献においては論をまたないところである。地域住民という表現には，地域において福祉サービスを必要とする住民も含まれるという点に留意を要する。その意味では，地域福祉にいう「地域住民」には，福祉サービスを必要とする地域住民も，主体として位置づけられなければならない。その達成すべき理念として，「福祉コミュニティ」をあげている点も同様である。

　加えてその福祉コミュニティを達成するために，地域住民が主体的に様々な社会資源に働きかけ，その結果として地域内にサービスシステムが構築される

という点も指摘できよう。公私の仕組みのあり方についても様々に唱えられてきており，公的施策のみとはいえなくなってきている。またここにいう公私のサービスには，活用すべき人的資源も含まれる。したがって構築されるサービスシステムは，人的社会的資源という表現に置き換えることもできよう。

また地域住民の参加を要件とする点も，明確に概念に含めることができよう。この場合，「住民運動」を含めるかどうかという点が，課題とされるところである。ただし，地域福祉の主体が地域住民である点から考えると，「支援」の側から考えるのではなく，住民の立場からすれば，実践という表現で言い表せるであろう。その実践の中で，行政との協働で行う場合もあれば，行政に直接的に働きかける形で住民運動に発展する場合もあると考えられる。

サービスの対価は，住民主体で実践する地域福祉の推進にあたっては，活動内容に応じて住民が決定することとなる。ただし，行政との協働ということも視野に入れると，事業の性質によって十分な話し合いが必要であろう。いずれにしても，広く国民一般に通じる原理として設定される必要があることと併行して，サービスの対価が要因となって利用者間に格差が生じることのないように措置が講じられる必要があろう。そうした意味で地域福祉においては，主体となるべき地域住民の意思決定が最大限に尊重されなければならない。したがってここまでの検討結果を整理すると，次のような言い方ができよう。

地域福祉は，地域住民が人的・社会的資源を活用して，福祉コミュニティ実現に向けた実践をいう。この場合の「地域住民」には，福祉サービスを必要とする地域住民が意図的に含まれるものである。なお，ここにいう「人的・社会的資源を活用」という点については，サービス利用や創出，さらには政策的なアプローチをも含む考え方であることを付記しておきたい。

（2）社会福祉法第4条から

地域福祉の考え方については，社会福祉法第4条を解説する必要がある。とりわけこれについては，社会的包摂（ソーシャル・インクルージョン）の達成を要件としている点に着目すべきであろう。その点を念頭において，以下条文を解説する（令和2年6月法律第52号改正，令和3年4月1日施行）。

（地域福祉の推進）

第4条　地域福祉の推進は，地域住民が相互に人格と個性を尊重しながら，参加し，共生する地域社会の実現を目指して行われなければならない。

2　地域住民，社会福祉を目的とする事業を経営する者及び社会福祉に関する活動を行う者（以下「地域住民等」という。）は，相互に協力し，福祉サービスを必要とする地域住民が地域社会を構成する一員として日常生活を営み，社会，経済，文化その他あらゆる分野の活動に参加する機会が確保されるように，地域福祉の推進に努めなければならない。

3　地域住民等は，地域福祉の推進に当たつては，福祉サービスを必要とする地域住民及びその世帯が抱える福祉，介護，介護予防（要介護状態若しくは要支援状態となることの予防又は要介護状態若しくは要支援状態の軽減若しくは悪化の防止をいう。），保健医療，住まい，就労及び教育に関する課題，福祉サービスを必要とする地域住民の地域社会からの孤立その他の福祉サービスを必要とする地域住民が日常生活を営み，あらゆる分野の活動に参加する機会が確保される上での各般の課題（以下「地域生活課題」という。）を把握し，地域生活課題の解決に資する支援を行う関係機関（以下「支援関係機関」という。）との連携等によりその解決を図るよう特に留意するものとする。

社会福祉法第4条第1項では，地域福祉の推進目標を，地域共生社会の実現と意味づけ，そのために地域住民は相互に人格と個性を尊重し合いながら，ともに参加するものであることを規定している。

社会福祉法第4条第2項では，地域福祉推進の主体を「地域住民，社会福祉を目的とする事業を経営する者及び社会福祉に関する活動を行う者」としている。すなわち，地域住民と社会福祉に関係する個人や団体としているのである。これは行政を含まない点から，住民および民間主体の原則があるといえよう。

次に，民間主体のこれら住民および社会福祉関係者は，「相互に協力」することとされている。ここに社会福祉法第109条に規定する，市町村社会福祉協議会の根拠が垣間見える。相互に協力するためには，話し合いの場とそのための常設の支援機関が必要となるからである。また相互に協力するためにも協議を

重ねる努力が求められ，これによって様々な団体の調整も含まれよう。

　さらにそこには，福祉サービスを必要とする地域住民が地域社会を構成する一員として日常生活を営むことができるよう，地域福祉の推進に努めることとされている。ここにソーシャル・インクルージョンの理念を見ることができる。また地域社会の一員として日常生活を営むという点から，日常生活上の文化として，社会福祉が根づいていかなければならず，幅広い意味での福祉教育の必要性を見ることができる。

　そして，「社会，経済，文化その他あらゆる分野の活動に参加する機会が確保されるように，地域福祉の推進に努めなければならない」としている。ここでは，地域福祉推進にあたって，地域社会において展開される様々な活動を視野に入れ参加支援の必要があることを，この条文から見てとることができる。

　次に第3項では，地域生活課題解決のために地域住民等が実践に取り組む際の留意事項を述べている。これは，地域福祉活動計画の根拠ともいえよう。地域生活課題に関し，①すべて地域課題として捉える，②その解決を協働して図る，③あらゆる分野の活動に参加する機会の確保を図る，④地域生活課題の解決に向けて支援活動を行う機関と連携する，ということを定めている。

　なお，これに対応して第6条第2項および第3項により行政の役割が明記されている。さらに第106条の3に包括的支援体制，第106条の4に重層的支援体制を規定し，個別支援と地域支援に関し，市町村の役割を明記している。

第2節　地域福祉の理念

　地域福祉の理念として，様々な文献に紹介されている用語が数多く存在する。ここでは地域福祉の理念とされている福祉コミュニティと住民自治の2点を取り上げ，その内容について述べる。

1 福祉コミュニティ

（1）岡村重夫の福祉コミュニティ概念

　地域福祉の理念として，地域福祉の理論とともに登場し，現在まで様々に取

り上げられているのが福祉コミュニティである。福祉コミュニティは，岡村重夫が提唱[1]して以降，地域福祉研究の主要な研究課題となった。岡村の福祉コミュニティの概念は，岡村自身が社会科学の他の分野に対して社会福祉学の固有性を主張したことと併せて，一般コミュニティに対する福祉コミュニティという固有の概念提示の試みがうかがえる。この点については，すでに平川[8]が検討している。平川は岡村の社会福祉の固有性と「社会関係」に着目し，その「社会関係」は制度の側から見れば個人がすべて一律に客体として扱われるのに対して，個人を主体として捉える場合には，能力条件や態度は，個体の主体的論理によって異なる，という点を指摘する。その上で，社会学のためのコミュニティ論を基盤としつつも，地域社会を認識や分析の対象とするのではなく「社会福祉のためのコミュニティ論」の必要性を主張し，課題を整理した。その結果一定の圏域の中でも，「同一性の感情」に基づいて，多数の「コミュニティ」が存在するとした。この視点はハンス・ケルゼンに通じるところで[9]，民主社会の基本認識である。これは，「福祉コミュニティ」は単純に地域的圏域のみで構成されるものではないことを意味している。したがって，単一の圏域内でも，複数の「同一性の感情」に基づいた「下位コミュニティ」が存在し，その中の「機能的コミュニティ」の1つが福祉コミュニティであるとした。この点については牧里がその特徴を以下の3点に整理している[10]。

① 一定の地域社会（多くの場合，市町村行政区）の内部に存在する「機能的コミュニティ」という特徴を持つ。

② 単に地域社会における最大多数の最小福祉を求める従来型の地域福祉組織ではなく，生活上の不利益，生活困難を最も強く受けやすい，福祉サービスの顕在的・潜在的利用者（当事者）を中心に据えた組織体である。

③ 組織構成上の特徴からもわかるように，福祉サービスの充実・開発にかかわって，顕在的・潜在的利用者（当事者）の真のニーズを明らかにし，充足することを福祉コミュニティはねらいとしている。

一方，瓦井は以下の3点[11]を岡村の福祉コミュニティ論の特徴だとした。

① コミュニティを対象として，人間関係の問題点の解決を目標とする。

② 具体的な要援護者支援を目標として，対象化したコミュニティの機能に

　　関係する位置へ福祉コミュニティの形成を図る。

③　コミュニティ内にあるアソシエーションを活用して福祉コミュニティの
　　機能としつつも，コミュニティの構成員の主体性を重視する。

　瓦井はこうした岡村の福祉コミュニティの考え方は，上位概念的なコミュニ
ティの本質を織り交ぜているため，高い理念を持った構成となっており，現在
でも福祉コミュニティ概念に指針を与えているとしている。なお瓦井は，著書
で和田や佐藤らの，非現実的であるとする批判も紹介している。福祉コミュニ
ティ構築に向けた実例がある点からいえば，瓦井による批判は当然といえよう。
一方で岡村の福祉コミュニティは，岡村が提唱した1970年代と社会状況が大き
く変化してきており，今日では「一般住民の生活課題と福祉サービス対象者の
福祉課題との乖離状況がなくなりつつある」との大橋の指摘[12]もなされてき
ているものの，たしかに社会状況が変化しているとはいえ，様々な点で格差が拡
大してきている今日，福祉コミュニティの理念は一層大きな意義を有するもの
になっているといえよう。

（2）今日の福祉コミュニティ

　こうして様々に福祉コミュニティの検討がなされてきているところである
が，先に紹介した平川の指摘にあるように，岡村の示した福祉コミュニティに
は，構成要素と機能の峻別や，福祉コミュニティの活動なのか当事者団体の活
動なのかなど，理論的に内在する課題も指摘できよう。その上で瓦井は，これ
まで様々に述べられてきている「福祉コミュニティ論」について次のように分
類している[13]ので，その内容を要約する。

---

① 分節化の福祉コミュニティ論

　三浦文夫や全社協が提唱している福祉コミュニティで，行政組織に馴染みにく
い地域福祉の公共機能を，住民の福祉活動が期待できるコミュニティに次々と拠
点化し，それを公私のネットワークによって重層化を図り，それによって高まる
福祉ニーズに対処ができる機能的コミュニティを意図している。さらに一般コ
ミュニティの再生も目指す「垂直型思考」の概念で構成される。

② 連接化の福祉コミュニティ論

　右田の自治型地域福祉論をあげ，右田が提唱した「あらたな公共」で述べられた地域社会の一定の自治的な共同性とそこにおける公共性が相互関係にある点に着目し，福祉コミュニティとは，そうしたあらたな公共の基盤になるべきである。その上で市民社会としての成熟も目指す「水平型思考」の概念で構成される。

　③　基礎化の福祉コミュニティ論

　牧里の説を取り上げ，福祉コミュニティの範域を小学校区など近隣関係の延長線上にあるコミュニティに基盤を置き，その範域内にて要援護者の支援ができる，機能的な組織体としての福祉コミュニティを形成し，さらに地域に密着した福祉活動をめざす「単位型思考」の概念で構成される。

　以上，福祉コミュニティについて述べられた諸説を紹介した。高田が「生活上の不利な条件を持ち，日常生活上の困難を現に持ち，または持つおそれのある個人や家族，さらにはこれらの人々の利益に同調し代弁する個人や機関・団体によって，共通の福祉関心を中心として形成された特別なコミュニティ集団である」[14]とする説は，基本的には岡村の説から今日に至る諸説のコアの部分を説明したものと思われる。この具体的な実践形態として，社会福祉の実践理念とされるノーマライゼーションの取り組みが位置づけられよう[15]。

　今日では，岡村が指摘した一般コミュニティの下位概念としての福祉コミュニティを必要とする「一般住民の生活課題と福祉サービス対象者の福祉課題との乖離状況がなくなりつつある」といわれてきてはいる。しかし，草平が「精神障害者，エイズ患者，認知症高齢者など地域社会におけるマイノリティとされる人々については，すべての地域住民がそれらマイノリティとされる人々の地域自立生活について正しく理解をしているとはいえないのが実情である」[16]と述べているように，岡村の指摘した下位概念としての福祉コミュニティの必要性が，全くなくなっているという状態にはなく，むしろ拡大している。一方では確かに社会保障審議会福祉部会が発表した「市町村地域福祉計画及び都道府県地域福祉支援計画策定指針のあり方について（一人ひとりの地域住民への訴え）」（2002年）で述べられた福祉コミュニティを一般的コミュニティへと高めることが求められるところではある。しかし，地域社会において今日でもマ

イノリティといわれる人々の存在が確認される限りは，一般的コミュニティの下位概念としての「福祉コミュニティ」の構築は，依然として必要とされるところである。その意味では今日，「地域共生社会」に向けた取り組みが強化されてきている動きなどは，福祉コミュニティ実現に向けた取り組みとして，一歩踏み込んだものといえるだろう。

2 住民自治

　住民自治は，地方自治の根幹をなすものとして位置づけられる。この原理によって，地域住民が主体的にまちづくりを推進するために，地域福祉計画に主体的に参加し，計画策定過程において必要な意見を述べ，かつ実施段階ではモニタリングや必要な評価を行うことなどが求められよう[17]。

　しかし，そもそも住民自治とはどのようなものなのであろうか。日本国憲法第92条に地方自治の本旨がうたわれている。通常地方自治の本旨は，「住民自治と団体自治」を指すとされている[18]。20世紀の初頭，イギリスのJ・ブライスが，「地方自治は，民主主義の最良の学校」と述べ，民主主義の実践としての地方自治の運営が，近代民主主義国家の基本と考えられるようになった。そして地方自治の中でも住民自治こそが，その根幹をなすものと理解されている。

　地方自治の本旨は，学説的には本来住民自治を指すものであることは，通説となっている[19]。特に浦部は，地方自治の本旨として住民自治があり，これの実現のための手段として，団体自治が存在するとしている[20]。さらにここで住民自治の本質について，森は長谷川の説を支持して，地方住民の利益を，民主主義の原則に基づき，より直接的に守ること[21]であるとしている。したがって住民自治は，地方自治体に居住する地域住民が，民主主義の原則に基づき，自ら直接的にその利益を守ることにほかならない。その手段として，団体自治とされる地方行政に，直接的に働きかけることとなる。その際，松本[22]も述べているように地域住民の意思と責任においてこれがなされる，という解釈が通例となっている。ここで右田は，住民自治と地域福祉の関係について「住民の主体力・自治能力を要件として新しい質の地域社会を構築しようとする」[23]点に意義を見いだしている。

　こうして見てくると，そのためにも地域住民は，組織化して活動を展開することが求められる。すなわち，地域住民の意思と責任において，自治を実現できるように具体的な取り組みが求められるのである。その際に，福祉サービスを必要とする地域住民自身の取り組みも求められよう。そしてその取り組みは，障害などの有無にかかわらず，展開される必要があるのである。

　この点で参考になるのは，ノーマライゼーションを唱えたバンク・ミケルセンであろう。バンク・ミケルセンは，実践としてのノーマライゼーションを唱えたが，同時にそれは権利としてのノーマライゼーションであることも述べた[24]。バンク・ミケルセンは，地方自治体からの福祉推進を展開できるように制度改革を推し進めたが，その背景には親の会などの当事者団体をはじめとする住民の活動が繰り広げられていたことはよく知られている。

　地域福祉にいう住民自治は，こうした地方自治における住民自治をより平等かつ確実に，実践できるようにするための理念でもある。そしてそれは，社会福祉サービスを必要とする地域住民の声が確実に届くことを前提として，地域内で住民自身によって組織され，具体的な取り組みの各段階で意思決定され，活動が展開される何らかのシステムが必要となるのである。

　なお，地方自治と併せて地方分権も議論されており，これは国の権限を地方に，地方の中の都道府県の権限を市町村にという議論であるものの，権限の所在が住民に近いところに位置することになるとはいえ，基本的には行政権限の分権であって，ここにいう住民自治には直結しない点に注意を要する。

第3節　地域福祉の原理

　地域福祉について説明する場合であっても，具体的に実践するにあたっても，地域福祉の推進といえるようであるためには，説明する内容やあるいは実践する際の展開のあり方に，地域福祉固有の要素となるものが内包されている必要がある。その特徴となるものが，地域福祉の原理となるものである。

1 住民主体の原理

　地域福祉の主体が地域住民であることに，疑問の余地はないであろう。加え
て地域住民という場合には，すべての当事者を内包している。問題とすべきは，
何をもって住民主体の原理となるのかという点である。

　この点については，例えば岡村は援助技術としてみた場合，社会福祉の対象
者の，社会性の原理・全体性の原理・主体性の原理・現実性の原理の4つをあ
げた[25]。これらはいずれも，地域福祉の推進を考えたときに，住民を中心にし
た考え方であることは，疑う余地がない。岡村は主体性の原理について，「個人
は多数の社会関係に規定されながらも，なおそれらの社会関係を統合する主体
者であるということである」と述べ，様々な社会制度の中で生活しながらも，
その社会制度に対し生活の必要に応じて働きかけ，生活の維持と社会人として
の役割を果たすことを，社会関係の主体的側面とし主体性の原理とした。

　また主体論については，右田が①権利主体認識，②生活主体認識，③生存主
体認識の3つの柱と，これらの④包括的認識をあげており，地域福祉概念構成
の柱とした[26]。その上で個別レベルの内発性を重視したのである。

　この主体性の原理について，地域福祉の観点から，その対象となる地域住民
に福祉教育を展開する際の課題として，大橋は4つの課題をあげた[27]。ここで
は社会保険制度契約主体を除き，地域福祉に関係する以下の3点を紹介する。

---

　① 地域福祉計画策定主体の形成
　地域福祉を推進する計画策定のためには，住民の日常生活感覚から問題提起し，
計画をまとめ上げることができるような主体性を形成した住民が望まれる。
　② 地域福祉実践主体の形成
　地域福祉に関する計画を策定したとしても，これを具体的に実践する力が求め
られる。それができるようになるためには，住民が地域の社会福祉問題の解決を
も含めたコミュニティの形成を考え，そのコミュニティの形成のための実践力，
ボランタリズムの形成が求められる。
　③ 社会福祉サービス利用主体の形成

> 　在宅福祉サービスが制度化・組織化されると同時に，住民の社会福祉サービスの利用主体の形成が課題となった。社会福祉サービスの利用は地域住民の権利であり，必要に応じて必要なサービスが提供される必要があるものの，十分に利用されていない。そのためにも社会福祉サービスの利用主体の形成が求められる。

　上記の大橋による主体性の形成に関する課題の指摘は，そのまま地域福祉における主体性の原理を説明している内容ともいえよう。

　このほか，牧里は地域福祉システムにおける住民自治をあげ，住民の主体性の原理について整理した[28]。牧里は計画の参加について議論を整理したほか，主体性の原理で重要な要素として，「参加」をキーワードに次の3点をあげた。第一に，意思決定への参加，第二に，社会連帯への参加，第三に，当事者参加の支援である。なお，ここにいう当事者参加の支援の内容として，さらに①関心者への支援，②活動者への支援，③組織者への支援をあげている。

　住民の主体性の原理は，住民自治を基本とし，計画策定や実践の際の意思決定過程と社会連帯に主体的に関わり，加えて当事者を中心として社会制度やサービスの主体的利用に向けた支援にも関わるところを，原理の基本的な内容と理解する必要があると思われる。

2　地域性の原理

　地域福祉の実践を考える上で重要となる原理について，先の定義で見ていくと，福祉コミュニティの実現という目標があろう。ここにいう福祉コミュニティについてはすでに検討したところであるが，地域福祉の原理として見ていく際には，下位概念とされる福祉コミュニティの地域性やその圏域の考え方が説明される必要がある。この点は，地域福祉にいう地域という点にも関わるところである。ただし，主体性の原理でも触れたように，福祉コミュニティを目指すがゆえに，当事者性を重視することが前提となることを再確認したい。

　「地域の福祉」と「地域福祉」の相違について，右田は「地域レベルで在宅福祉サービスや地域施設を，質量ともに充実させることが基本的要件であるが，しかし，それらを拡充することのみをもって十分条件としないところに，その

固有性があるといわねばならない」[29]と述べている。すなわち一定の地理的圏域で，社会福祉のサービスシステムを充実させることで，地域福祉というには十分ではないということである。「地域を操作対象化し，施策化しているかぎりにおいては『地域の福祉』であり，『地域福祉』とは区別して考えるべきであろう」と述べた。ここに地域福祉にいう「地域」のあり方を考えていくための固有の原理が潜んでいる。右田はさらに内発性を重視したが，その内発性とは，「あらたな質の地域社会を形成していく内発性（内発的な力の意味であり，地域社会形成力，主体力，さらに共同性，連帯性，自治性を含む）を基本要件とするところに，『地域』の『福祉』との差がある」とした上で，この内発性に「個別レベル」と「地域社会レベル」があるとした。したがって地域福祉における地域性をいう場合は，単に圏域を指していうのではなく，内発性を持った一定の地域社会を指すものであるとの認識が必要であるといえよう。なぜなら右田が指摘した地域社会形成力，主体力，さらに共同性，連帯性，自治性を含む内発性の基本要件があってこそ，福祉コミュニティ構築を目指すことができる条件が整うからである。右田はその上で，個人レベルや近隣レベルから基礎自治体レベルや都道府県レベルまで，重層的に地域社会と生存主体の関係を述べた。しかし，これは上位概念としてや下位概念としての地域をいうのではない。内発的発展のためには，地域を単位とすることを重視するからであって「住民自身が，その生活と発展との形を自ら決定することを可能にするためである。単位が小さいことが，自治の条件だからである」と鶴見の著書を引用して述べている。こうして右田は，これに加えて内発的発展論の地域の捉え方は，福祉コミュニティに通じることを指摘している。福祉コミュニティや住民自治という地域福祉の理念から見ても，地域性は重要な原理である。

　その地域性に関して，原理としてどのように理解する必要があるのかを見てみたい。福祉コミュニティの場合，その構成員が実際に判断し活動していく点を考えると，構成員自体が資源でありサービスシステムを構成しているといえる。しかし福祉コミュニティである所以はこのシステムということ以上に，システムを構築することとなった動機や意味の共有によってできた意識であろう。そうした点で地域性は，意味の共有が可能で，アクセスがよく，岡村の言

う「精神的紐帯」が形成される範域といえよう。この場合社会福祉法第 4 条第
2 項にいう「地域社会を構成する一員として日常生活」を営むことのできる範
域であることは，他言を待つまでもないであろう。

③ 人的社会的資源のシステム形成の原理

　地域福祉の原理としては，地域住民が活用すべき人的社会的資源があげられ
る。この場合の人的社会的資源については，単に資源が存在する，という意味
だけをいうものではない。その資源が，支援につながるよう有効に活用される
必要があるのである。さらに本書では，資源を幅広く捉え，制度政策や施設・
事業所などを社会資源とし，専門職や地域の各種委員，住民の中で問題解決に
有益な人材も含めて人的資源と定義する。この点については，平野が指摘す
る[30]地域と資源の関係に示されたように，密接な関係にあるといえる。

　人的社会的資源については，確かに「資源」として位置づけることは可能で
ある。一方でその内実は，活動主体ともなりうるものでもある。すなわち，人
的資源だけをとっても，民生委員もいれば介護支援専門員もおり，保健センター
に行けば保健師もいる。専門職も，地域で活動している住民もいるのである。
そしてこれらの人々は，具体的な地域福祉活動を展開しようとするとき，地域
福祉の実践主体となり，その活動展開のために必要な資源を求めて，さらに次
の段階の人的社会的資源に働きかけることとなる。

　一方で社会的資源としては，地域の集会所や公的機関などの機関としての資
源もあれば，デイサービスセンターや老人ホームなどの施設もあろう。役所に
行くと役所の職員がいる。そしてそこでは様々な制度の紹介がなされる。この
場合の制度も，全国一律の制度もあれば，当該市町村が条例で定めた施策もあ
ろう。こうした制度も社会資源なのである。さらには，ボランティア団体や子
育てサークルなども社会資源の一部である。

　地域福祉の実践として，これらの支援および実践のシステムをどのように認
識するかによって，人的社会的資源の意味が違ってくる。すなわち社会福祉
サービスを必要とする地域住民を支援し，かつ地域社会での包摂を軸にすると
いう理解の仕方と，さらにそこから住民自治の確立に向けた取り組みとして位

置づける理解の仕方の諸説がある。今日では住民自治の確立までを視野に入れることが通例と思われ，本書でもその立場で説明する。

　地域福祉推進上求められている重要な要素は，こうした様々な資源を有機的に結びつけた支援のシステムの構築であろう。こうした支援システムについては，右田も地域福祉を基本的に「資源」と捉えて一時期の施設ケアか在宅ケアか，という論議に疑問を投げていた。今日では野口が地域福祉の政策と実践として，こうした資源について一定の整理を行っている[31]。

　野口は，まずローカルガバナンスの必要性を唱え，一般的なコミュニティの失敗の経験を踏まえて行政，企業，社会福祉法人，ボランティア，住民の協働によるNPOの設立を唱え，その上で住民自治の確立を説いた。この仕組みを基本に，ソーシャル・キャピタルの構築につなげようとするものである。

　こうした地域における総合的な支援の仕組みやシステムは，武川らによって地域福祉計画策定による実現に向けた取り組みが求められるとされている[32]。

　地域福祉を実践していくにあたり，資源の活用という部分ではネットワークの構築につながるものであり，支援活動を展開する場合に最も必要とされるものである。支援活動を展開することによって，実効性のあるネットワークの構築となっていくことも事実である。ここからさらに発展させて住民自治に至るまでの活動の展開とするためには，右田のいう「あらたな公共」の仕組みが必要となろう。この点では，牧里も社会学にいう「自己組織化」を参考にしつつ，「自己組織型の地域福祉」を唱えた[33]。これは内容的には，高田のいう社会福祉の内発的発展に通じるものを内包していると思われる。原理としての主体性と地域性の原理が，人的社会的資源によるシステム形成の原理と一体となることによって，福祉コミュニティの構築を図り，ひいては住民自治に至る実践を展開するという，地域福祉推進の基本的方向が示されることとなる。

第4節　地域福祉の実践

　ここまで地域福祉の考え方について見てきた。これらについては，原理に基づいて具体的に実践されてこそ，はじめてその理念を達成する方向に向けた取

り組みといえる。ここではそのための，実践の基本的な考え方を見てみる。

1　主体と対象

　地域福祉の実践にあたっては，その主体は地域住民である。いわゆる「社会福祉を目的とする事業を経営する者」や「社会福祉に関する活動を行う者」同士が協力して地域福祉の推進のための活動を行ったとしても，「福祉サービスを必要とする地域住民が地域社会を構成する一員」という立場を確保できるわけではない。社会福祉法第4条第2項には，「地域住民」と「社会福祉を目的とする事業を経営する者」と「社会福祉に関する活動を行う者」の三者が，地域福祉推進の主体として定められてはいるものの，やはり主体として考えた場合，地域住民は不可欠の存在なのである。

　では，「社会福祉を目的とする事業を経営する者」や「社会福祉に関する活動を行う者」の立場はどう理解すべきであろうか。もともと地域福祉は，活動を展開するには地域住民の存在が不可欠ではあるものの，一方で総合的な地域の支援システムの構築が必要となる。福祉サービスを必要とする地域住民を支え，地域社会を構成する一員として日常生活を営めるように地域福祉の推進を図るためには，「社会福祉を目的とする事業を経営する者」や「社会福祉に関する活動を行う者」の存在も必要とされる。そして，必ずしも地域住民が，様々な福祉サービスの提供者となれるとは限らない。これは，地域住民の個々人の「自然人」と，社会福祉を目的とする事業を経営する者の「法人」とによって社会が構成されていることによる。

　それであるならば，主体が地域住民を中心とした社会福祉を目的とする事業を経営する者や社会福祉に関する活動を行う者との三者であるとして，対象はだれであろうか。先に福祉コミュニティの項で「福祉コミュニティを一般的コミュニティへと高めることが求められるところではあっても，地域社会において今日でもマイノリティといわれる人々の存在が確認される限りは，一般的コミュニティの下位概念としての『福祉コミュニティ』の構築は，依然として必要とされるところである」としたところである。一見すると，前段の福祉コミュニティを一般的コミュニティへと高めるための地域福祉の推進においては，当

該地域内の地域住民すべてが対象とされることとなる。しかしながら，後段の「マイノリティといわれる人々の存在が確認される限りは，一般的コミュニティの下位概念としての『福祉コミュニティ』の構築」という見方からすると，マイノリティ（以下ここでは「福祉サービスを必要とする人々」とする）が対象であるかのように考えられる。しかしこの立場に立つと地域福祉と対象領域別の福祉制度における各種福祉サービスとの区別がつかなくなるばかりでなく，地域福祉の理念が失われる認識となってしまう。後段の場合であっても，活動の形態としては福祉サービスの提供をしっかりと行いつつ，一人でも多くの地域住民との協働を図りながら地域福祉の推進を展開することとなる。またそうでなければ，ソーシャル・インクルージョンの達成は困難であり，福祉コミュニティの構築も叶わず，住民自治も困難となる。

　このことから次のようにいえるであろう。福祉コミュニティを一般的コミュニティへと高めるために，地域住民すべてが参加する地域福祉の推進も必要となる。しかしその一方で，社会福祉サービスを必要とする人々に対して，必要な支援システムの構築を絶えず機能化させ，地域のシステムとして当該地域の地域住民すべてが参加するような仕組みも必要となる。したがって地域福祉においては，当該地域の住民すべてが対象とされ，主体となることに加えて，社会福祉を目的とする事業を経営する者および社会福祉に関する活動を行う者も主体に加わることとなるのである。

2 人的社会的資源

　地域福祉を推進する際には，地域住民が中心となった地域福祉の主体が，理念としての福祉コミュニティの構築を図るために，人的社会的資源に働きかけることとなる。この場合の人的社会的資源については，単に資源が存在する，というだけの意味をいうものではない。支援につながるように有効に機能するものをいい，制度政策や施設・事業所などを社会資源とし，専門職や地域の各種委員，住民の中で問題解決に有益な人材も含めて人的資源というものである。そのために，地域住民を中心として，社会福祉を目的とする事業を経営する者と社会福祉に関する活動を行う者との三者が，相互に協力した地域内の支援

サービスシステムの総体をして，人的社会的資源というのである。

　ここでいう人的社会的資源は，その意味では単に存在するのではない。少なくとも次の4点の機能を有するものである。

　その第一は，福祉サービスを必要とする地域住民に対して，フォーマル・インフォーマルな支援という働きかけがあることである。したがって地域社会の社会福祉サービスのシステムとしての機能を有する資源である。

　第二に，その働きかけによって福祉サービス利用者が地域社会を構成する一員として日常生活を営むことができるような，機能を有するシステムとしての存在の意味を有する資源である。

　第三に，福祉サービスを必要とする地域住民への様々な支援活動と同時に，問題解決を図るため地域住民が参加できる仕組みを内包する資源である。

　第四に，地域住民が地域内での見守りや交流などを通して，地域における諸課題を，福祉サービスを必要とする地域住民も含めて解決する実践を通じて，福祉コミュニティおよび住民自治を確立していくための資源である。

　以上の点から，地域福祉のための人的社会的資源とは，地域福祉推進のための機能としての資源であり，地域住民個々人の動きだけをいうのではなく，実践のシステムとして理解する必要がある。したがって地域の住民が活用と併せて実践活動を行うシステムであると同時に，その一方で福祉コミュニティや住民自治を形成していくための，地域社会のシステムでもあるのである。

③ 地域福祉の展開手法

　地域福祉の展開手法としては，従来からコミュニティ・オーガニゼーションを代表的な実践理論としている[34]ほか，近年は大橋[35]によってコミュニティソーシャルワークの理論も提唱されてきている。

　コミュニティ・オーガニゼーションについては，かつて永田[36]が述べたように，それのみでわが国の地域福祉の推進の理論とはならないと思われる。ただ一方で，社会福祉協議会基本要項で示された活動を展開する手法は，完全な形ではないにしろ，現在最も広く展開されている手法であることもたしかであり，わが国においては馴染みやすい手法であるともいえよう。さらにその後，福祉

供給システムの議論がなされて以降，福祉組織化論やケア・サポート・システムが重要な実践手法として認識されてきていることを，三浦はかなり以前から指摘[37]していた。近年のコミュニティソーシャルワークは，この指摘を踏まえたものと見ることができると思われる。

　地域福祉の展開手法として考えるときは，人的社会的資源の項で述べた4点の機能に基づき，具体的な実践手法を確認すると同時に，これらが必要に応じてどの機能かに比重が置かれたり，複数の機能を縦横に活用したりなどしながら展開されるものと理解する必要がある。

　具体的には，第一の機能は，地域社会の福祉サービスのシステムとしての機能であり，フォーマルなサービスの機能であったりインフォーマルなサービスの機能であったりする。ただここで重要なのは，対象領域別の個々のサービス提供であったとしても，確実なサービス利用への支援と，第二の機能で説明したように，地域社会の一員として日常生活を営むことができる支援が，地域福祉では重視されなければならないという点であろう。ここにいう，地域社会の一員として日常生活を営むことができるような意思決定の支援も含めた支援に関し，具体的な意味が実践段階で問われることとなる。さらに加えて，第三の機能にいう地域住民が参加できる仕組みを内包しているという点である。ここにいう住民参加とは，どのような参加形態をいい，どのレベルまでを指すのかが，実践段階では問われることとなる。この部分は当該地域社会の住民が，社会福祉サービスを利用している地域住民に対しても，少なくともサービス利用への支援やサービス提供の際に，何らかの形で参加することを通じて，地域社会の一員として利用者である住民と，サービス提供に関わっている住民とが相互に共有できるようになることが求められよう。したがってサービス提供の展開方法の具体的な活動プログラムが重要となってくる。これについては，別項でふれたい。

　そして機能の第四に示したように，地域福祉の実践においては，地域における諸課題を解決するための実践を，福祉サービスを必要とする地域住民も含めて行えるようになる効果を期待するものである。したがってこうした活動は，サービス提供を行いながら，地域社会の課題解決の活動に，参加可能な内容に

関して参加を促すことも考えられよう。またそうした活動が日常的に行われることによって，地域福祉の理念の具体化に近づくことができよう。

　地域福祉の展開は，以上のように重層構造をとることが少なくない。言いかえれば，資源の4つの機能を念頭に置くことにより地域福祉の実践に通じる場面が，実際にはかなり多いといえる。その意味では，サービス提供にせよ地域での保健福祉活動にせよ，個々の活動内容に応じて資源内容を見極めながら4つの機能を発揮できるように，調整を図りながら実践することが望まれよう。

■引用・参考文献
1）岡村重夫：地域福祉研究，柴田書店，1970，p.5
2）園田恭一：コミュニティ・オーガニゼーション活動の日本への導入について，三浦文夫，橋本正巳編：地域活動論，全国社会福祉協議会，1973，pp.80-93
3）右田紀久惠：一座談会―自治型地域福祉論形成の歩み，日本の地域福祉第14巻，日本地域福祉学会，2000，p.30
4）永田幹夫：地域福祉論，全国社会福祉協議会，1988，pp.220-226
5）三浦文夫：現在地域福祉の意義と展開，大坂譲治，三浦文夫監修：高齢化社会と社会福祉，中央法規出版，1993，p.14
6）大橋謙策：地域福祉論，放送大学教育振興会，2002，pp.93-106
7）牧里毎治：地域福祉の概念構成，右田紀久惠，高田真治他編：地域福祉講座1　社会福祉の新しい道，中央法規出版，1986，pp.148-168
8）平川毅彦：「福祉コミュニティ」と地域社会，世界思想社，2004
9）ハンス・ケルゼン著，長尾龍一，植田俊太郎訳：民主主義の本質と価値，岩波書店，2015
10）牧里毎治：「社会福祉の機能」「福祉コミュニティの形成」，仲村優一他監修：エンサイクロペディア　社会福祉学，中央法規出版，2007，pp.440-443
11）瓦井昇：新版　福祉コミュニティ形成の研究，大学教育出版，2006，p.72
12）大橋謙策：福祉コミュニティづくり，日本地域福祉学会編：新版地域福祉事典，中央法規出版，2006，pp.24-25
13）瓦井昇：福祉コミュニティの概念とその展開，牧里毎治編：地域福祉論，川島書店，2000，pp.20-23
14）高田眞治：社会福祉混成構造論，海声社，1993，pp.66-67
15）花村春樹：ノーマリゼーションの父N・E・バンク=ミケルセン　その生涯と思想，ミネルヴァ書房，1994，p.168

16) 草平武志：福祉コミュニティ，仲村優一他監修：エンサイクロペディア　社会福祉学，中央法規出版，2007，pp.1131-1133

17) 吉原雅昭：住民自治型の地域福祉と分権改革の諸課題，牧里毎治編：地域福祉論，川島書店，2000，p.45

18) 兼子仁：新地方自治法，岩波新書，2008，p.37

19) 磯村栄一：地方自治とは何か，磯村栄一，星野光男編：地方自治読本，東洋経済新報社，1979，p.9

20) 浦部法穂：全訂　憲法学教室，日本評論社，2004，pp.566-569

21) 森英樹：第一編　総則，室井力，兼子仁編：別冊法学セミナー　基本法コンメンタール　地方自治法，日本評論社，1978，p.21

22) 松本英昭：新版　逐条地方自治法第5次改訂版，学陽書房，2009，pp.4-6

23) 右田紀久恵：自治型地域福祉論，ミネルヴァ書房，2005，p.19

24) 花村春樹：ノーマリゼーションの父N・E・バンク＝ミケルセン　その生涯と思想，ミネルヴァ書房，1994，p.168

25) 岡村重夫：社会福祉原論，全国社会福祉協議会，1984，p.95-103

26) 右田紀久恵：自治型地域福祉の理論，ミネルヴァ書房，2005，p.17

27) 大橋謙策：地域福祉論，放送大学教育振興会，2002，ppp.99-103

28) 牧里毎治：住民参加，協働による地域福祉戦略，牧里毎治，野口定久，武川正吾，和気康太編：自治体の地域福祉戦略，学陽書房，2007，pp.64-71

29) 右田紀久恵：自治型地域福祉の理論，ミネルヴァ書房，2005，p.17

30) 平野隆之：住民が創る地域福祉，古川孝順，副田あけみ，秋元美世編：現代社会福祉の争点　下，中央法規出版，2003，pp.186-187

31) 野口定久：地域福祉論，ミネルヴァ書房，2008，pp.96-248

32) 武川正吾：地域福祉の主流化，法律文化社，2006，pp.111-117

33) 牧里毎治編：地域福祉論，川島書店，2000，p.11

34) 三浦文夫，橋本正巳編：地域活動論，全国社会福祉協議会，1973，pp.80-93

35) 大橋謙策，千葉和夫，手島陸久，辻浩編：コミュニティソーシャルワークと自己実現サービス，万葉舎，2000，pp.12-69

36) 永田幹夫：地域福祉論，全国社会福祉協議会，1988，pp.220-226

37) 三浦文夫：現代地域福祉の意義と課題，大坂譲治，三浦文夫監修：高齢化社会と社会福祉，中央法規出版，1993，pp.20-21

事例 ① 中川福祉村 "福祉の自治活動" その1
―福祉施設と住民との共生・共存・共助の村づくり―

■中川福祉村の活動

　「中川福祉村」は人口約30,000人の地方温泉都市（山形県上山市）に，1976（昭和51）年，そこに住む住民が自分たちの手でつくった「自治権なき共生の村」である。地区公民館を福祉村の役場に仕立て，「自分たちの手で」村長や議員を選び，議会をつくり，毎年計画と予算を自ら立て，地元住民と施設や病院の患者総ぐるみの共生活動を現在も継続している。

　その活動は，蔵王山クリーン作戦，大運動会，文化産業祭りなどのほか，次のようなものを実施してきた。

『住民と施設をつなぐ活動』

・福祉の家……身寄りのない老人ホームの入居者が地域住民の自宅を1日3
　　時間程度訪問し，お茶飲みなどを通して交流するというもの。

・陶芸教室……老人ホームのお年寄りが先生となって実施する。

・農家と学校を結ぶ道路整備……盲学校の生徒が農家を訪問し，ボランティ
　　ア活動をするためのもの。

・野外治療……精神科病院患者が治療の一環として，農家の作業の手伝いを
　　する。

・交流活動……特別支援学校と地元小学校の児童による交流を行う。

　こうした活動の盛り上がりもあったためか，地区には新しい住居や会社，施設も増えて，子どもたちも大人も互いに挨拶を交わし，自由に交流し合うようになり，各地から視察者や研究者の来訪が絶えない。

　福祉村は単なる交流組織にとどまらず，自治的組織として成立したため，上山市から "福祉の自治推進地区" の指定を受けた。福祉村は行政上の村ではないので，村議会は決議機関であると同時に，執行機関でもある。議員は施設，学校，地元企業，農協，福祉事務所等の代表が務め，その中から議長と副議長が選任されている。上山市長や地元選出の市議会議員は顧問に就任している。常任委員会として総務（福祉村全体の事業の企画と運営を担当），体育（福祉村大運動会等の事業の企画と運営を担当），施設（福祉施設との交流事業を担当）という3つの委員会に分かれている。

　なお，中川福祉村のすべての事業は，村民1世帯から集めた協力金（500円／年・回収率100%）と市などからの補助金等で賄われている。主な事業は，村民の提案をもとに議会で検討，決定し，運営を行っており，施設と住民との共生・共存・共助の村づくりが推進されている。

■活動実践の特徴
　中川福祉村を分析すると次のような特徴があげられる。
　第一に住民自らの力で行政区の一角に「住民自治の福祉村」を立ち上げ，施設の入所者や病院の患者も巻き込んだ「福祉のむらおこし運動」を40年以上続けてきた。これは同じ地域で共に生き，共に行動し，活動する中で互いに理解や受容し合い，意識改革をなし，地域力・福祉力を高め「共生の村」をつくり上げた実践力と住民主体のまちづくりの力に，地域福祉活動の原点を見ることができる。
　第二に，近年特に住民自治やコミュニティの重要性が叫ばれている中で，一方では崩壊集落や限界集落などといわれる現象が起きている。こうした中で，地域の福祉施設や精神科病院の患者まで，「同じ住民」としてとらえ，「共に生き，共に行動する活動」を通じて，新しい福祉コミュニティづくりをしてきた実践は少子高齢化が進む社会の中での，「地域づくり」「地域福祉活動」の1つのモデルである。その活動がマスコミ等に取り上げられることにより，現在の上山市の小地域福祉活動（上山方式）をはじめ，県内外各市町村へ影響を与え，基盤をつくるための源となっている。
　第三に，行政区の一角に「住民自治の福祉村」を創設し，互いの暮らしの中から，問題を出し合い，計画と予算を立て，共同で実践してきた取り組みの中には，今日の課題の「地域福祉計画」や「新しい公共性のあり方」を考える上での原点を見ることができる。最近，協働のまちづくり，村づくりを行政と民間が叫んでいるが，中川福祉村に見られるような住民福祉問題が欠落，または別扱いされている場合が多い。この実践事例は，今後のまちづくりの核にしていくためのモデル的な役割を果たしている。
　こうしたことから，中川福祉村による福祉施設と住民との共生・共存・共助の村づくりの推進は，今後の地域福祉の実践を考えていく上で大いに参考になるのではないだろうか。

事例 2 中川福祉村 "福祉の自治活動" その2
—住民運動(ソーシャルアクション)と福祉村定着の要因—

■設立の経緯

　中川福祉村の設立当時，中川地区の人口は3,900人，戸数900戸あまりの小さな農村集落で，高齢化や過疎化が進み，住民は地域共同体の崩壊危機を感じていた。そこへ，社協ワーカーから，「地域の中にある福祉施設（老人ホームや障害児者），病院（精神科病院），盲学校を利用している人々約700人を同じ住民として迎え，"共生する村づくり"をしたらどうか」という呼びかけがあり，住民も関係者も共に立ち上がった。これが「中川福祉村」のはじまりである。

　それまでは，老人ホームや障害児者施設利用者は，地域住民にとっては「別人」であり，「別の世界の異質な人たち」だった。まして精神科病院の患者などは，「恐ろしい人」，「近づいてはならない人」であった。それが「福祉村」では「共に生きよう」「共に行動しよう」という福祉村の基本理念に基づいて，毎年実施されてきた事業や村づくり運動（施設入所者，病院の患者その職員，地元住民によるもの）など，総参加の福祉活動が展開されている。そうした活動を通して，今まで同じ地域に住みながら差別し，特殊化し，隔離してきた「壁」を取り除いていったのである。

■住民によるソーシャル・アクション

　このように，福祉村を設立し，継続してきたこと自体が大きなソーシャル・アクションといえるが，住民による働きかけが目に見える成果につながったわかりやすい事例として，点字ブロックの設置があげられる。

　現在，中川福祉村には，特別支援学校から金谷地区内にかけて約1キロメートルにわたる盲人道路標識（点字ブロック）が設置されている。昭和50年代前半に金谷地区住民の働きかけにより盲人道路標識（点字ブロック）の設置について地区総会に議題として提案・協議され，歩道が整備される際と同時に設置されたという経緯がある。

　これは住民とボランティアをつなぐ福祉事業で，特別支援学校の盲の生徒も学校周辺や地区内での歩行訓練（白杖使用訓練）を実施することで，生徒らの社会性を身につけることにもなっている。その当時，生徒は自宅から通学する人は少なく，ほとんどが寄宿舎で生活していた。このような中で，金谷地区公民館にて住民に対しマッサージの提供や，休日には地区内の商店，理容店に出かける生徒

も多い。歩道は、地区住民はもちろんのこと、生徒や病院・施設の方々が利用するため、歩道の整備が求められており、住民たちが「地域住民の安全・安心確保のための運動」を起こし、病院や学校、施設等を巻き込み、その必要性を行政につなげていった。

　地域の現状に住民が気づき、地域住民だけでなく、病院や特別支援学校、施設も一緒になって安全確保・安心のための運動を起こした点については、地域の連帯性を感じることができる。歩道や点字ブロックが整備されたことにより、地区内に「安全と安心な歩道」を確保することができるようになったのである。

■理念の浸透・定着の要因

　なぜ、中川地区において「福祉村づくり」なる理念が成立し、それがソーシャル・アクションを起こすほどに浸透し、具体的な生活の場にまで定着していったのか、その要因は次のとおりとなる。

① 優れた熱意のある地域リーダーが存在した。

② 社会的、地域的な思潮の盛り上がりがあった。

③「今津福祉村」（福岡市）という類似する事例があった。

④ 社会的関係が維持されてきた"旧中川村"というまとまりのよい地域単位があった。

⑤ 上山市が認定したことにより行政的な支援が確立された。

⑥ 相互交流による理解が一層深まった。

⑦ 小学校と特別支援学校による合同の交流学習（運動会、学芸会、農耕体験学習、視力障害者スポーツ、学校開放等）が盛んに行われた。

⑧ 昔ながらの農村という共同体が残っていたため、農耕体験等の地域的作業ができた。

⑨ 次世代につながる人材育成（福祉の心の醸成）として、児童館や小学生の早い時期から福祉施設入所者や身体に障害のある人たちとも交流を持ち、抵抗なく活動を行っている。

　この福祉村は地域性とリーダー（社協職員や地域住民代表者等）、地域住民、福祉施設等とがうまくかみ合ったからこそ実現したものといえよう。

第2章 地域福祉の歴史

第1節 地域福祉の史的理解の意義

　なぜ，地域福祉の史的変遷を理解する必要があるのか。それは，欧米諸国の影響を強く受けながら日本の地域福祉は発展してきたからである。アメリカからは，第二次世界大戦後，GHQ（連合国軍最高司令官総司令部）の強い指導のもと共同募金や社会福祉協議会（以下，「社協」）が創設され，特に社協の実践についてはコミュニティ・オーガニゼーションの援助技術が援用された。

　一方で，イギリスからはコミュニティケアやコミュニティソーシャルワークの考え方に影響を受け，近年，地域包括ケアや，コミュニティソーシャルワーカーの配置が進められている。

　加えて，デンマークやスウェーデンなどの北欧からは，ノーマライゼーションや子どもの権利などの思想の影響を受けている。

　したがって，諸外国の地域福祉に関する史的理解を深めることは，日本の地域福祉の変遷を理解する上でも重要なことといえる。

第2節 諸外国の地域福祉の歴史

1 イギリス

（1）慈善組織協会とセツルメント

　社会福祉の源流が貧困層への支援とするならば，その源流は産業革命が興った19世紀半ばまで遡ることができる。イギリスでは，産業革命により国力を強めた一方で都市部へ人口が流出し，結果として都市部の過密化と地方の過疎化を招いた。加えて，工場等の経営者が富を得る一方で，劣悪な労働環境に従

事せざるを得ない労働者が多くなり，貧困層が増大していった。

　このような社会構造の変化に直面したイギリスでは，特に都市部の貧困対策が必要となったが，当時の貧困は個人の問題として捉えられていた。そのため，国レベルでの貧困対策としてエリザベス救貧法（1601年）を改正した新救貧法（1834年）はあったが，対象者が限定されたため，多くの貧困層を支援するものではなかった。

　そのような社会背景から，イギリスでは民間活動の立場から2つの取り組みが始まった。それが慈善組織協会（Charity Organization Society＝COS）とセツルメント（Settlement）である。

　慈善組織協会は，1869年にロンドンで結成された。これは，それまでの各慈善団体による無秩序な救済を防止し，慈善組織団体を組織化することで，事業の連絡調整や情報提供を推進し適切な救済につなげることを目指した活動であった。具体的には，友愛訪問員が各世帯を訪問してアセスメントを行い，その結果を協会内で情報共有しつつ必要な世帯を救済するというものであった。これらの取り組みはその後，ケースワークやコミュニティワークの体系化につながっていくことになった。しかしこの活動は，貧困者を「救済に値する貧民」と「救済に値しない貧民」を区分するという道徳的観点からの救済や，組織的な財政的脆弱性という課題も併せ持っていた。

　その一方で，1884年にロンドンのイーストエンド地区では，バーネット夫妻を中心に世界で初めてのセツルメントであるトインビーホールが開設された。セツルメントは，知識人や篤志家等が貧困地域に実際に住み込み，教育や文化活動を行いながら社会改良運動を展開するというものであった。また，トインビーホールはイギリス国内での本格的な貧困調査となったC.ブースによるロンドン調査の拠点にもなった。このように，貧困を地域や社会問題として捉え，集団や地域を基盤とした取り組みは，後のコミュニティワークやグループワーク，ソーシャルアクションに大きく貢献することになった。

　以上のように，民間慈善活動として始まった慈善組織協会とセツルメントは，その後アメリカへ伝わり，同国内でソーシャルワークの専門職化や科学化への発展をとげることになった。

（2）コミュニティケア改革とコミュニティソーシャルワーク

　20世紀に入り，障害者が地域社会で生活が可能となるよう誕生した概念として，コミュニティケアがある。コミュニティケアとは，従来の大規模施設収容型のケアから脱却して，本来の生活の場である地域社会の中で生活が可能となるよう，公私によるサービス提供の仕組みを整備することを目指すものであった。それに伴い，イギリスでは各種の報告書が提出され，コミュニティケア政策に大きな影響を与えた（表2-1）。

　1968年に，F.シーボームを委員長とする報告がイギリス政府に提出された。「シーボーム報告」と呼ばれる本報告書では，地方自治体の対人福祉サービスの組織と責任についての再検討および家族サービス活動の効果的な実施を保障する改革案を目指すものであった。特に，地方自治体において別々に運営されていた対人福祉サービス部門を単一の部局に統合し，地域のニーズに総合的に

表2-1　イギリスにおける各報告書の概要

年	報告書	概　　要
1968	シーボーム報告	地方自治体の福祉サービス部門を1つに統合することを提唱した。1970年の「地方自治体社会サービス法」の根拠となった。
1969	エイブス報告	社会サービスにおけるボランティアの役割として，専門家では対応できない，新しい社会サービスの開発にあると強調した。
1978	ウルフェンデン報告	社会サービスを①公的部門，②民間営利部門，③民間非営利部門，④インフォーマル部門，の4つを位置づけ「福祉多元主義」を提唱した。
1982	バークレイ報告	地域に着目してインフォーマルな資源を含めてケアのネットワークを構築し活用するというコミュニティソーシャルワークを提唱した。
1988	グリフィス報告	イギリスのコミュニティケア政策のあり方について地方自治体の責任，市場原理，ケアマネジメントの重要性が盛り込まれた。1990年制定の「国民保健サービス及びコミュニティケア法」へとつながった。

対応するソーシャルワーカーを配置することなどを提言し，同報告を受け，1970年に地方自治体社会サービス法が制定された。この法律により，これまで各地方自治体での保健・福祉・児童の 3 部局体制が廃止され，新たに社会サービス部が設置された。社会サービス部にはコミュニティ単位にソーシャルワーカーが配置され，家族を単位とした総合的なサービス提供を行うことが目指された。

　続いて民間財団の委託を受け，J. F. ウルフェンデンを座長とした委員会が組織され，1978年に提供された「ウルフェンデン報告」により，福祉多元主義が打ち出された。これは，従来の福祉サービスを行政だけが担うのではなく，①公的部門，②民間営利部門，③民間非営利部門，④インフォーマル部門，による役割を位置づけることにより，多様な供給主体による福祉サービスの提供を目指すものであった。

　また，上記のような組織的な体制整備に対する議論に加え，ソーシャルワーカーの専門性や役割についての議論も行われるようになっていった。そのような中，イギリスにおけるソーシャルワークの現状と課題について検討するために，P. バークレイを座長とした政府委員会が設置され，1982年に公刊されたのが「バークレイ報告」である。

　同報告では「コミュニティソーシャルワーク」の可能性に言及し，ソーシャルワーカーの役割について，個人や家族に対するケースワークだけでなく，コミュニティにおけるインフォーマル資源を含む多元的な福祉システムの中で資源を結びつけ，カウンセリングとソーシャルプランニングによるネットワークの開発や，チームアプローチについて提案した。しかしながら，報告書としての見解は統一されず，結果的には多数派，少数派，個人的意見に 3 分された。

　また，1980年代のイギリスでは，長期ケア（ロングタームケア）が大きな問題となり，コミュニティケアをいかに効果的かつ効率的に実施するかが重要な課題となった。その課題に対して，イギリスのコミュニティケア政策のあり方について政府の諮問を受けた R. グリフィスによって提出されたのが，1988年の「グリフィス報告」である。

　同報告は，コミュニティケアに関して地方自治体が責任を持つこと，サービ

スの購入者と提供者を分離し，地方自治体は個人のニーズのアセスメントに基づいて必要なサービスを営利・非営利を含む多元的な供給主体から購入することなどが提案され，効率的な資源供給のためのケアマネジメントの重要性が指摘された。その後，イギリス政府は1989年に『コミュニティケア白書』を公表し，翌1990年には，「国民保健サービス及びコミュニティケア法」を成立させた。これにより，地方自治体によるサービス整備，ケアマネジメントの実施，コミュニティケア計画策定，苦情処理システムの構築，福祉施設への監査システムの導入などのコミュニティケア改革が行われた。

　以上のように，イギリスでは地域を基盤にソーシャルワークを展開していくという体制を政策的に整備していった。その一方で，ソーシャルワーカーによる児童虐待が社会問題になり，社会サービス部から児童分野が切り離されるという結果となった。また，コミュニティケア政策によって一層ケアマネジメントが重視されるようになり，地域を基盤としたソーシャルワーカーの役割から少しずつ変化しつつある。

２ アメリカ

（1）慈善組織協会およびセツルメント

　イギリスで始まった慈善組織協会（COS）およびセツルメントの実践は，19世紀後半にアメリカにも伝わり，その後ソーシャルワーカーの専門職化に影響を与えた。

　アメリカでもイギリスと同様に各種慈善団体が各々に活動していたが，1877年に初めて慈善組織協会が設立され，その後各地で増えていった。活動としては，「施しではなく友情を」をスローガンに貧困家庭を友愛訪問し，各家庭の状況を話し合いながら支援の方法を決定していった。それにより慈善組織協会の強化や実践を通じた理論化に貢献していくことになった。このような実践の積み重ねを通じて，対象者を個別的に支援していくケースワークが誕生したのである。「ケースワークの母」と呼ばれ，その体系化に貢献したM.リッチモンドも慈善組織協会の専従職員として活動をしていた。加えて，地域社会を基盤とした組織化の実践が，その後のコミュニティ・オーガニゼーションにつながっ

ていった。

　一方，イギリスのトインビーホールからセツルメントを学んだ S.コイトら
は，アメリカ初のセツルメントとして，ネイバーフッドギルド（Neighborhood
Guild）をニューヨークに設立した。その後，シカゴでは J.アダムスらが1889
年に大規模なセツルメントであるハルハウス（Hull House）を設立した。ハル
ハウスの活動では，「生活困窮者の『ために』ではなく『共に』生きる」がスロー
ガンとされ，貧困地域であるスラム問題だけではなく，労働者や婦人問題，移
民や人種問題ごとにグループ活動を通じて幅広く取り組むようになった。この
ように対象者集団によるグループ活動は，後のグループワークの専門化につな
がっていった。

（2）コミュニティ・オーガニゼーション理論

　20世紀初頭には，これまで慈善団体が個別に展開していた寄付金活動が変化
をみせはじめた。1913年には，クリーブランド市において共同募金活動が展開
され，翌年にはクリーブランド社協として組織化された。その後全米の各都市
で共同募金が行われるようになると同時に，草の根団体として社協がボトム
アップ的に結成されていった。

　当時のアメリカでは，第一次世界大戦以降，都市化が進行し都市と農村との
格差が拡大していったのに加えて，1929年に発生した世界恐慌により，国内で
大量の失業者および貧困者の問題が顕著となった。このような社会問題に対処
するためにソーシャルワーカーが関わるようになり，それがコミュニティ・オー
ガニゼーションの実践および理論化に影響を与えることになった。

　コミュニティ・オーガニゼーションの代表的な理論として，①ニーズ・資源
調整説，②インター・グループワーク説，③組織化説，の３つがあげられる。

　まず，ニーズ・資源調整説とは，ニーズの充足を図るために社会資源を調整
し，これに結び付けることが重要であるとするレイン委員会報告によるコミュ
ニティ・オーガニゼーション理論である。レイン委員会報告とは R.P.レイン
を委員長に『コミュニティ・オーガニゼーション起草委員会報告書－レイン委
員会報告書』として起草されたものである。そして，この報告書は1939年の全
米社会事業会議において採択されたことにより，コミュニティ・オーガニゼー

ションという統一した名称として用いられるようになった。レイン委員会報告では，コミュニティ・オーガニゼーションの目標として「ニーズを効果的に資源へ適応させて保持すること」と規定し，具体的には，①ニードの発見とその決定，②社会的窮乏と能力欠如の可能な限りの除去と防止，③社会福祉の資源とニードとの統合および変化するニードに一層よく適応するように絶えず資源を調整すること，の3点をあげて，コミュニティ・オーガニゼーションの「ニーズ・資源調整説」として一般的に知られるようになった。

　次に，インター・グループワークを主要なコミュニティ・オーガニゼーション論として確立したのがニューステッターによる「インター・グループワーク説」である。これは，ニーズの充足を図るために地域社会の集団間の利害や意見の連絡調整を図ることを通して，地域社会の組織化を進めようとする理論で，1930〜1940年代にアメリカで登場した。ニューステッターは，地域社会は様々なグループで構成され，グループ間やグループと地域との相互作用で発展していくことに着目し，これらの相互作用が促進されるようにグループ間を調整しながら，ニーズの充足を図ることを目的としてコミュニティ・オーガニゼーション論を展開した。

　一方，1950年代にはコミュニティ・オーガニゼーションにおける目標達成，問題解決よりむしろそこに至るプロセスを重視したM.G.ロスを代表とするコミュニティ・オーガニゼーションの理論が登場した。プロセスを重視したロスのコミュニティ・オーガニゼーション論は，日本では「組織化説」と呼ばれるようになり，1962年に作成された「社会福祉協議会基本要項」において掲げられた「住民主体の原則」に影響を与えることになった。

　アメリカで専門分化したこれらのコミュニティ・オーガニゼーションの理論は日本に導入され，社協の理論的拠り所とされるようになっていった。

（3）コミュニティ・オーガニゼーションの実践モデル

　1950年代からアメリカでは自然発生的に人種差別反対の動きが活発になっていった。そして1957年から始まった公民権運動を背景に，人種差別などの社会構造に働きかける姿勢がソーシャルワーカーには求められるようになった。そして政府や企業などに対して，世論を喚起するなどして政策や社会変革を促す

ソーシャルアクションが実践方法として定着するなど，コミュニティ・オーガ
ニゼーションはさらに発展していった。

その中で，J.ロスマンは，コミュニティ・オーガニゼーションの3つのモデ
ルとして，①小地域開発モデル，②社会計画モデル，③ソーシャルアクション
モデルに分類した。

次に，社会変革のアプローチに焦点を当てたものとして，M.ウェイルらが，
コミュニティ・オーガニゼーションのモデルを，①近隣とコミュニティの組織
化，②機能的コミュニティの組織化，③コミュニティの社会経済開発，④社会
計画，⑤プログラム開発と地域との折衝，⑥政治活動とソーシャルアクション，
⑦連合組織化，⑧社会運動，の8つに分類した。

以上，アメリカでは，イギリスから伝わってきた慈善組織協会およびセツル
メント活動を契機とし，特に社会問題を背景としたソーシャルワーカーによる

表2-2　代表的なコミュニティ・オーガニゼーションの概要

レイン 「ニーズ・資源調整説」	コミュニティ・オーガニゼーションの方法論を初めて体系化した。ニーズを社会資源に効果的に結びつけることを，コミュニティ・オーガニゼーションの主軸に位置づけた。
ニューステッター 「インター・グループ ワーク説」	地域社会は様々なグループの相互作用，グループとコミュニティの相互作用によって発展すると説いた。
ロス 「組織化説」	地域の構成員が主体的にニーズ発見，計画，実践できるコミュニティが重要と説いた。コミュニティ・オーガニゼーションのプロセスを重視するものであった。
ロスマン 「コミュニティ・オーガニゼーションの3モデル」	実践の枠組みとして①小地域開発モデル，②社会計画モデル，③ソーシャルアクションモデルの3つに整理した。
ウェイル 「コミュニティ・オーガニゼーションの8実践モデル」	ロスマンによる整理をさらに細分化し，①近隣とコミュニティの組織化，②機能的コミュニティの組織化，③コミュニティの社会経済開発，④社会計画，⑤プログラム開発と地域との折衝，⑥政治活動とソーシャルアクション，⑦連合組織化，⑧社会運動の8つに整理した。

実践を通じて，コミュニティ・オーガニゼーションの理論化に貢献していくことになった（表2-2）。そして，日本における社協を中心とした戦後の地域組織化活動にも，その理論が拠り所となっていったのである。

3　北欧（デンマーク・スウェーデン）

　地域福祉を推進する上で大切なものとして，理念があげられるであろう。社会福祉の共通理念の一つに「ノーマライゼーション」があるが，これは北欧，特にデンマークとスウェーデンの人物によって世界へ広がっていった。

　デンマークのバンク・ミケルセン（Bank-Mikkelsen, N. E.）は，第2次世界大戦後，デンマークの社会省の行政官として知的障害者施設を担当していた。バンク・ミケルセンは，当時の大規模収容型施設の運営に対して疑問を持ち，知的障害者の親の会とともに，知的障害者が健常者と同様に生活できることがノーマルな状態であると考えた。そして，個人よりも社会をノーマルな状態に変えていくことが重要であるという，ノーマライゼーションの理念を提唱し，同国の「1959年法」においてノーマライゼーションという用語が法律の中で初めて用いられた。そのような貢献からバンク・ミケルセンは，「ノーマライゼーションの生みの父」と呼ばれるようになった。

　1960年代には，ノーマライゼーションの理念は北欧諸国に広がった。スウェーデンのB.ニィリエは，理念を整理して「ノーマライゼーションの8つの原理」として明文化した。それ以降，ノーマライゼーションが世界中に知られるようになった。このことからニィリエは，「ノーマライゼーションの育ての父」と呼ばれるようになった。

　このようにノーマライゼーションの理念は世界的に広がり，その後，バリアフリーやソーシャル・インクルージョン（社会的包摂）などの考えに影響を与えた。そして，現在では世界各国でこのような理念や考え方に基づく政策展開を行うようになった。

第3節 日本の地域福祉の歴史

1 戦前の地域福祉の展開

　日本では昔から家（イエ）制度の中で，結（ユイ）や講（コウ）と呼ばれる近隣や集落内単位に，住民同士の支え合いの仕組みをつくり暮らしを守ってきた。明治期に入り政府が近代的な地方制度を築いて以降も，実質的には集落を単位とするつながりは残されてきた。

　明治政府による取り組みとしては，日露戦争による地方農村地域の疲弊と民衆の不平・不満に対処するために，官製主導で地方改良運動が展開された。この運動を通じて青年会，在郷軍人会，婦人会などが生み出されたが，これら団体は実質的には国家目的に沿った奉仕活動として位置づけられ国家統制が強化されていった。この地方改良運動に加え，国内の社会問題に対応するために，内務省によって感化救済事業として政策が展開された。また，各地で取り組まれていた自発的な福祉実践を国レベルで取りまとめる団体として，1908（明治41）年に中央慈善協会（現在の全国社会福祉協議会）が設立された。

　その一方で，イギリスから始まったセツルメントも，19世紀後半に日本へ伝わった。岡山ではキリスト教精神に基づく活動を展開していたA. P.アダムスによって，1891（明治24）年に日本最初のセツルメントである岡山博愛会が設立された。そして，1897（明治30）年には東京の神田で日本での本格的なセツルメントであるキングスレー館が，片山潜によって設立された。

　大正期に入り，日本では大正景気と呼ばれる空前の好景気となり，資本主義経済がより一層拡大した。その一方で，物価の高騰等も重なり社会の広い範囲で貧困層が増加していった。例えば1918（大正7）年には，米の価格高騰に伴う暴動が富山県下新川郡魚津町（現在の魚津市）で発生し，1918年，米騒動として全国各地に広がっていった。

　このように，拡大する貧困層への支援を制度的，財政的にも強化するため，感化救済事業は社会事業に改められた。また，1921（大正10）年に中央慈善協

会は社会事業協会に改組され，全国的に社会事業が整備されていった。

　その中で行政から委嘱を受けた地域住民による救済活動として誕生したのが済世顧問制度である。この制度は，岡山県知事の笠井信一がドイツのエルバーフェルト市の救済委員制度を参考に，1917（大正6）年に創設した。

　一方，米騒動の後に，1918（大正7）年に大阪府知事の林市蔵と同府顧問の小河滋次郎が考案したのが方面委員制度である。方面委員制度は，小学校通学区域を担当区域とし，行政から委嘱を受けた方面委員が住民の生活状態を調査し，その情報を基に要援護者に対する救済を行おうとする制度であった。その後，この方面委員制度が全国各地に波及していった。

　以上のように，明治・大正期の地域福祉に関する取り組みは，宗教を背景にしたものや篤志家による活動から始まり，その一部が地方や国の制度・事業に反映されて展開していったことがこの時代の特徴といえる。

2　戦時期の地域福祉

　1914（大正3）年に第一次世界大戦，そして1939（昭和14）年には第二次世界大戦が勃発し，特に第二次世界大戦期において，自治組織や社会事業，自発的な地域福祉の実践は変化を余儀なくされた。

　自治組織である部落会・町内会は大政翼賛会の組織に組み込まれ，より小さい範囲での隣保（りんぽ）や隣組（となりぐみ）を通じた支え合いが求められた。

　また，セツルメントは大正期に隣保事業として社会事業に組み込まれることになり，社会教育を目的とした公営施設に変化していった。その後1930年代以降，セツルメントは弾圧・統制の対象となった。

　1936（昭和11）年に「方面委員令」が制定され，全国的制度として確立したが，その役割は部落会・町内会との連携強化や銃後奉公会への協力など，軍事に関連する国策として位置づけられていった。

　このように，戦時期の日本では自治組織や地域福祉実践は，国策として軍事的な統治に利用された。その一方で，戦時中における困難な状況においても，近隣で助け合いながら地域の協同性を高めていくことにもつながった。

3 戦後の地域福祉の展開—共同募金と社会福祉協議会の創設—

　戦後，日本の社会福祉はGHQの指導の下に進められ，戦争の遂行に関与した組織について原則として存続は認められなかった。戦前の方面委員についても廃止が検討されたが，民生委員として存続することになった。

　また，民間社会事業は「公私分離の原則」によって財政難に直面したことや，戦後の混乱による国民への支援を背景に，1947（昭和22）年に中央および各都道府県に共同募金会が発足した。この共同募金運動は，アメリカのクリーブランド市における民間活動の事例をもとにその要綱と実施細目が作成されたが，戦後の混乱期において財政基盤の弱かった社会事業団体がその役割を担えるわけもなく，行政の外郭的な機能としての運動になった。そのような状況ではあったが，同年10月に「第1回全国国民たすけあい共同募金」が実施され，約6億円の寄付が集まり，主に戦災孤児の救済や戦災によって失われた社会福祉施設の再建に使われたとされている。

　その後，1951（昭和26）年の社会福祉事業法の施行により，共同募金は法的な位置づけが与えられることになった。同時に社会福祉事業法第73条において共同募金会の設立許可については，「当該共同募金の区域内に都道府県の区域を単位とする社会福祉協議会（以下，都道府県社会福祉協議会）が存すること」との規定が設けられた。

　社会福祉協議会（以下，社協）の設立の経緯は，1949（昭和24）年に，GHQの指導による「昭和25年度において達成すべき厚生施策の主要目標及び期日についての提案」の中で，「社会福祉活動に関する協議会の創設」が示されたことによる。それにしたがい，厚生省（現・厚生労働省）の指導のもと既存の社会事業団体が再編され，日本社会事業協会，全日本民生委員連盟，恩賜財団同胞援護会が解散統合され，1951（昭和26）年1月に中央社協が創設された。中央社協は，翌1952（昭和27）年には全国社協連合会，そして1955（昭和30）年になり，全国社協となった。都道府県社協は共同募金との関係の中で，法的規定に基づき順次設立されていった。その後，市町村社協も順次設立されたが，市町村社協は法的に位置づけられず，形式的な設置にとどまった。

　上述のように，日本での社協の設立はトップダウンにより行われてきたが，社協は住民に認知されるような課題の取り組みに対応していった。そして，そのような活動を展開するために適用した方法論が，アメリカで実践されていたコミュニティ・オーガニゼーションであった。

　1950年代の地域福祉活動は，社協が中心というよりはむしろ保健衛生分野や公民館活動を中心として，農山村の環境衛生改善を目的に地区組織化活動が展開された。

　全国社協は1957（昭和32）年「市区町村社会福祉協議会当面の活動方針」を策定し，「福祉に欠ける状態」の克服を目標とした地域組織化活動への積極的な取り組みが提起された。その具体的な取り組みは，1959（昭和34）年，厚生省の保健福祉地区組織育成構想に基づいた「保健福祉地区組織育成中央協議会」の発足によるものである。そして，この協議会の結成と同時に，全国社協と環境衛生協会とで事務局を構成し，各都道府県社協には育成協連絡会を設置して市町村の地区組織活動を推進した。集落や小学校区等の日常生活圏域における住民主体の活動として，「カ・ハエ撲滅運動」などの公衆衛生活動や生活改善運動の実践がなされた。これらの活動は，その地域の住民に共通する一般生活課題の解決に向けての実践であった。しかし，都市化の影響により育成協の活動も衰退しはじめ，1966（昭和41）年には解散に至った。

　このような状況下において，社協が組織化活動を再始動させるのは1970年代後半以降のことである。

　1960（昭和35）年8月に開催された「全国都道府県社協組織指導職員研究協議会」，いわゆる山形会議での議論を踏まえて，1962（昭和37）年に「社会福祉協議会基本要項」が策定された。基本要項で示された重要点として，①「住民主体の原則」を打ち出したこと，②「ひろく住民の福祉に欠ける状態」を対象とすべきであることを打ち出したこと，③社協の基本的機能をコミュニティ・オーガニゼーションに置きつつ，その延長線上にソーシャルアクションを置くという，「運動体」としての性格を強く打ち出したこと，④住民に対する直接サービスを原則として避け，「協議体」としての役割の重要性を示したこと，があげられる。

4　戦後の地域福祉の展開―在宅福祉事業の拡大―

　1950年代半ばから1970年代初頭にかけて，日本では高度経済成長と呼ばれる好景気が続いた。福祉施策も拡大され，1958（昭和33）年の「国民健康保険法」，1959（昭和34）年には「国民年金法」が公布され，いわゆる国民皆保険・皆年金と呼ばれる社会保障の充実や，福祉関連施策の拡充が図られた。しかし，一転して1973（昭和48）年のオイルショックによって日本の経済も大きな打撃を受け，それに伴い福祉施策の見直しが進められた。これまでの，制度中心の福祉拡大路線から一転して，住民による支え合い等による担い手として住民を位置づける在宅福祉事業への転換であった。

　国による福祉施策の転換に合わせるように，全国社協は1979（昭和54）年に『在宅福祉サービスの戦略』を刊行し，社協がこれまで重視してきた「協議体」「運動体」から一転して「事業体」としての社協，つまり直接サービスである在宅福祉サービスへの路線変更を促すことになった。

　国は1989（平成元）年に「高齢者保健福祉推進10か年戦略」いわゆる「ゴールドプラン」を策定し，その後，翌1990（平成2）年に「老人福祉法等の一部を改正する法律」が成立して，在宅福祉事業を第二種社会福祉事業として位置づけた。このような在宅福祉施策の拡充は，介護保険制度の創設に至るとともに，これまでコミュニティ・オーガニゼーションを中心としていた社協が，在宅福祉サービスの「事業体」としての役割へ変遷していく大きなきっかけとなった。

5　戦後の地域福祉の展開―地域福祉の推進―

　日本における地域福祉の推進は，1990（平成2）年の社会福祉八法改正を契機として，社会福祉基礎構造改革により2000（平成12）年に，社会福祉事業法を改正・改称した社会福祉法が制定されたことによって大きな転換を迎える。同法では，地域における社会福祉を実践基盤とすること（第1条）ならびに地域福祉の推進（第4条）が明文化された。これによって，日本の福祉実践は地域を基盤に展開され，住民および福祉サービス利用者が主体に参加する地域福

祉の構築へと方向づけられたといえる。

　また，1998（平成10）年に制定された特定非営利活動促進法により，2000（平成12）年の介護保険の施行を契機として，多くの特定非営利活動法人（NPO法人）が誕生し，新たな地域福祉の担い手として活動を展開している。

　そうした中，高齢者の介護について地域を基盤に展開するために，地域包括ケアシステムの構築が重要な課題となってきた。地域包括ケアシステムとは，高齢者を支えるために地域を基盤として，住まい，医療，介護・予防，生活支援が一体的に提供される仕組みのことである。2005（平成17）年の介護保険法改正によって，地域包括ケアシステム構築を推進する中核機関として地域包括支援センターが創設され，保健師，主任介護支援専門員に加え，社会福祉士が配置された。

　厚生労働省社会・援護局長のもとに設置された私的研究会である「これからの地域福祉のあり方に関する研究会」は，2008（平成20）年に「地域における『新たな支え合い』を求めて—住民と行政の協働による新しい福祉—」を報告書としてまとめた。この報告書では，地域には「制度の谷間」にある問題，多様なニーズについて，すべてを公的福祉サービスでは対応できない複合的な問題に対し，公的サービスが総合的に提供されていない，社会的排除などの問題があると指摘し，地域における身近な生活課題に対応する新しい地域福祉のあり方を検討することが重要な課題であると提案している。その上で，自助，公助のみならず，新たな支え合いにおいては，特に「共助」を重要視している。同報告書で提示されたモデルは，その後の地域包括ケア概念の中で提示された生活支援サービスおよび生活支援コーディネーターの配置に影響を与えることになった。

　以上のように，現在の社会福祉は「地域福祉」の文脈で展開されており，住民参加の促進および包括的な支援体制の構築が，重要な課題として位置づけられている。

第4節　多様化した地域社会と最近の動向

1 多様化する生活問題

　私たちの暮らしは，社会背景の影響を受けながら絶えず変化していく。それと同時に，その時々で，様々な生活問題が発生する。社会福祉はそのような生活問題に対応することで専門性を深めてきたともいえる。

　しかし，現在の多様化・複雑化した社会の中で生活問題についても，従来の対象者別による支援に限界が生じている。

　例えば，父親がリストラされて無職になったとしよう。その場合，従来は再就職等の雇用面からの支援が行われる。しかし，無職という状況へのストレスからくる配偶者（妻）へのドメスティック・バイオレンス（DV）問題が発生したり，そのような家庭環境の変化によって子どもが不登校になったり，というようなケースだと，これまでの対象別の支援では根本的な解決には至らない。そして，すべての問題に対してとなると，公的サービスのみによる支援では限界がある。また，近年では，80歳代の高齢者が50歳代の子どもの生活を支えるという問題（8050問題）や介護と育児に同時に直面する世帯での問題（ダブルケア）に代表されるように，個別の支援ではなく，世帯や社会との関係性の中で発生する複雑な問題に対して支援していくことが求められる。

　加えて，大人の引きこもり問題に代表されるように，これまでの社会福祉制度が活用できない「制度の狭間問題」も発生している。そして，無理解からくる社会的排除の問題など，複雑化・深刻化する生活問題に対応していくためには，分野横断的な総合支援体制に加え，多様な主体の参加による支え合い活動を進めていく，いわゆる地域共生社会を具現化していくことが重要となる。

2 地域共生社会の実現

　地域共生社会とは「制度・分野の枠や，『支える側』『支えられる側』という従来の関係を超えて，人と人，人と社会がつながり，一人ひとりが生きがいや

役割をもち，助け合いながら暮らしていくことのできる，包摂的なコミュニティ，地域や社会を創る」という考え方をいう（厚生労働省，2019）。

　地域共生社会の動向に関して，まず2015（平成27）年に厚生労働省により「誰もが支え合う地域の構築に向けた福祉サービスの実現―新たな時代に対応した福祉の提供ビジョン―」が公表され，「地域包括支援体制」が示された。そして，2016（平成28）年に「ニッポン一億総活躍プラン」が閣議決定され，「地域共生社会」の実現が提示され，それを受けて同年7月に厚生労働省は「我が事・丸ごと」地域共生社会実現本部を設置した。さらに同年10月「地域における住民主体の課題解決力強化・相談支援体制の在り方に関する検討会」（地域力強化検討会）が組織され，地域共生社会の実現に向けて具体的な検討を行った。以上の経緯を踏まえて，2017（平成29）年に厚生労働省は「『地域共生社会』の実現に向けて（当面の改革工程）」をとりまとめ，改革の骨格として，①「地域課題の解決力の強化」，②「地域丸ごとのつながりの強化」，③「地域を基盤とする包括的支援の強化」，④「専門人材の機能強化・最大活用」の4つの柱を掲げた。

　この地域共生社会の実現を目指して，2017（平成29）年に「地域包括ケアシステムの強化のための介護保険法等の一部を改正する法律」によって社会福祉法の一部改正が行われた。主な改正のポイントとして，①市町村行政に対する努力義務として，地域生活課題を解決できる体制を整えるよう課したこと（第4条第2項），②福祉事業者は地域住民等と連携しながら福祉サービスを提供していくことが求められたこと（第5条），③地域福祉の推進を促進するための施策を講ずることを国および地方公共団体の責務であるとし責任を明確にしたこと（第6条第2項），④市町村行政による地域福祉の推進を促進するための施策を「包括的な支援体制の整備」として具体的に示したこと（第106条の3），そして⑤市町村地域福祉計画において，他の分野別福祉計画の上位計画として位置づけられたこと（第107条第1項）などがあげられる。

　その後，2019（令和元）年5月から12月にかけて「地域共生社会に向けた包括的支援と多様な参加・協働の推進に関する検討会」（地域共生社会推進検討会）が開催され，同年12月26日に最終とりまとめがなされた。最終とりまとめでは，地域住民の複合化・複雑化した支援ニーズに対応する市町村における包括的な

表2-3　社会福祉法改正の主な事項（2017年および2020年改正）

第4条	地域福祉の推進は，地域共生社会の実現を目指して行われなければならない。
第3項	地域福祉の推進の理念として，支援を必要とする住民（世帯）が抱える多様で複合的な地域生活課題について，住民や福祉関係者による把握および関係機関との連携による解決が図られることを目指す。
第5条	社会福祉法人等の事業者は，福祉サービスを提供する際に地域住民等と連携しながら，地域福祉を推進していくことが求められる。
第6条第2項	国および地方公共団体は，地域生活課題の解決に資する支援が包括的に提供される体制の整備その他地域福祉の推進のために必要な各般の措置を講ずるよう努めるとともに，当該措置の推進にあたっては，保健医療，労働，教育，住まいおよび地域再生に関する施策その他の関連施策との連携に配慮するよう努めなければならない。
第106条の3	市町村は，次に掲げる事業の実施その他の各般の措置を通じ，地域住民等および支援関係機関による，地域福祉の推進のための相互の協力が円滑に行われ，地域生活課題の解決に資する支援が包括的に提供される体制を整備するよう努める。
第1項第1号	地域住民の地域福祉活動への参加を促進するための環境整備に関する施策について
第1項第2号	住民に身近な圏域において，分野を超えて地域生活課題について総合的に相談に応じ，関係機関との連絡調整を行う体制整備に関する施策について
第1項第3号	主に市町村圏域において，生活困窮者自立支援機関等の関係機関が協働して，複合化した地域生活課題を解決するための体制整備について
第106条の4〜11	市町村は，地域生活課題の解決に資する包括的な支援体制を整備するため，厚生労働省令に定めるところにより，重層的支援体制整備事業を行うことができる。
第107条第1項第5号	他の分野別計画の上位計画として位置づけられた。地域生活課題の解決に資する支援が包括的に提供される体制の整備に関する事項が計画に盛り込む事項に加えられた。
第108条第1項第5号	市町村による地域生活課題の解決に資する支援が包括的に提供される体制の整備に関する事項
第125〜146条	社会福祉連携推進法人が新たに設立された。

全国社会福祉協議会　地域福祉推進委員会：地域共生社会の実現に向けた社協の事業・活動の展開に向けて，2017，pp.4〜5を参考に筆者作成

支援体制の構築を推進するために，①断らない相談支援，②参加支援，③地域づくりに向けた支援の3点を内容とする，新たな事業の創設が提案された。

　それを受け，新事業として「重層的支援体制整備事業」の創設を柱とする，「地域共生社会の実現のための社会福祉法等の一部を改正する法律」が2020（令和2）年6月に国会で可決され，社会福祉法の一部改正が行われた。主な改正のポイントとしては，①地域福祉の推進は地域共生社会の実現を目指して行われなければならないこと（第4条第1項），②国および地方公共団体は地域生活課題の解決に資する支援が包括的に提供される体制の整備に必要な措置を講ずるとともに，当該措置の推進にあたっては保健医療，労働，教育，住まいおよび地域再生に関する施策等との連携に配慮するよう努めること（第6条第2項），そして③市町村は重層的支援体制整備事業を行うことができること（第106条の4），④社会福祉連携推進法人の創設（第125条）などである。

　以上のように，地域共生社会の実現に向けて，地域住民や専門職，社会福祉法人や事業所等の連携による実践に加え，行政責任のもと地域福祉の推進に資する政策を総合的に展開していくことが求められる。

■参考文献
・厚生労働省：地域共生社会に向けた包括的支援と多様な参加・協働の推進に関する検討会最終とりまとめ，2019
・全国社会福祉協議会：全国社会福祉協議会百年史，全国社会福祉協議会，2010
・塚口伍喜夫，明路咲子編：地域福祉論説，みらい，2006
・日本地域福祉学会編：新版　地域福祉辞典，中央法規出版，2006

第3章 地域福祉の推進主体

第1節 社会福祉協議会

　地域福祉の推進にあたって，社会福祉法においては，都道府県・市区町村の社会福祉協議会をその役割の担い手とすべく位置づけて，各種業務を規定している。なお，法的には，福祉に関する事務所や民生委員などのような人員配置基準が設けられていないため，全国的に市町村の現状としてはばらつきが見受けられる。ここでは，その概要を見てみる。

1 社会福祉協議会の歴史

（1）社会福祉協議会の誕生

　社会福祉協議会（以下，社協）は，1951（昭和26）年の社会福祉事業法（現社会福祉法）の制定で「地域福祉の推進を図ることを目的とする団体」として法制化され，全国および都道府県，市区町村（市町村は1983（昭和58）年，区は1990（平成2）年に法制化）に設置された民間の非営利団体である。

　社協の誕生は，さらにそれ以前の1949（昭和24）年まで 遡る。その年の10月29日にGHQの占領政策の下，厚生省（現・厚生労働省）に対し，「社会福祉行政に関する6項目」において「昭和25年度において達成すべき厚生施策の主要目標及び期日についての提案」が提示され，「社会福祉活動に関する協議会の創設」に関する項目が盛り込まれ，また，参議院厚生委員会による勧告で「中央，都道府県，市町村にわたって一貫し，しかも社会事業の各分野を包括するような，新しい理念に基づく合理的な社会事業振興連絡機関の創設が不可欠」との指摘があり，中央ならびに都道府県に社協が設置されることになった。

　1950（昭和25）年に，厚生省が中央団体および各都道府県に既存の団体を整理統合して新しい協議会の設立を奨励し，中央慈善協会（1947（昭和22）年に

日本社会事業協会）と，戦災者の保護にあたっていた同胞援護会，方面委員から改称された民生委員を会員とする全日本民生委員連盟の3団体が統合され，1951（昭和26）年に中央社会福祉協議会（以下，中央社協）が誕生した。

　誕生にあたっては，1950（昭和25）年7月に，日本社会事業協会と全日本民生委員連盟により社協設立に向けた「社会福祉協議会設立準備要綱案」が発表され，その中で，社会福祉事業者間の連携を図り，より効率的な経営とサービス提供を目指した「社会福祉事業の効率的運営と組織的活動を図る」という設置趣旨が規定された。同年11月，中央社会福祉協議会準備委員会より「社会福祉協議会組織の基本要綱」が出され「一定地域社会において広く社会福祉事業の公私関係者等が集まって社会福祉問題について調査し，協議を行い，対策を立て，地域社会の福祉を増進することを企画する自主的な組織」と規定され，「直接社会福祉事業のサービスを行うような施設を経営すべきではない」と，協議体としての性格も強調された。翌1951（昭和26）年には，「地域福祉の推進を図ることを目的とする団体」として社会福祉事業法で明確に法制化された。

　1951（昭和26）年に誕生した中央社協は，1955（昭和30）年4月に社会福祉法人全国社会福祉協議会（以下，全社協）となり現在に至っている。都道府県社会福祉協議会（以下，都道府県社協）は，1951（昭和26）年12月にすべての結成を完了した。市町村社会福祉協議会は，1952（昭和27）年5月2日の「小地域社会福祉協議会組織の整備について（厚生省社会局長通知）」により整備が進み，1983（昭和58）年の社会福祉事業法改正で法制化され，1990（平成2）年には政令市の区社会福祉協議会についての位置づけも明らかにされた。

（2）社協活動の基本的方向性と社会福祉協議会基本要項

　1957（昭和32）年6月に全社協は，地域の福祉に欠ける状態に対して問題解決をする民間組織としての社協のあり方である「市区町村社会福祉協議会当面の活動方針」を出した。これは，市町村社協の活動のあり方と具体的な新しい方策を示した最初の指針といえる。1960（昭和35）年8月には，社協結成10年の歴史を踏まえ，現実に即した社協の今後の方向性を明らかにするための「社会福祉協議会基本要項（以下，基本要項）」を策定するにあたって「全国都道府県社協組織指導職員研究協議会」いわゆる山形会議が行われ，社協活動の基本

的な方向性について次のように整理している。

① 社協は自主的な民間団体として，住民の立場に立って活動する。住民の
ニーズを正しくとらえるとき行政機関に対して批判的なこともあり得る。
あくまで，自主的な住民組織としての活動を尊重しなければならない。

② 社協は住民の民主化を推進する使命がある。これは，住民の自主的態度
の涵養，生活状況の自覚，問題解決のための自主的な協力活動，および部
外への働きかけを促進することである。これは地域の民主化に他ならない。

また，山形会議では「住民主体」と「住民参加」の違いが問題視され，住民
主体論の根底にある「住民こそ社協の主人公であり主役」であることを初めて
確認した場となったといわれており，社協の「住民主体の原則」に影響を及ぼ
し，1962（昭和37）年4月，社協活動の骨格ともなる全社協の「基本要項」の
策定に大きな役割を果たした。

基本要項は，「住民主体の原則」とともに，社協の性格・目的・機能・組織な
どを明らかにするものである。その主な機能は，「社協は，調査，集団討論，お
よび広報等の方法により，地域の福祉に欠ける状態を明らかにし，適切な福祉
計画をたて，その必要に応じて，地域住民の協働促進，関係機関・団体・施設
の連絡・調整，および社会資源の育成などの組織活動を行うこと」としている。
組織等については，「社協は，住民主体の原則に基づき市区町村の地域を基本的
単位とし，都道府県および全国の各段階に系統的に組織され，事務局を設け，
社会調査ならびに組織活動の専門職員をおく」とされ，1963（昭和38）年の全
国および都道府県，1965（昭和40）年からの指定都市，1966（昭和41）年から
の市町村段階の社協に国庫補助（1994（平成6）年に福祉活動指導員設置費，
1999（平成11）年に福祉活動専門員設置費が一般財源化）による専門員が計画
的に配置されることとなった。

（3）地域福祉の推進における新たな社協の展開

1970年代からの福祉施策としては，市区町村において在宅福祉サービスの整
備が進められることになり，社協においても一人暮らし高齢者などが住み慣れ
た地域で暮らし続けたいという願いに応えるために，食事サービス，入浴サー
ビス，電話サービス等のサービスを開発しながら共同募金等の民間財源を活用

した在宅福祉サービスの先駆的取り組みが行われるようになってきた。そのことを受け，全社協は1979（昭和54）年2月に「在宅福祉サービスの戦略」を出し，ホームヘルプ事業やデイサービス事業などの在宅福祉サービスを地域福祉の重要な要素として位置づけるとともに，要援護者に対するサービスのほかに，予防的活動と福祉増進活動との連動という側面から，社協を「在宅福祉サービスの供給システムにおける民間の中核として位置づけ，直接サービス供給の相当部分を担当する役割においても期待されるものがある」とした。在宅福祉サービスの供給主体としての社協の役割が進む中，1983（昭和58）年の社会福祉事業法の一部改正において，市町村社協の法制化が実現し，市町村社協の事業について「社会福祉を目的とする事業の健全な発達を図るために必要な事業」と「社会福祉を目的とする事業を企画し，及び実施するよう努めなければならない」と明記され，事業体としての新たな社協の幕開けとなり，1991（平成3）年には，地域の福祉課題を市民が主体となって解決していく機能の本格的強化を図るための事業として，国庫補助事業「ふれあいのまちづくり事業」がスタートし，各地域の特性に応じた地域福祉を推進する取り組みが進められた。

　全社協としても，新しい「地域福祉の時代」における社協の組織・活動等の再構築を図る必要があることから，基本要項の前文にある「現実に即して，今後の方向性を明らかにする」姿勢を堅持しつつ，「住民主体」の理念を継承した社協の組織・活動の原則，機能，事業等の指針として，1992（平成4）年に「新・社会福祉協議会基本要項（以下，新・基本要項）」を策定した。また，市町村社協の事業として「社会福祉を目的とする事業（在宅福祉サービスと住民福祉活動を含む）の企画・実施」が加わったことで，事業体としての社協像が鮮明となり，全社協は地域ケア体制構築における社協の位置づけの一つの方向性として1994（平成6）年に「事業型社協」推進の指針を出した。

　1998（平成10）年には，全社協・地域福祉推進委員会が『「この地域で住み続けたい」願いの実現をめざす社会福祉協議会』において，「住み慣れた地域で暮らし続けるためには，公的福祉サービスだけでは解決できないさまざまな福祉問題があります。福祉問題を持つ人を支えるには近隣住民の協力が不可欠です。住民の関心に基づいて，住民が参加して実践しているさまざまな取り組み

は，具体的なサービス・活動と結びつくことで，継続的で安定したものになり，安心して暮らせる地域社会を実現します」とし，2000（平成12）年からスタートする介護保険制度においても，「サービス基盤整備の一翼を担うサービス供給組織のひとつとして大きな期待が寄せられています」とまとめている。

　2000（平成12）年，戦後の社会福祉の基本的な構造を見直す社会福祉基礎構造改革によって利用者本位の福祉サービスの整備という方向性が明確化され，社会福祉事業法が社会福祉法に改正され，同法4条に地域福祉の推進が謳われた。法律上初めて「地域福祉」が明文化されたことにより，「地域福祉の推進を図ることを目的とする団体」としての社協の位置づけがより明確になった。

　2011（平成23）年に全社協は，福祉のあるべき方向性を展望し，全国の福祉関係者が目指す「ともに生きる豊かな福祉社会」を具体的に実現するための「全社協　福祉ビジョン2011」を出した。福祉サービス・制度の縦割りをなくし，関係分野と連携・協働するため，「制度内の福祉サービス・活動」を充実・発展させるとともに，ニーズに立脚した「制度外の福祉サービス・活動」を開発・実施していく必要があるとし，2012（平成24）年には「社協・生活支援活動強化方針」や「都道府県社会福祉協議会の当面の活動方針」を出した。また，2018（平成30）年4月施行の社会福祉法による共生社会の実現に向けた包括的な支援体制の整備等に対応するため，2017（平成29）年に「社協・生活支援活動強化指針の見直し（第2次アクションプランの策定）」を出し，市区町村社協が住民の福祉ニーズ・生活課題に対し，主体的に取り組むよう働きかけている。

　2020（令和2）年2月には，2040年を見据えつつ，2030年までを取り組み期間とした「全社協　福祉ビジョン2020」が新たな羅針盤として出された。これまで築き上げてきた社会保障・社会福祉を将来世代につなげるために，全国の福祉組織・関係者が，近未来を見据え，それぞれの地域に即した「ともに生きる豊かな地域社会」の実現に向けて，福祉組織基盤の再構築に努め，重要な役割を果たしていくことを目的にするものである。この中で，社協は幅広く多様なネットワークをつくることが本来の役割であることを，改めて認識し，取り組んでいくことが必要とし，特に，市区町村社協は，地域の福祉関係者とともに，地域の多様な関係者をつなぎ，地域生活課題の解決に向けた支援を創造す

る「連携・協働の場」になることを目指すとしている。

2　市区町村社会福祉協議会

（1）市区町村社協の制度的位置づけ

市区町村社協について，はじめに社会福祉法における規定を取り上げる。1951（昭和26）年に制定された社会福祉事業法（現・社会福祉法）において，都道府県社協と全国社協が法定化された。その後，市町村における活動基盤の強化を図るためには法的位置づけが重要であるとの観点から，1983（昭和58）に市町村社協が法定化され，さらに1990（平成2）年に指定都市における区の社協が法定化された。

1）社会福祉法における市区町村社協の組織

社会福祉法第109条において，市区町村社協を「一又は同一都道府県内の二以上の市町村の区域内において次に掲げる事業を行うことにより地域福祉の推進を図ることを目的とする団体」として位置づけ，市区町村社協の構成について，「その区域内における社会福祉を目的とする事業を経営する者及び社会福祉に関する活動を行う者」，かつ，指定都市における社協においては「その区域内における地区社会福祉協議会の過半数及び社会福祉事業又は更生保護事業を経営する者の過半数」，指定都市以外の市および町村における社協においては「その区域内における社会福祉事業又は更生保護事業を経営する者の過半数」が，それぞれ参加するものとし，社会福祉法人格を有するようになっている。

ちなみに，2018（平成30）年3月現在において，都道府県・指定都市社協はすべてが社会福祉法人となっているが，市区町村社協は99.3%となっている。

2）社会福祉法における市区町村社協の事業

社会福祉法第109条第1項において，以下の4つの事業が示されている。

一　社会福祉法を目的とする事業の企画及び実施
二　社会福祉に関する活動への住民の参加のための援助
三　社会福祉を目的とする事業に関する調査，普及，宣伝，連絡，調整及び助成
四　前3号に掲げる事業のほか，社会福祉を目的とする事業の健全な発達を図るために必要な事業

3）「新・社会福祉協議会基本要項」における社協の位置づけ

社会福祉法第109条第1項によって示されている市区町村社協の事業を踏まえながら，社協自らが社協の基本的な性格や機能，事業等について示したのが，1962（昭和37）年の「社会福祉協議会基本要項」であった。そしてその後の地域福祉政策動向を踏まえながら，全社協は1992（平成4）年に「新・社会福祉協議会基本要項」（以下，新・基本要項）を策定した。ここでは，新・基本要項に規定された社協の性格，活動原則，機能の3項目について列挙する。

①　**社協の性格**　　新・基本要項では，「①社会福祉協議会は，地域における住民組織と公私の社会福祉事業関係者等により構成され，②住民主体の理念に基づき，地域の福祉課題の解決に取り組み，誰もが安心して暮らすことのできる地域福祉の実現をめざし，③住民の福祉活動の組織化，社会福祉を目的とする事業の連絡調整及び事業の企画・実施などを行う，④市区町村，都道府県・指定都市，全国を結ぶ公共性と自主性を有する民間組織である」と規定した。

②　**社協の活動原則**　　そして5つの原則を掲げ，「各地域の特性を生かした活動を進める」こととしている。

> ・住民ニーズの原則
> 　広く住民の生活実態・福祉課題等の把握に努め，そのニーズに立脚した活動を進める。
> ・住民活動主体の原則
> 　住民の地域福祉への関心を高め，自主的な取り組みを基礎とした活動を進める。
> ・民間性の原則
> 　民間組織としての特性を生かし，住民ニーズ，地域の福祉課題に対応して，開拓性・即応性，柔軟性を発揮した活動を進める。
> ・公私協働の原則
> 　公私の社会福祉及び保健・医療，教育，労働等の関係機関・団体，住民等の協働と役割分担により，計画的かつ総合的に活動を進める。
> ・専門性の原則
> 　地域福祉の推進組織として，組織化，調査，計画等に関する専門性を発揮した活動を進める。

③　**社協の機能**　　さらに「地域福祉推進の中核組織として，次の機能を発揮する」こととしている。

・住民ニーズ・福祉課題の明確化および住民活動の推進機能

・公私社会福祉事業等の組織化・連絡調整機能

・福祉活動・事業の企画および実施機能

・調査研究・開発機能

・計画策定，提言・改善運動機能

・広報・啓発機能

・福祉活動・事業の支援機能

4）今日における市区町村社協の事業・活動の展開の状況

　全社協は，新・基本要項で示された内容を具体化するため，1993（平成5）年に「『ふれあいネットワークプラン21』構想」を策定し，1996（平成8）年には「『新ふれあいネットワークプラン21』基本構想」として改訂を行うなど，市区町村社協の使命や理念，事業体制や内容，組織，運営等について幾度も見直しを図ってきた。2004（平成16）年には「市区町村社協経営指針」（2005（平成17）年に改定）が策定され，2005（平成17）年には，経営指針に盛り込まれた社協の使命や経営理念を全国の市区町村社協で実現するために，「『市区町村社協発展・強化計画』策定の手引」が策定されている。

　2012（平成24）年には，経済的困窮や社会的孤立などの解決に向けて，今後の社協活動の方向性を示した「社協・生活支援活動強化方針」とその具体化を図るための「アクションプラン」が策定され，その後，生活困窮者自立支援法の施行や介護保険制度，社会福祉法人制度の見直しなど，新たな地域福祉施策の再編に伴い，社協の総合的・横断的な事業展開を図るため，2017（平成29）年に「社協・生活支援活動強化方針〜地域における深刻な生活課題の解決や孤立防止に向けた行動宣言と第2次アクションプラン〜」が策定された。

　2015（平成27）年には，社会福祉法の改正を踏まえ「『社協・生活支援活動強化方針』〜地域共生社会の実現に向けた社協の事業・活動の展開〜」が策定され，2020（令和2）年に「市区町村社協経営指針第2次改定」が策定されるなど，市町村社協の基盤強化に向けた取り組みが着々と進められている。

（2）今日における市区町村社協の現状

　全社協によって策定された一連の報告書等をもとにしながら，今日における

市区町村社協を取り巻く社会的状況，業務と実情，課題について整理する。

1）今日における市区町村社協を取り巻く社会的状況

2016（平成28）年に「ニッポン一億総活躍プラン」が閣議決定され，同年に「我が事・丸ごと」地域共生社会実現本部が設置されて，「地域共生社会」の実現に向けた体制整備が進められることになった。

2017（平成29）年には社会福祉法の改正が施行され，第6条第2項における地域福祉の推進に関する国および市町村の責務や，第106条の3における包括的支援体制に整備に関する市町村の責務が明確化された。これは，今日のわが国における最重要課題として地域福祉を位置づけ，行政自らの役割を明示したといえる。そして行政や社会福祉法人に留まらず，NPO法人，民間企業，ボランティア，地域住民等が担うべき役割が強調された。地域福祉に関わる福祉サービスの担い手が多様化する傾向がある中で，「これまでのように"社協"であることだけで事業ができる時代は終わりを告げた」[1]という状況が発生しつつあり，今日における市町村社協の役割が改めて問われているといえる。

2）今日における市区町村社協の業務と実情

市区町村社協は，地域の状況に応じて様々な事業を展開している。今日における市区町村社協の業務部門は表3-1に示されるように，「①法人経営部門」，「②地域福祉活動推進部門」，「③相談支援・権利擁護部門」，「④介護・生活支援サービス部門」（市区町村社協経営指針第2次改定）という4つの部門構成として考えることができる。

「今日，市区町村社協は，地域共生社会の実現に向けた協働の中核を担う組織として，その役割と機能を発揮することが求められる」[2]という観点から，それぞれの部門の確立と部門間の連携強化，必要に応じた組織機能の再編等の必要性が指摘されている。

（3）市区町村社協が抱える課題

1）今日における市区町村社協の財源基盤を通して

市区町村社協の財源は，民間財源，公費財源，事業収入財源から構成されている。民間財源は，構成員会費（団体，施設・機関等による会費，負担金），住民会費（世帯ごとに収める会費），寄付金，共同募金配分金，地域福祉基金等各

表3-1　市区町村社会福祉協議会の事業部門の考え方

法人運営部門

○法人運営部門は，適切な法人運営や事業経営を行うとともに，総合的な企画や各部門間の調整等を行う社協事業全体のマネジメント業務にあたる。
○法人経営部門においては，以下の業務を実施する。
〔具体的な事業〕
・理事会，評議員会等の運営　　・財務運営・管理
・自主財源確保に向けた資金調達担当者の設置や体制づくり
・リスク管理やコンプライアンスに関する管理体制の整備
・計画的な採用・異動・人事考課等の人事管理
・研修・能力開発等の計画的な人材育成　　・労働法制に基づいた労務管理
・所轄庁への届出や対外的な法的対応を行う法務に関する業務
・「社協発展・強化計画」の策定等の将来ビジョンの検討と進行管理
・法人としての災害時対応とBCPの策定・推進　　・広報活動・広報戦略　　等

地域福祉活動推進部門

○地域福祉活動推進部門は，地域住民や多様な組織・関係者の連携・協働による地域生活課題の解決や地域づくりに向けた取り組みの支援，福祉教育・ボランティア活動を通じた地域住民の主体形成，地域の組織・関係者の協働を促進する，地域福祉推進の中核的な役割を果たす。
○地域福祉活動推進部門においては，以下の事業を実施する。
〔具体的な事業〕
・調査の実施や住民懇談会の開催，他部門との連携に基づく地域生活課題の把握
・市町村地域福祉計画策定への参画，市区町村地域福祉活動計画の策定，小地域福祉活動計画の策定支援
・地域生活課題を踏まえた政策提言等のソーシャルアクション
・地域福祉推進基礎組織（地区社協，学区社協，校区福祉委員会，自治会福祉部等さまざまな名称がある）の活動の推進・支援　　・小地域ネットワーク活動の推進・支援
・ふれあい・いきいきサロン，子育てサロン等の推進・支援
・生活支援体制整備事業の実施
・住民主体の福祉活動，生活支援サービスの推進・支援（住民参加型在宅福祉サービス事業，食事・移送・買い物支援等）　　・当事者組織の育成・支援
・ボランティア・市民活動センターの運営　　・福祉教育・ボランティア学習の推進
・災害ボランティアセンターの運営，仮設住宅等における見守り支援やコミュニティ再建支援
・地域福祉財源の造成，助成事業の実施
・共同募金委員会と連携した共同募金・歳末たすけあい運動の実施　　等

相談支援・権利擁護部門

○相談支援・権利擁護部門は，地域住民のあらゆる地域生活課題を受け止め，地域での生活支援に向けた相談・支援活動，権利擁護支援，情報提供・連絡調整を行う部門である。
○相談支援・権利擁護部門は，以下の事業等を地域の状況に応じて実施する。
〔具体的な事業〕
・生活困窮者自立支援事業　　・日常生活自立支援事業
・権利擁護支援に関する事業（成年後見制度の利用促進のための中核機関や権利擁護センター等の運営，法人後見の実施等）
・生活福祉資金貸付事業　　・地域包括支援センター事業
・地域活動支援センター，基幹相談支援センター事業
・地域の相談支援機関の連絡会，福祉及び関連領域専門職の研修事業　　等

介護・生活支援サービス部門

○介護・生活支援サービス部門は，介護保険サービスや障害福祉サービス，行政からの委託・補助で行うその他のサービスを提供する部門である。
○その人らしい生き方・生活を尊重するため，必ずしも制度の枠にとらわれることなく，必要に応じて柔軟にサービスを提供する地域福祉型福祉サービスをめざす。
○介護・生活支援サービス部門は，以下の事業を実施する。
〔具体的な事業〕
・介護保険法に基づく事業　　・障害者総合支援法に基づく事業　　・児童福祉法に基づく事業
・その他行政からの委託・補助で行う配食サービス事業，移動支援事業　　等

全国社会福祉協議会地域福祉推進委員会：市区町村社協経営指針　第2次改定，2020，pp.6-7

種基金等から構成されている。公費財源は，行政による補助金，委託費，指定管理費等，事業収入財源は，主に介護報酬等から構成されている。

図3−1〜3に，A県の3つの市町村社協の収支決算書の収入内訳を示した。

それぞれの社協の規模に応じ，収入内訳は極めて多様であることが理解できるが，3つの社協とも，介護保険事業による収入割合が多く，貴重な自主財源となっていることが理解できる。一方，民間団体として最も貴重な自主財源である会費が占める割合を見ると，収入割合が最も多いD村社協において4％，他の社協はともに1％台となっている。「公共性と自主性を有する民間組織」とはいえ，財源基盤から捉える限り，行政よる補助金や受託金が市町村社協の財源において主要な位置を占めていることが理解できる。

住民会費の金額は，A県の場合，1世帯当たり300円から1200円と市町村によって異なるが，市町村社協には住民会員の加入率を高めていく努力が不断に求められているといえる。一方，今日における自治体財政の逼迫により，自治体財政改革の下で各種の補助金や委託費は減少する

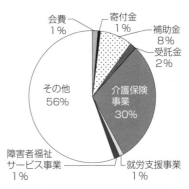

図3−1　B市社協の収入内訳

※収入内訳のうち会費が占める割合を理解するために，金額は四捨五入して積算し，実額の掲載は割愛した。種別によっては収入金額全体の割合上0％という数値になっている。図3−2，図3−3において同じ。

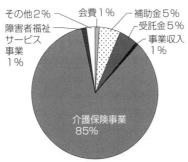

図3−2　C町社協の収入内訳

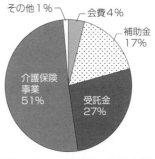

図3−3　D村社協の収入内訳

傾向につながっており，市区町村社協にとって，これまで以上に自主財源の確保が喫緊の課題となっている。

2）今日における市区町村社協を取り巻く社会的状況を通して

2003（平成15）年における地方自治法の改正によって，公の施設管理の方法がそれまでの管理委託制度から指定管理者制度に移行し，公の施設が民間事業者やNPO法人等にも認められることになった。制度の移行によって，行政と市区町村社協との関係性が見直されるとともに，市区町村社協と他の社会福祉法人，民間事業者，NPO法人等が，介護保険事業を中心に，いわば競合する関係への変化をもたらすことになったということもできる。

社会福祉法の改正や地域共生社会の実現に向けた一連の政策により，地域における多様な担い手が協働・連携しながら地域福祉推進に取り組むことが求められる中で，市区町村社協は行政からの財源的依存からの自立，様々な福祉関係機関や団体間の協議体としてのあり方，地域における福祉課題解決のための実践的技術の獲得や組織体制のあり方等，新たなニーズに対応した運営体制の確立が求められることになった。「『社協・生活支援活動強化方針』〜地域共生社会の実現に向けた事業・活動の展開」（2018（平成30）年）では，「地域共生社会の実現に向けた施策等を，行政や関係機関等とのパートナーシップ及び，地域におけるプラットフォームとしての役割を強化・再構築する機会ととらえ，改めて社協の役割と機能を示していくことが重要である」[3]と指摘している。

全社協による市町村社協の基盤強化に向けて策定される一連の計画は，まさに危機意識の表れと理解することができよう。

（4）これからの市区町村社協に求められる役割

1）これからの市区町村社協の使命

全社協は，市町村社協をめぐる今日的な状況を「社協がその役割を発揮し得るチャンス」として捉えながら，2020（令和2）年に「市区町村社協経営指針」（2003（平成15）年）の第2次改定を行った。

そこでは市区町村社協の使命を「地域福祉を推進する中核的な団体として，地域生活課題の解決に取り組み，誰もが支え合いながら安心して暮らすことができる地域づくりを推進すること」と述べるとともに，一人ひとりの尊厳が守

られたソーシャル・インクルージョンとノーマライゼーションの理念に基づいた地域づくりを進めていくための目標として，5つの項目をあげている。

① 住民を主体とし住民及び関係機関との参加・協働による地域共生社会の実現
② 住民ニーズに即した福祉サービスの実現と地域に根ざした包括的な支援体制の構築
③ 地域の福祉ニーズの基づく先駆的・開拓的な福祉サービス・活動のたゆみない創出
④ 持続可能で責任ある自立した組織経営
⑤ 経営理念に基づく組織経営の基本方針

そして「協議体」としての今後の具体的な事業展開を図るために，各部門の事業体制の確立と部門間の相互連携の確立が必要であるとしている。

2）これからの市区町村社協が取り組むべき事業・活動の展開に向けて

全社協は2017（平成29）年における「第2次アクションプラン」（翌2018（平成29）年一部改訂）において，強化方針の柱として，①あらゆる生活課題への対応，②地域のつながりの再構築を掲げ，その実現に向けて今後強化すべき事業・活動として4つの項目をあげている[4]。

(1)アウトリーチの徹底
　①小地域を単位にしたネットワークの構築
　②コミュニティソーシャルワーカー(地域福祉コーディネーター)の確保・育成
　③新たな地域ニーズに対応する在宅福祉サービスの展開
(2)相談支援体制の強化
　(2)-1 総合相談体制の構築
　①相談窓口の総合化と職員のチーム対応力の向上
　②部門間横断の相談支援体制づくり
　(2)-2 生活支援体制づくり
　①多様な生活課題に対する生活支援サービスや福祉活動の開発・実施
　②在宅福祉サービス事業部門(生活支援部門)における多様な生活課題への対応
　③住民組織，社会福祉施設・福祉サービス事業者，ボランティア・NPO等とハローワークや教育機関などとの連携による自立支援プログラム等の開発・実施
　④既存制度では対応が難しい課題解決に向けた組織的な対応
(3)地域づくりのための活動基盤整備
　①小地域における住民の福祉活動の組織と活動拠点の整備（小学校区程度）

②住民主体による福祉コミュニティづくりと住民活動の拡充
③地域づくりに向けた人材確保・育成
④住民作家の連携・協働の体制づくり
(4)行政とのパートナーシップ
①担当部門を超えた行政との連携強化
②行政と協働した地域福祉推進に向けた計画と評価
③権利擁護等に関する行政との取り組み強化

そしてこれらの取り組みについて，全国の市区町村社協の取り組み状況を踏まえ，必要に応じて内容の見直しに向けた継続的な検討を行うとしている。

地域福祉をめぐる時代の変遷の中で，市区町村社協に求められる役割は絶えず問われ続けているといえよう。

3 都道府県・指定都市社会福祉協議会

1950（昭和25）年に厚生省（現・厚生労働省）は，各都道府県に既存の団体を整理統合し，新しい協議会の設立を奨励するとともに，中央団体の日本社会事業協会，全日本民生委員連盟，同胞援護会の3団体に統合を呼びかけた。この呼びかけに答えるように，同年9月，社会福祉協議会（設立）準備事務局が設置され，新団体の手続きが進められ，1951（昭和26）年1月，中央社会福祉協議会（現・全国社会福祉協議会）設立総会が行われた。

厚生省は，地方にも社会福祉協議会の整備についての意向を示し，都道府県の民生部内に社会福祉協議会結成準備事務局に類する組織が設けられ，都道府県内の社会福祉事業関係団体に働きかけが行われた。1951（昭和26）年1月に設立された中央社会福祉協議会でも同時に都道府県における社会福祉協議会の設置準備を進め，同年12月までには，全国の都道府県（沖縄県は占領下であったので除く）に社会福祉協議会の組織が作られた。

（1）都道府県社協の法的位置づけと機能

社会福祉法による市区町村社協と都道府県社協の違いは，都道府県社協の役割として「市町村社会福祉協議会の相互の連絡及び事業の調整」が加わっていること，さらに「社会福祉を目的とする事業に従事する者の養成及び研修」「社

会福祉を目的とする事業の経営に関する指導及び助言」の2項目が規定されていることである（第110条）。

このことは，都道府県社協の機能として，高い専門性による市町村社協への支援と，福祉従事者の養成および社協をはじめとする福祉施設，社会福祉法人，民生委員・児童委員などが自主的な意思で参加しそのネットワークの強化を図っていくことが期待されていることを示すものである。

第110条　都道府県社会福祉協議会は，都道府県の区域内において次に掲げる事業を行うことにより地域福祉の推進を図ることを目的とする団体であつて，その区域内における市町村社会福祉協議会の過半数及び社会福祉事業又は更生保護事業を経営する者の過半数が参加するものとする。
　一　前条第1項各号に掲げる事業であつて各市町村を通ずる広域的な見地から行うことが適切なもの
　二　社会福祉を目的とする事業に従事する者の養成及び研修
　三　社会福祉を目的とする事業の経営に関する指導及び助言
　四　市町村社会福祉協議会の相互の連絡及び事業の調整
　2　前条第5項及び第6項の規定は，都道府県社会福祉協議会について準用する。

都道府県社協は，社会福祉基礎構造改革が進み，2000（平成12）年に社会福祉法が成立するとその実施する事業は大きく変化し，新たに取り組む事業も増えてきた。このため2012（平成24）年，全国社会福祉協議会は，都道府県・指定都市社協の経営に関する委員会報告書として，「都道府県社会福祉協議会の当面の活動方針」（以下，「活動報告」）をまとめ都道府県社協の機能について以下の6項目に整理をしている。

---

① 社会福祉事業・活動の連絡調整
　社会福祉を目的とする事業にかかわる組織・個人の諸活動の連絡調整，支援を行う。また，協働を促進する。
② 住民の福祉活動への参加促進
　広域的に（都道府県段階等）対応することが必要な福祉活動への参加促進を行う。その基盤となる啓発活動（福祉教育）を推進する。
③ 福祉人材の確保・養成
　福祉の仕事を担う人材の確保・育成，地域福祉活動を支える住民・ボランティアの発掘・養成を行う。

④ 福祉サービスの質の向上，利用援助・権利擁護の推進

福祉サービスの質の向上と適切な利用を促進するために，社会福祉法人・福祉施設，福祉サービス事業者への働きかけ，また，要援護者に対しては，福祉サービスの利用援助・権利擁護を行う。

⑤ 福祉サービスの企画・実施

広域的に（都道府県段階等）対応が必要な福祉サービスの企画・実施を行う。

⑥ 上記の各機能を発揮するため，情報収取・提供，広報，調査・研究，政策提言・ソーシャルアクションを行う。

この報告は，2004（平成16）年に全社協の都道府県・指定都市社協の活性化に関する検討委員会報告書「地方の時代の社協ビジョン，その実現に取り組む」にまとめられた，都道府県社協の役割としての「ネットワークの強化」「広域的，包括的な対応の強化」「専門的な対応」の3点についてさらに発展させたものとなっている。

（2）都道府県社協の事業

都道府県社協の事業は，47都道府県の環境や歴史によりそれぞれ異なるが，市区町村社協の事業構成に比べれば共通する部分は非常に多くなっている。

1987（昭和62）年以降，社会福祉制度は大きな変革が相次ぎ，少子・高齢化の進行の中，ゴールドプランに始まり，エンゼルプラン，障害者プランという保健福祉の3プランの策定，市町村重視や在宅福祉推進の方向性を明らかにした福祉8法の改正などが相次いで行われた。

これらの社会福祉の変化，社協を取り巻く状況の変化に対し，1992（平成4）年，全社協では新たに「新・社会福祉協議会基本要項」を策定した。この新・基本要項制定に際しての基本は，1962（昭和37）年「基本要項」の前文にある「現実に即して，今後の方向を明らかにする」姿勢を堅持するとともに，社会福祉協議会活動の伝統を継承し，新しい時代に対応する活動態勢を整備することであった。これにより，①住民ニーズと地域の生活課題に基づく福祉活動，地域組織化などをめざす「住民主体」の理念を継承するとともに，②社会福祉施設，民生委員・児童委員，住民組織，当事者団体等の参加による地域福祉を支える組織基盤の整備に努め，③地域福祉をめぐる新たな状況に対応し，総合的かつ計画的，一元的に支える公私協働の活動を実現する，という社協の組織・

活動の原則，機能，事業等の指針を策定したものである。新・基本要項では，都道府県社協の事業について，次の10項目を都道府県社協事業としている。

---

(1)市町村社会福祉協議会の連絡調整，支援および組織強化
(2)社会福祉その他関連分野の連絡調整，支援および組織強化
　・民生委員・児童委員の連絡調整，支援および組織強化
　・社会福祉施設経営者の連絡調整，支援および組織強化
　・社会福祉施設の連絡調整，支援および組織強化
　・社会福祉従事者の連絡調整，支援および組織強化
　・当事者団体の連絡網整，支援および組織強化
　・その他社会福祉事業関係者の連絡調整，支援および組織強化
　・関連分野の関係者との連携
(3)福祉課題の把握，地域福祉活動計画の策定，提言・改善運動の実施
(4)調査・研究事業の実施
(5)相談・情報提供事業の実施
(6)ボランティア活動の振興，福祉教育・啓発活動の推進
(7)生活福祉資金貸付事業の実施
(8)社会福祉の人材の養成・研修，情報提供事業
　・社会福祉の人材の養成・情報提供・あっせん事業の実施
　・社会福祉従事者等の養成・研修事業の実施
(9)社会福祉財源の確保および助成の実施
(10)共同募金・歳末たすけあい運動の推進

　日本の社会福祉制度は，1951（昭和26）年の社会福祉事業法による生活困窮者対策を中心とした施策から大きな改正がなされてこなかったため，少子・高齢化，家族機能の変化，低成長経済への移行，社会福祉への国民の意識の変化，国民全体の生活の安定を支える福祉制度への期待など，新たな福祉需要について対応することは困難なことから，1990年代に入り社会福祉基礎構造改革の名のもとに制度改革が進められた。社会福祉基礎構造改革は，利用者の立場に立った社会福祉制度の構築，サービスの質の向上，社会福祉事業の充実・活性化，地域福祉の推進を4つの柱として進められ，これに伴い，都道府県社協には新たに，日常生活自立支援事業，運営適正化委員会（苦情解決），第三者評価事業などが加わり，利用者保護や情報提供等，公共性の高い事業が増えた。
　2012（平成24）年，全社協の「都道府県・指定都市社協の経営に関する委員

会」では「都道府県社協の当面の活動方針」をまとめ，その中で都道府県社協
の事業展開の方向性について，次の4項目をあげた。

> (1)社会福祉関係者の結集を促し，福祉課題・生活課題の解決に果敢に挑戦する。
> とりわけ，社会福祉関係者が長年取り組んできた社会的孤立と，孤立等から生
> じる経済的困窮の課題への対応を強める。
> (2)都道府県社協自ら社会福祉法人の公益性を高め，制度内の枠にとらわれず，制
> 度外の福祉サービス事業の展開を積極的に進める。
> (3)従来の事業や補助・委託の枠組みにとらわれず，新たな福祉課題・生活課題の
> 解決に焦点を当て，横断的な執行体制を作る。
> (4)これらを実現するため，組織強化・発展を図る。

そして，当面の事業展開の視点として次の12項目に整理している。

> ・地域福祉推進と相談・支援事業への支援
> ・社会福祉法人・福祉施設への支援
> ・福祉人材の養成・確保
> ・社会福祉関係者が一体となった地域福祉の推進と都道府県社協の役割
> ・災害救助活動への支援の組織化
> ・組織構成の幅の拡大
> ・種別協議会等関係団体との連携・協働の強化
> ・職員の専門性の確保
> ・民間財源のあっせん
> ・共同募金改革への協力
> ・多様な財源構成と補助金・委託費の確保
> ・政策提言・ソーシャルアクション機能の強化

さらに2014（平成26）年には，次の2点を追加している。
・生活困窮者自立支援事業における都道府県社協の役割・機能強化
・災害福祉広域支援ネットワークの構築と種別協議会等との連携
　1点目の生活困窮者自立支援事業への取り組みは，これまで取り組んできた
「心配ごと相談事業」や「生活福祉資金貸付事業」，「日常生活自立支援事業」
の延長線上にあり，これまでの社協活動として培ってきた総合相談事業の一環
として位置づけ，また2点目の「災害福祉広域支援ネットワークの構築と種別
協議会等との連携」については，従来の「災害救助活動への支援の組織化」と

「種別協議会等関係団体との連携・協働の強化」を一体的に進め，より積極的に都道府県社協がその事務局機能を果たすことにより，緊急時における円滑な派遣を進めていこうとしたものである。

（3）事務局組織と専門的な対応の強化

都道府県社協は，都道府県域の社会福祉関係者の力を結集し，その参加と協働のもと，社会福祉・地域福祉の総合的推進を図ることを使命とする組織である。都道府県社協は，社会福祉の担い手が広がる中で，市区町村社協，社会福祉法人・福祉施設および民生委員・児童委員のネットワークはもちろん，都道府県域に一つしか認められない組織としての強みを生かす必要があり，「社会福祉関係者」の連携をはじめ，組織構成の範囲をNPO法人や一般社団法人等にもその範囲を広げていく必要がある。このように「社会福祉関係者」等と連携・協働して事業を進めるということは，都道府県社協に一層の連絡調整機能が求められるとともに，その事務局機能を担っていく必要が求められるということである。

都道府県社協の事務局を担う職員は，市区町村社協，社会福祉法人・福祉施設および民生委員・児童委員をはじめとする幅広い福祉関係者，もしくは直接福祉サービス利用者への支援を行わなければならないことから，高度な事務的・実務的対応能力が求められるほか，社会福祉に関する専門的な識見と，関係者間でリーダーシップを発揮できる人材が求められている。「全社協福祉ビジョン2020」の参考資料によると，2019（令和元）年度の都道府県社協の職員数は4,185人で，内訳は正規職員が1,894人，非正規職員が2,291人（内非常勤542人）で正規職員の割合が45.3％と半数にも満たない。しかし，社会福祉に関する事務的・実務的対応能力の専門性が求められるものの，その教育に関するシステムは，ほぼ各都道府県社協に任せられている。加えて各都道府県社協も，期待される職員教育を十分に果たせるだけの教育に関するシステムを構築できてはおらず，職員各個人に任せられている状況がうかがえる。

都道府県社協の財源については，補助金や委託費，会費，寄付金，負担金・分担金，事業収入，共同募金配分金，助成金，収益事業収入等で構成され，国庫補助の事業は，生活福祉資金貸付事業，福祉人材センター，日常生活自立支

援事業などである。しかし，近年の国・都道府県の財政上の問題から，必要額が十分に確保されていない状況が見受けられる。近年は自主財源となる会費なども，財源構成の全体では極めて低率となっている状況にある。都道府県社協が，都道府県域全体をカバーする唯一の地域福祉を推進する民間団体であることから，広域的に地域福祉を推進し，住民活動を支援する公共性の高い事業については，その財源の担保が必要である。それに加えて，会費，寄付金，負担金・分担金，事業収入，共同募金などの多様な財源の確保も必要となる。

（4）指定都市社会福祉協議会

　指定都市は，地方自治法第252条の19において「政令で指定する人口50万以上の市」と規定され，「都道府県が法律又はこれに基づく政令の定めるところにより処理することとされているものの全部又は一部で政令で定めるものを，政令で定めるところにより，処理することができる」とされ，加えて，第252条の20により，条例でその区域を分けて区を設けるものとしている。このようなことから，指定都市社会福祉協議会（以下，指定都市社協）は都道府県社協や市区町村社協とは異なり，区域内の社協（区社協）の連絡調整と具体的事業実施という機能を併せ持っているのが特徴となっている。

　指定都市は2020（令和2）年現在20市であり，市町村社協と都道府県社協の両方の機能を合わせた事業を展開している。具体的には，居宅介護支援，訪問介護，通所介護，地域包括支援センターなど介護保険制度における事業や，障害者総合支援法による居宅介護，重度訪問介護等の障害者サービスの実施，住民参加型によるふれあいサロンや，各種在宅福祉サービスなどの事業展開をしている点が都道府県社協と大きく異なる。2013（平成25）年6月に報告された全社協都道府県社協・指定都市社協の経営に関する委員会の平成24年度「指定都市分科会」報告では，指定都市に求められる当面の重点活動・事業として，①社会的孤立する高齢者への支援，②青少年期・稼働世代に広がる"ひきこもり"への支援，③地域での居場所づくり（小学校・中高生への学習支援，子育て不安・育児の孤立化の解消とニーズキャッチ）の3点を重点活動・事業としており，大都市部にみられる社会的福祉課題に取り組むこととしている。

第2節　民生委員・児童委員

1　民生委員制度の経緯

　民生委員制度の源流は，1917（大正 6 ）年に岡山県が創設した済世顧問制度である。ドイツのエルバーフェルト市の救済委員制度を参考にした篤志家による貧民救済制度である。翌1918（大正 7 ）年には，大阪府で方面委員制度が発足した。この制度は，管内をいくつかの方面（地域）に分けて委員を配置し，生活状況の調査と救済などの実務にあたった。以後これをモデルにした制度が，各都道府県に設置されていった。1929（昭和 4 ）年の「救護法」で方面委員は，市町村の補助機関として位置づけられた。1936（昭和11）年に公布された「方面委員令」によって全国的に統一した制度となった。

　第二次世界大戦後，1946（昭和21）年公布の民生委員令により方面委員は民生委員に改称，翌年公布の児童福祉法により民生委員は併せて児童委員に充てられた。1948（昭和23）年に民生委員法が制定され，1950（昭和25）年の生活保護法改正で，民生委員は福祉事務所の協力機関として位置づけられた。

2　民生委員法の概要

（1）位置づけ

　民生委員は，民生委員法に基づく厚生労働大臣から委嘱された「非常勤の特別職の地方公務員」であり，児童福祉法第16条により児童委員を兼ねている。民生委員・児童委員や民生児童委員などと称される（以下，民生委員）。

　また，児童委員は区域担当委員と事項担当委員に分かれ，事項担当委員は児童分野を専門に担当する主任児童委員として児童委員の中から厚生労働大臣により指名され委嘱されている。

　民生委員の活動は，民生委員法第 1 条で「社会奉仕の精神をもつて，常に住民の立場に立つて相談に応じ，及び必要な援助を行い，もつて社会福祉の増進に努める」と規定している。2000（平成12）年の改正により「保護指導に当た

る」役割から「住民の立場に立った相談と援助」とされた。第2条では「常に，人格識見の向上と，その職務を行う上に必要な知識及び技術の修得に努めなければならない」として自己研鑽と研修を義務づけている。第10条では「給与を支給しないものとし，その任期は，3年とする。ただし，補欠の民生委員の任期は，前任者の残任期間とする」と規定され，法改正により「名誉職」から「活動費の支給はあるが無報酬のボランティア」と位置づけが変わった。

（2）職　　務

1）民生委員の職務

民生委員の職務内容は，民生委員法で次のように規定されている。

第14条　民生委員の職務は，次のとおりとする。
　一　住民の生活状態を必要に応じ適切に把握しておくこと。
　二　援助を必要とする者がその有する能力に応じ自立した日常生活を営むことができるように生活に関する相談に応じ，助言その他の援助を行うこと。
　三　援助を必要とする者が福祉サービスを適切に利用するために必要な情報の提供その他の援助を行うこと。
　四　社会福祉を目的とする事業を経営する者又は社会福祉に関する活動を行う者と密接に連携し，その事業又は活動を支援すること。
　五　社会福祉法に定める福祉に関する事務所（以下「福祉事務所」という。）その他の関係行政機関の業務に協力すること。
　2　民生委員は，前項の職務を行うほか，必要に応じて，住民の福祉の増進を図るための活動を行う。

また，職務遂行上の守秘義務および差別的または優先的な取扱いの禁止（第15条），職務上の地位の政治目的への利用禁止（第16条）が定められている。

2）児童委員の職務

児童委員の職務の内容は，児童福祉法で次のように規定されている。

第17条　児童委員は，次に掲げる職務を行う。
　一　児童及び妊産婦につき，その生活及び取り巻く環境の状況を適切に把握しておくこと。
　二　児童及び妊産婦につき，その保護，保健その他福祉に関し，サービスを適切に利用するために必要な情報の提供その他の援助及び指導を行うこと。
　三　児童及び妊産婦に係る社会福祉を目的とする事業を経営する者又は児童の健やかな育成に関する活動を行う者と密接に連携し，その事業又は活動を支

　　援すること。

　四　児童福祉司又は福祉事務所の社会福祉主事の行う職務に協力すること。

　五　児童の健やかな育成に関する気運の醸成に努めること。

　六　前各号に掲げるもののほか，必要に応じて，児童及び妊産婦の福祉の増進
　　を図るための活動を行うこと。

② 主任児童委員は，前項各号に掲げる児童委員の職務について，児童の福祉に
　関する機関と児童委員（主任児童委員である者を除く。以下この項において同
　じ。）との連絡調整を行うとともに，児童委員の活動に対する援助及び協力を行う。

③ 前項の規定は，主任児童委員が第1項各号に掲げる児童委員の職務を行うこ
　とを妨げるものではない。

④ 児童委員は，その職務に関し，都道府県知事の指揮監督を受ける。

（3）委嘱・定数

　選任要件は，社会福祉への理解と熱意があり，地域の実情に精通したおおむ
ね75歳未満（主任児童委員は原則55歳未満）の者であり，適格要件には（「民生
委員・児童委員選任要領」），居住地，社会福祉・児童福祉への理解，健康，生
活面の安定，活動時間の確保，守秘義務，政治的中立などが必要とされている。

表3-2　区域または事項を担当する民生委員・児童委員配置基準表

区　分	配置基準
東京都区部および指定都市	220から440までの間のいずれかの数の世帯ごとに民生委員・児童委員1人
中核市および人口10万人以上の市	170から360までの間のいずれかの数の世帯ごとに民生委員・児童委員1人
人口10万人未満の市	120から280までの間のいずれかの数の世帯ごとに民生委員・児童委員1人
町　村	70から200までの間のいずれかの数の世帯ごとに民生委員・児童委員1人
主任児童委員の配置基準	
民生委員協議会の規模	主任児童委員の定数
民生委員・児童委員の定数39人以下	2人
民生委員・児童委員の定数40人以上	3人

「民生委員・児童委員の定数基準について」（平成13年6月29日雇児発第433号・社援第1145
号，平成19年8月雇児発第0810009号・社援第0810006号改正現在）

　任期は1期3年（欠員補充の任期は，前任者の残任期間）であり（法第10条），すべての民生委員が改選（一斉改選日は12月1日）になり委嘱を受けることになる。

　委嘱にあたっては，市町村に設置される民生委員推薦会が推薦する候補者を都道府県知事（政令指定都市，中核市においては「都道府県知事」を「市長」と読替える）に報告し，都道府県知事は，地方社会福祉審議会で審査し候補者を厚生労働大臣に推薦する。厚生労働大臣は，都道府県知事の推薦に基づき委員を推薦する（法第5条）。定数は厚生労働大臣の定める基準に従い，都道府県知事が，市町村長（特別区の区長を含む）の意見を聴いて定める（法第4条）。

3 民生委員児童委員協議会

　民生委員児童委員協議会は，民生委員法第20条に規定され，法定単位民生委員協議会と呼ばれる。民生委員協議会の任務は，民生委員が担当する区域または事項を定める，職務の連絡・調整，福祉事務所その他の関係行政機関との連絡，必要な知識および技術の修得，職務遂行に必要な事項の処理がある。

　厚生労働大臣が定めた児童委員活動要領において，児童委員協議会を民生委員協議会ごとに組織することになっているため，民生委員協議会が児童委員協議会の性格を併せもつことになっている。

　また，都道府県・指定都市民生委員児童委員協議会を構成団体として組織される全国民生委員児童委員連合会は，1931（昭和6）年，全国の民生委員（当時，方面委員）により全日本方面委員連盟（会長・渋沢栄一）が結成され，1946（昭和21）年に全日本民生委員連盟となった。

　1951（昭和26）年以降，改組・改称を経て，1961（昭和36）年に全国民生委員児童委員協議会に改称し，1992（平成4）年より全国民生委員児童委員連合会（以下，全民児連）と称するようになった。主な活動は，民生委員活動の強化推進に関する調査研究，情報提供や研修などの各種事業の企画・実施などとなっている。

4 民生委員活動の基本

（1）民生委員の基本姿勢／基本的性格／活動原則

　地域住民の信頼関係に基づく活動，民生委員に対する社会的な信頼の基礎として，次のような民生委員の３つの基本姿勢，基本的性格，活動の原則がある[5]。

【基本姿勢】

１．社会奉仕の精神

　社会奉仕の精神をもって，社会福祉の増進に努めます。

２．基本的人権の尊重

　民生委員は，その活動を行うにあたって，個人の人格を尊重し，その身上に関する秘密を守ることが，とくに重要です。人種，信条，性別，社会的身分または門地による差別的，優先的な取扱いはしてはなりません。

３．政党・政治的目的への地位利用の禁止

　職務上の地位を政党または政治的目的のために利用してはなりません。

【基本的性格】

１．自主性

　常に住民の立場に立ち，地域のボランティアとして自発的・主体的な活動を行います。

２．奉仕性

　誠意をもち，地域住民と連帯感をもって，謙虚に，無報酬で活動を行うとともに，関係行政機関の業務に協力します。

３．地域性

　一定の地域社会（担当地区）を基盤として，適切な活動を行います。

【活動の原則】

１．住民性の原則

　自らも，地域住民の一員である民生委員は，住民に最も身近なところで，住民の立場に立った活動を行います。

２．継続性の原則

　福祉問題の解決は時間をかけて行うことが必要です。民生委員の交替が行われた場合でも，その活動は必ず引き継がれ，常に継続した対応を行います。

３．包括・総合性の原則

　個々の福祉問題の解決を図ったり，地域社会全体の課題に対応していくために，その問題について包括的，総合的な視点に立った活動を行います。

（2）民生委員活動の7つのはたらき

　民生委員による活動は，その内容により，次のように7つの「はたらき」に整理される。

1．社会調査のはたらき
2．相談のはたらき
3．情報提供のはたらき
4．連絡通報のはたらき
5．調整のはたらき
6．生活支援のはたらき
7．意見具申のはたらき

5　民生委員の活動状況

　「令和2年度社会福祉行政報告例」（厚生労働省）において，令和2年度中に民生委員が処理した相談・支援件数は約470万件，その他の活動件数は約2,493万件，訪問回数は約3,586万件である（表3-3）。

　民生委員の活動は，高齢者・障害者・子どもに関することをはじめ，要援護者の調査・実態把握，相談支援，各種行事への参加協力や自主的な地域福祉活動など多岐にわたっている。最近では，生活困窮者の早期発見と支援，中高年者の孤立防止，子どもの虐待防止，災害時に備えた要援護者マップづくりなど，地域共生社会づくりに向け，関係機関と協働しながら取り組んでいる。

6　全国民生委員児童委員連合会が示す方策・指針

（1）民生委員制度創設100周年活動強化方策

　全民児連は，民生委員制度創設50周年を迎えた1967（昭和42）年以降，10年ごとに「活動強化方策」を策定し，向こう10年間の全国の委員活動や民生委員児童委員協議会活動の基本的な方向性や重点課題を示し，組織的な活動を全国で展開することで，社会的な課題への対応や効果的な活動につなげてきた。

　民生委員制度創設100周年にあたる2017（平成29）年7月，「民生委員制度創

表3-3 民生委員の活動状況の年次推移

	平成29年度	30年度	令和元年度	令和2年度
相談・支援件数	5,770,653	5,790,737	5,362,338	4,701,439
その他の活動件数[1]	26,674,758	26,643,585	24,930,435	17,075,122
訪問回数[2]	38,228,011	37,745,403	35,863,593	31,345,223

注：1）「その他の相談件数」は，調査・実態把握，行事・事業・会議への参加協力，
地域福祉活動・自主活動および民児協運営・研修等の延べ件数である。
2）「訪問回数」は，見守り，声かけなどを目的として心身障害者・児，ひとり
暮らしや寝たきりの高齢者および要保護児童等に対して訪問・連絡活動（電
話や電子メールによるものを含む）を行った延べ回数である。
厚生労働省：令和2年度福祉行政報告例の概況，p.5，2021

設100周年活動強化方策〜人びとの笑顔，安全，安心のために〜」（100周年活動
強化方策）を策定し，全国共通の基本的方針等を示した。

その中で，「重点1．地域のつながり，地域の力を高めるために」，「重点2．
さまざまな課題を抱えた人びとを支えるために」，「重点3．民生委員・児童委
員制度を守り，発展させていくために」を挙げ，この方策をもとに，地域の実
情を踏まえ，具体的な取り組み課題や実現目標を盛り込んだ「地域版活動強化
方策」の作成を提案し，各地域（単位民児協ごと）で活動強化方策を作成する
ことで，より効果的な活動につなげようと呼びかけた。これまでの活動強化方
策ではトップダウン的に活動強化方策を示してきたが，地域の実情や課題を把
握する視点に変えボトムアップ方式にすることで，今後の活動の方針や目標を
10年先の期間を想定し地域に合った強化活動方策を作成するものである。

（2）児童委員制度創設70周年「全国児童委員活動強化推進方策2017 〜子どもたちの笑顔と未来のために〜」

全民児連は，2000（平成12）年以降，児童委員活動の充実に向け，「全国児童
委員活動強化推進方策」を継続して策定しており，それぞれの時代における社
会状況，子どもや子育て家庭を取り巻く課題等を踏まえた活動の方向性を提示
してきた。

また，全民児連では，1967（昭和42）年の民生委員制度創設50周年以降，10
年ごとに，向こう10年間の活動の方向性や重点を示す「活動強化方策」を策定

している。制度創設100周年にあたる2017（平成29）年，「民生委員制度創設100周年活動強化方策」（以下，100周年活動強化方策）を策定している。

　この中で，今後の活動の重点3項目の具体的な取り組みの中で，「子育てを応援する地域づくりの推進」についても盛り込み，すべての民生委員が児童委員であることを意識した活動の重要性をあげ，地域づくりの推進とともに，民生委員が子どもにとって「身近なおとな」となることを提唱している。同年は児童委員制度70周年の節目でもあるため，100周年活動強化方策を補完し，児童委員活動をより積極的に進めるため，「全国児童委員活動強化推進方策2017」を策定している。

　児童委員制度創設から70年，社会や子どもを取り巻く状況は大きく変化している。そうした中にあって，子育てや子育ちの安心・安全を支えていくため，児童委員および民児協には大きな期待が寄せられている。

　そこで，今後10年間の活動においては，「重点1．子どもたちの『身近なおとな』となり，地域の『子育て応援団』となる」，「重点2．子育ち，子育てを応援する地域づくりを進める」，「重点3．課題を抱える親子を発見し，つなぎ，支える」，「重点4．児童委員制度やその活動への理解の促進」の4項目をあげている。

（3）災害に備える民生委員活動に関する指針

　2007（平成19）年，民生委員制度創設90周年に際して，「災害時一人も見逃さない運動」を提唱し，平常時からの体制整備を関係機関や地域に呼びかけた。この運動が一つの契機となり，災害時要援護者台帳や災害福祉マップの作成などの取り組みが広がった。

　しかし，2011（平成23）年3月11日に発生した東日本大震災では，見守り対象者などの安否確認や避難支援を行っていた56名もの委員が，その強い使命感から避難の遅れなどにより犠牲になった。その後も，多くの委員が被災する中で，発災時の委員の安全確保や委員の役割，長期化する避難生活の中での活動のあり方など，多くの課題が明らかになった。

　そこで，全民児連は災害時の委員活動の具体的考え方や留意点を整理し，2013（平成25）年「民生委員・児童委員による災害時要援護者支援活動に関す

る指針」を取りまとめた。その後，改正災害対策基本法（同年6月）で市町村「避難行動要支援者名簿」の作成が義務づけられ，その提供先の1つとして民生委員があげられたことを受け，指針の第2版が発行された（同年11月）。

　第2版の発行から5年が経過し，東日本大震災被災地では復興に向かう中で①新たな課題が明らかになっていること，②各地で災害が相次ぎ，災害時の委員活動のあり方を改めて整理する必要があること，③避難行動要支援者名簿の作成がほぼすべての市町村で完了する中，名簿の共有方法や活用方法が課題としてあげられたことから，全民児連は，2019（平成31）年3月に第3版となる「災害に備える民生委員・児童委員活動の指針」を公表し，災害に対する活動の基本的な考え方や具体的な取り組みのあり方を整理している。

　今後災害に備える取り組みを行っていくにあたり，すべての民生委員，民児協事務局等の関係者が日頃から意識し，再確認すべきこととして「災害に備える10か条」を示している。

災害に備える民生委員活動10か条

第1条　自分自身と家族の安全を最優先に考える

第2条　無理のない活動を心がける

第3条　地域住民や地域の団体とつながり，協働して取り組む

第4条　災害時の活動は日頃の委員活動の延長線上にあることを意識する

第5条　民児協の方針を組織として決めておく

第6条　名簿の保管方法，更新方法を決めておく

第7条　行政と協議し，情報共有のあり方を決めておく

第8条　支援が必要な人に，支援が届くように配慮する

第9条　孤立を防ぎ，地域の再構築を働きかける

第10条　民生委員同士の支え合い，民児協による委員支援を重視する

第3節　住民組織

1　住民組織の特徴

　町内会・自治会と呼ばれる組織は，一定の地域において，そこに居住・生活する住民や商店・企業などによって構成される任意の住民自治組織である。中田[6]は，町内会の特徴を①一定の地域区画を持ち，その区域は相互に重なり合わない，②世帯を単位として構成される，③原則として全世帯（戸）加入の考え方に立つ，④地域の諸課題に包括的に関与する（公共私の全体にわたる事業を担当），⑤それらの結果として，行政や外部の第三者に対して地域を代表する組織となる，としている。また，『平成19年版国民生活白書』（内閣府，2007）では，①ある場所に居住し生活することで生まれるつながり，②地域の地縁組織に参加することによって生まれるつながり，③特定の目的を果たすために設立された組織に参加することによって生まれるつながりの3つを示して，生活の場における地域のつながりを保つ組織としている。

　また，地方自治法第260条の2で「地縁による団体」と定められ，地方公共団体の長の許可によって法人格を取得できることとなっている。

2　住民組織の状況

　近年では，町内会・自治会の組織率が低下し，活動も弱体化する傾向がみられ，近隣住民の付き合いが薄れていく中，共助や互助が期待されている状況がある。地域で暮らしてはいるものの，町内会・自治会には加入せず，近所付き合いもない傾向は，都市部では特に顕著である。他にも古くからの居住者とマンション等に居住する新たな住民層との関係構築のあり方や，高齢化による住民組織の担い手不足などの課題が指摘されている。『平成19年版国民生活白書』では，近所付き合いの程度に関して「親しくつき合っている」が　1975（昭和50）年に52.8％であったのに対し，1997（平成9）年には42.3％と約10ポイント減少している。また，自治会の参加頻度においても「住民自治組織に関する

世論調査」(総理府, 1968年) では,「だいたい参加する」が町村部で70.2%, 市部で49.1%であったのに対し,「国民生活選好度調査」(内閣府, 2007年) では「月に1日程度以上」の参加が全体で12.1%とかなり低い値になっている。

地域福祉の推進において町内会・自治会は, 先に述べた地域の地縁組織で構成され, 特定の目的を果たすために設立された組織であり, 期待される役割は極めて大きい。また, 多くの場合全戸加入制である町内会・自治会は, 地域を基盤とした社会福祉における参加および自治の問題等, コミュニティ再生に向けた役割が改めて認識されている。例えば, 小学校を拠点としたコミュニティルームの学習支援活動や子育てサロン, 地域の機能を活かした異年齢の子どもの居場所(交流の場)づくりの活動, 小地域での高齢者ふれあい・いきいきサロン, そして地域の役割が新たに注目される取り組みとして子ども食堂へのボランティア活動など, 多様な取り組みが行われている。

「これからの地域福祉のあり方に関する研究会」報告書(2008年) では, 公的な福祉サービスだけでは支援が困難な事例への対応を含め, 成熟した社会における自立した個人が主体的に関わり, 支え合う, 地域における「新たな支え合い」(共助) の領域の拡大・強化が求められているとして, 住民参加や住民自治の重要性を強調している。

町内会・自治会は, その特性として地域性と福祉性を兼ね備えていることから, 小地域の圏域の活動であれば, 福祉問題の早期発見やニーズへの個別的対応ができるとともに, 住民が日常的に問題解決への協力に参加しやすいことがあげられる。その際には, 社会福祉協議会や民生委員・児童委員, 老人クラブ, 婦人会, 保護司会などとの連携による活動推進が重要である。

また, 近年は地震, 豪雨などの災害発生時や, 平常時における防災活動にもその役割が期待されている。厚生労働省は2007(平成19) 年に「市町村地域福祉計画の策定について」において,「要援護者の支援方策について市町村地域福祉計画に盛り込む事項」を示し, 訪問活動, サロン活動, 要援護者支援マップ作りなどを提案している。町内会・自治会が, 地域福祉計画策定のプロセスに関わることは, 防災・減災への取り組みへつながるものであり, さらには日常的に行われる支え合い活動にもなるのである。

第4節　当事者組織

1 当事者組織の意義

　地域ケアシステムの構築において，様々な生活および福祉課題を解決するため，多様な主体や活動の連携と協働が求められている。その主体の一つとして当事者組織があり，地域福祉計画や地域福祉活動計画においても，組織への支援が盛り込まれている。

　「当事者」の捉え方は広く，その組織も同様であるが，共通する内容は以下のとおりである。①組織の構成員が何らかの共通する経験を共有していること，②経験から感じている様々な困難への対処を目的としていること，③主体的かつ持続的に活動していることである。わが国においては，親の会，障害当事者の会，介護家族の会，当事者研究会，セルフヘルプグループ，ピアサポートなど，多様な当事者組織活動が展開されている。

　近年では，共通する経験を持つ当事者が主体的に動き，参加し，社会へ発信していくセルフアドボカシーも盛んになってきた。当事者組織から発信された「当事者の声」は，個別の生活課題を社会全体の課題として可視化させ，地域福祉の推進に大きな役割を果たしている。

2 当事者組織の活動内容と役割

（1）セルフヘルプグループとしての機能

　前述したように，当事者組織は何らかの共通する経験を発端として，形成されることが多い。そのため，メンバー同士で経験に関連する感情や話題，問題やニーズを分かち合い，同等の関係性の中でそれらを交換し共有することができる。このような活動を継続することで，伝えづらかった悩みが表出され，問題を解決するための手がかりを他者から得ることもできるようになる。さらには，ありのままの自分を受け入れ，自分への信頼を回復し，自分の能力を引き出していくような，内なる変革が期待できる。

（2）セルフアドボカシーとしての機能

　当事者の抱える問題が社会的な差別や偏見から起きている場合，その矛盾を指摘し，社会へと発信する。生活環境の整備改善要求，法制度の改善要望などを提出し，新たな社会制度や社会サービスの創出を求めていくのが，セルフアドボカシーの機能である。

　地域においては普及啓発活動を行い，地域住民への理解を求めていく。認知症の人と家族の会では，各地の社会福祉協議会との協働で教育機関に出向き，認知症への理解を求める活動を行っている。

　ある精神障害当事者は，セルフアドボカシーを“「ひとりの声なき精神障害者」が「ひとりの伝えることができる者」に自分を変えたセンセーショナルな出会い”とし，当事者としての役割を表現している。

（3）組織として活動する力

　福祉問題を解決しようとするとき，一個人の力では限界がある。その要因には，解決してくための知識が限られること，行動範囲が限られることなどがあるだろう。

　地域における当事者の組織化は，それらを補い，さらに発信力も高めることができる。集団としての活動は，個の力が集結されて様々なアイデアを共有し，各地域に応じた多様な活動を可能にする。

3 当事者組織の課題

　これまで述べたように重要な働きを持つ当事者活動ではあるが，組織運営の課題もある。構成員の人材育成，意思決定，組織間の情報格差など組織の継続に関わる課題である。

　特に当事者組織では，組織のリーダー自身も当事者であり，生活困難を抱えている場合が多い。そのため，組織運営を負担と感じることも少なくない。このような課題に対して，自主性を尊重しつつ支援していくマネジメントが求められている。

第5節　ボランティア・NPO組織

■1　ボランティア活動

（1）ボランティアの起源

　ボランティア（volunteer）は，元々ラテン語やフランス語で「自由意志」や「喜びの精神」などを指す言葉がその由来となっている。自らの意思で主体的に活動する行為，またはその者という意味がボランティアという言葉にはある。

　ボランティアは地域福祉の発展とともに，その活動を発展させてきた。源流は，1869年のロンドンの慈善組織協会（COS）結成によるボランティア団体の組織化や，1884年にバーネット夫妻がロンドン郊外に設置したトインビーホールでのセツルメント運動に見ることができる孤児や困窮者の救済に関する民間活動としてボランティアの取り組みは始まっている。トインビーホールは，後にアメリカでハルハウスを設立したアダムスや，アメリカ初のセツルメントであるネイバーフッドギルドを設立したコイトも訪れており，イギリスでの地域福祉の発展過程の中で，ボランティアについてもその概念が発展することで，アメリカにおけるボランティア活動にも影響を与えている。

　日本国内も同様，地域福祉の発展にボランティア活動の存在がうかがえる。各地域の取り組みとして，1891（明治24）年の岡山博愛会，1897（明治30）年のキングスレー館，さらに1923（大正12）年の関東大震災において，セツルメントへ大きな期待が持たれた。その他，1917（大正6）年の岡山県済世顧問制度による県内の防貧事業や，米騒動を契機とした1918（大正7）年の大阪府の方面委員制度設置など，社会測量としてニーズ把握を行うとともに，個別的救護としてボランティアの原型がつくられていった。

　また，当時の政府の取り組みとしては，1908（明治41）年に，中央慈善協会（現在の全国社会福祉協議会）が発足したことにより，慈善団体の相互連携が図られ，その後のボランティア活動の促進も見られた。

（2）現在のボランティア

　ボランティアは，既存のサービスや制度ではニーズを充足できない場合に対する解決手段としての意義を有している。1995（平成7）年の阪神・淡路大震災では，国や行政からの支援だけではなく被災地域外からも多くの人々が集い，瓦礫の撤去や避難所・仮設住宅での生活支援，その後の生活相談と幅広い分野での活動が行われた。専門職者やボランティアを専門に活動していた者だけではなく，学生や一般市民，民間企業など様々な立場の人々がボランティアとして震災被害地域の復興に携わった。ボランティア元年といわれるこの年を区切りに，その後，特定非営利活動促進法が1998（平成10）年に制定された。今日ではボランティアの内容は多岐にわたり，市民単位のものもあれば，NPO（p.86参照）や NGO（非政府組織），民間企業による社会貢献活動（CSR：corporate social responsibility）も広義のボランティアとして捉えることができる。

　2016（平成28）年に総務省統計局が行った「平成28年社会生活基本調査」によれば，1年間にボランティア活動を行った人は約2,943万8,000人，年齢別の割合で見ると，40〜44歳が32.2％と最も多く，25〜29歳が15.3％と最も低くなっていた。2011（平成23）年と比べると20歳以上54歳以下の行動者率が減少し，55歳以上の行動者率が増加しているのがわかる（図3-4）。

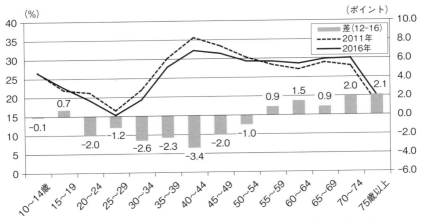

図3-4　年齢階級別ボランティア活動の行動者率（2011，2016年）

総務省統計局：「平成28年社会生活基本調査」

　今日のボランティア活動の特徴としては，災害発生時の社会活動や共同体機能を回復・維持するための役割のほか，社会的孤立や貧困に対峙していくための配食ボランティアやサロン活動，子ども食堂などの取り組みにおいてもボランティアの力が求められている。公的機関や制度では対応できないニーズに対して柔軟に対応できること，またその対処が先駆的である場合，あらたなサービス開発の契機となり得ることもボランティアの特徴としてあげられる。別の特徴として，ボランティアには無償性という視点もある。自発的な個人の活動であるからこそ報酬とは無関係の行為であるべきもの，労働として換算できない実践というものである。しかし，最近ではボランティア行為に伴う活動（拘束）時間，食費，交通費のほか，提供される専門的な知識や技術に対する経費や謝礼として，一定の有償性を見ることができるという立場もある。近年ではボランティアの社会的認知度が高まり，広く様々な場面でボランティアの機会が増えてきた半面，単に無償の労働力としてボランティア活動を期待されることや，いわゆる「やりがい」がボランティア活動の対価としてボランティアを依頼する側から活動する側へ示されるなど，安易な労働力として求められるケースも見受けられるようになってきた。国が進める地域共生社会や介護保険制度における地域包括ケアシステムにおいても，相互扶助や支援の担い手としての役割がボランティアには求められている。今後の地域づくりにおいて，ボランティアによって提供される行為や内容にどのような意味があるのか，ボランティアを担う側も利用する側も考えていく必要がある。

（3）災害とボランティア

　2011（平成23）年の東日本大震災では，多くのボランティアがその支援にあたり，ボランティアの力が注目された。約1年間でおよそ92万6,000人がボランティアに従事した。2016（平成28）年の熊本地震ではおよそ12万人，2018（平成30）年の西日本豪雨災害ではおよそ26万人，2019（令和元）年の台風15号・19号による大雨災害では19万7,000人が災害支援に従事した。

　災害におけるボランティア活動の中心として機能するのが，都道府県および市町村に設置される災害ボランティアセンターである。各災害ボランティアセンターは，災害が発生した都道府県および市町村社会福祉協議会が担うことが

多く，災害復旧・復興，被災者支援に関する①被災地ニーズの把握，②ボランティアの受入調整，③ボランティア人数調整，資材・機材の貸出調整，④ボランティア活動の企画実施，⑤活動内容の報告・振り返りを主な役割としている。

　また，災害対応のボランティアや支援は，時間の経過とともに求められる事柄も変化してくる。災害発生当初は医療・衛生・最低限の衣食住に関することに支援の必要性が高まる。傷病者への応急的対応，救援・救助活動，最低限生命を維持することに必要な物資の確保など，生命の危機的状況をまずは乗り切ることに対する支援が求められる。災害初期対応が一区切りつき，一定の生活環境が確保された後は，長期的・継続的な生活の維持や回復を図っていくため，避難所や仮設住宅での生活環境の向上，その後の身の振り方への悩みなど，福祉的な支援の必要性が徐々に高まってくる。

　このようなニーズの変化に対して，柔軟に対応していくためには，支援を受け入れる側にも必要な視点がある。内閣府が2010（平成22）年3月に作成したパンフレット「防災ボランティア活動の多様な支援活動を受け入れる〜地域の『受援力』を高めるために」では，支援を必要とする側が「受援力」をどの程度有しているかが，地域で効果的な支援を行うために重要であるとしている。「受援力」とは，ボランティアなどを受け入れる環境・知恵などを指す。被災者が現在何に困り，どのような支援が必要なのか，それを外部に伝えることができる力のことである。しかし災害発生時には被災住民が，自分よりも深刻な状況に置かれている人が他にいると考え，自らの被害や支援ニーズを表明しにくいケースが存在する。そのため緊急時の備えとして平時からできることは，①小地域単位等で助けが必要な事柄について話し合い，想定しておくこと，②誰がどのように困っているのか，自治会・町内会，民生委員・児童委員などの地域のニーズを把握しやすい者をパイプ役として確認しておき，緊急時にボランティアと地域住民をつないでいくこと，③地域の情報整理・把握を普段から行っておくこと（災害発生時の避難に支援が必要な単身高齢者世帯の一覧を地域ごとに作成しておくなど）などがポイントとなる。

2 NPO の活動

（1）国内における NPO 活動

　NPO（非営利組織）とは，nonprofit organization または not for profit organization の略称であり，社会貢献活動を行い，構成員への収益分配を行わない団体の総称である。日本国内においては，特定非営利活動促進法（通称 NPO 法）において法人格を取得した NPO 法人に対して，団体としての活動を支援する体制が取られている。この法律における NPO の活動とは，ボランティア活動をはじめとする市民が行う自由な社会貢献活動であり公益の増進に寄与するものであると規定している。

　NPO が注目され特定非営利活動促進法が成立した背景には，前述した通り，阪神・淡路大震災がある。延べ130万人以上のボランティアが支援を行ったものの，当時は NPO 自体の認知度も低く，ボランティアなどの市民の社会貢献活動を規定する法的制度やサポートする枠組みがない中，組織的なボランティア活動の重要性とその効果が広く認識され，国内における NPO 活動を支援する法律として，1998（平成10）年 3 月に同法が成立，同年12月 1 日より施行された。

（2）NPO 法人の特徴

　特定非営利活動促進法における NPO 法人の活動内容は，これまでの改正により 2 度，活動内容が追加されている（表 3 - 4）。認証については，法人格を取得する NPO の主たる事務所が所在する都道府県知事，またはその事務所が 1 つの指定都市区域内のみに所在する場合は当該指定都市の長が所轄庁となる。法人格取得により社会的な信用が高まるだけではなく，団体として銀行口座や資産を保有することが可能になり，円滑な事業運営が行えるほか，一部税制上の優遇を受けることができるようになる。法人格取得後は関係法令や認証申請時に策定した定款に基づいた活動が求められ，各事業年度の初めには前年度の事業報告書等を所轄庁に提出しなければならない。

　法律が成立した1998（平成10）年度当初の認証団体数は23法人，翌年度は1,724法人であったが，制度開始から20年以上が経った2021（令和 3）年 3 月末

表3-4 特定非営利活動法人の活動の種類

1	保健，医療又は福祉の増進を図る活動
2	社会教育の推進を図る活動
3	まちづくりの推進を図る活動
4	観光の振興を図る活動◎
5	農山漁村又は中山間地域の振興を図る活動◎
6	学術，文化，芸術又はスポーツの振興を図る活動●（「学術」表記追加）
7	環境の保全を図る活動
8	災害救援活動
9	地域安全活動
10	人権の擁護又は平和の推進を図る活動
11	国際協力の活動
12	男女共同参画社会の形成の促進を図る活動
13	子どもの健全育成を図る活動
14	情報化社会の発展を図る活動●
15	科学技術の振興を図る活動●
16	経済活動の活性化を図る活動●
17	職業能力の開発又は雇用機会の拡充を支援する活動●
18	消費者の保護を図る活動●
19	前各号に掲げる活動を行う団体の運営又は活動に関する連絡，助言又は援助の活動
20	前各号に掲げる活動に準ずる活動として都道府県又は指定都市の条例で定める活動◎

●は2002（平成14）年改正以降追加（12⇒17分野へ）
◎は2011（平成23）年改正以降追加（17⇒20分野へ）

時点のNPO法人数は52,098法人にまで増加した（図3-4参照）。

　法改正に伴う活動分野の広がりと合わせ，地域社会におけるNPO法人の活動の幅がいかに広がってきているかがわかる。活動分野として多いのは，「保健，医療又は福祉の増進を図る活動」「社会教育の推進を図る活動」「子どもの健全育成を図る活動」「まちづくりの推進を図る活動」などである。

　2001（平成13）年度には当時の税制改正によって認定NPO法人制度が開始された。この制度は，一定の要件を満たすNPO法人として国税庁長官の認定を受けた認定NPO法人に対して，寄付をした個人や法人が税制上の優遇措置を得られるほか，認定NPO法人が納める法人税等が優遇される制度である。2012（平成24）年度からは，国税庁長官から所轄庁による認定へと改正された。

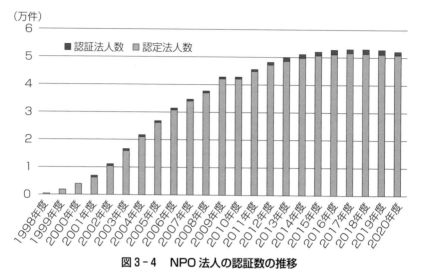

図3-4　NPO法人の認証数の推移

内閣府NPOホームページ：「認証・認定数の遷移」より筆者作成

認定には高い公益性や適切な組織運営，情報公開が行われていることなど一定の基準に適合する必要があるが，認定NPO法人となることで寄付金がさらに集めやすくなることや，さらなる社会的信頼の獲得によって，組織運営や事業活動の持続性の促進が期待される。制度開始当初の2001（平成13）年度はわずか3法人だったのが，2020年度では1,208法人まで増加している。

　このように活動自体が拡大しているNPO法人であるが，課題も浮き彫りになっている。内閣府が2018（平成30）年3月に発表した「平成29年度特定非営利活動法人に関する実態調査報告書」では，人材の確保や教育，収入源の多様化を課題とした法人が全体の約7割にのぼった。収益構造については，認定を受けていない一般のNPO法人では，平均2,476万円，中央値は684万円と事業規模としては大きくはない。職員数としては，平均10.3人，中央値5人で，常勤の有給職員数としては，平均4.6人，中央値1人であった。法人数は増加しているが事業規模や職員人数は少ないのが，NPO法人の特徴であるといえる。これらは安定的な事業実施や雇用の場としての不安定さにもつながるが，常勤職員が少ないということは，無給ではあるが自発的意思さえあれば社会貢献活動に参加できるNPO法人の利点とも捉えることができる。このような状況を

踏まえ，今後の地域社会における NPO 活動をどのように位置づけで発展させていくかが大きな課題である。

第6節　社会福祉法人

　社会福祉法人とは，1951（昭和26）年に制定された社会福祉事業法（現・社会福祉法）により創設された法人であり，社会福祉法第22条に，「この法律において『社会福祉法人』とは，社会福祉事業を行うことを目的として，この法律の定めるところにより設立された法人」として規定している。

　2021（令和3）年4月1日現在の社会福祉法人は，21,003法人で，前年同日に比べて62法人増加している。社会福祉協議会を除けばほとんどが施設経営法人（社会福祉法に規定する施設を経営する法人）であり，18,557法人が存在する。社会福祉法人は，社会福祉事業以外の事業であって社会福祉に関係のある公益を目的とした「公益事業」および収益を社会福祉事業や一定の公益事業に充てることを目的とする「収益事業」（法第26条）を行うことができる。

　厚生労働省は，2014（平成26）年7月「社会福祉法人の在り方等に関する検討会」の報告書をまとめ，社会福祉法人の地域における公益的な活動の推進について，「社会福祉法人は，社会福祉事業を主たる事業とする非営利法人であり，制度や市場原理では満たされないニーズについても率先して対応していく取組（以下「地域における公益的な活動」という。）が求められている。本来，社会福祉法人は，こうした取組を実施することを前提として，補助金や税制優遇を受けているものであり，経営努力や様々な優遇措置によって得た原資については，主たる事業である社会福祉事業はもとより，社会や地域での福祉サービスとして還元することが求められることを改めて認識する必要がある」としている。このことは社会福祉法人が地域福祉の担い手として大いに期待される存在であることを示す。また，2020（令和2）年6月5日成立した改正社会福祉法では，地域貢献活動や災害時対応のほか，参加する法人間で資金を貸し借り等できる「社会福祉連携推進法人」が創設され，多様なニーズに対応すべく社会福祉法人への期待が高まっている。

第7節　共同募金会

　共同募金は，1951（昭和26）年に社会福祉事業法に規定され，現在の社会福祉法では，第112条から第124条にその目的や第一種社会福祉事業としての位置づけ，共同募金の認可，配分委員会，共同募金の性格，準備金，計画の公告，結果の公告，共同募金会に対する解散命令，受配者の寄附金募集の禁止，適用除外，共同募金会連合会を規定している。2000（平成12）年の改正までは，配分の公平性を保つためには，区域内において社会福祉事業，更生保護事業その他の社会福祉を目的とする事業を経営する者に配分することを目的としていた。しかし社会福祉法人，更生保護法人および第二種社会福祉届出者の過半数に配分が義務づけられてきたことから，配分が硬直化し，施設等配分団体が受け取る1件の額が少額にならざるを得なかったり，必要な事業への配分ができなかったりなど共同募金の持つ民間性を発揮する上で弊害となっていた。

　この間中央共同募金会は，発足25周年を迎えた1972（昭和47）年に「25周年を迎えた共同募金の今後の運動方針」を提示した。この運動方針では，福祉施策の進展の中，ボランタリーな活動の重要性を強調するとともに，戸別募金の改善についても指摘している。

　1987（昭和62）年には「40周年を期しての共同募金強化策大綱」が中央共同募金会評議員会にて①組織体制の整備，②財政基盤の強化，③目標設定方法等の改善，④募金方法の改善，⑤配分の在り方の改善，⑥国民理解と参加の促進，⑦法的規制の緩和の7項目を具体的改善事項として運動の活性化を図ることとした。

　1995（平成7）年を境に共同募金の総額が前年度より下回るようになる中，共同募金創設50周年を迎えた1996（平成8）年には，中央共同募金会に「21世紀を迎える共同募金の在り方検討委員会」から「新しい『寄付の文化』の創造を目指して」という改革提言が出され，その後の共同募金の在り方について具体的な方策を提案した。その中で，①共同募金の理念と使命として，新しい「寄付の文化」を創造，定着，住民参加の福祉コミュニティの構築に位置づける，

②新しい「寄付の文化」の創造に必要な「募金の方法の改革」を行う，③住民
参加の福祉コミュニティの形成に役立つ活動への配分に重点を移していく，④
使命を果たせる組織とするために運営上の改善を行う，⑤大規模災害に即応す
る全国緊急支援システムの構築を進める，の5項目の提案を行った。

　2016（平成28）年7月，中央共同募金会への企画・推進委員会の答申「参加
と協働による『新たなたすけあい』の創造　共同募金における運動性の再生」（以
下，70年答申）に対して，中央共同募金会では，答申内容を具体化し，明確な
目標をもって取り組みを進めるための指針である「70年答申に基づく推進方策」
および全国協調の運動としての共同募金に関する価値観や基本的な考え方を共
有するための「共同募金会職員行動原則」を策定した。中央共同募金会におけ
る重点目標として，「人材養成・個別支援の重視」，「社会福祉協議会との連携強
化」，「中央共同募金会の募金受け入れ強化と全国的な助成の仕組みづくり」を
掲げている。

第8節　その他当事者団体・企業

　地域福祉の推進については，当事者団体の果たす役割は非常に大きいものが
ある。町内会・自治会等のように地域の諸問題の解決や住民間の親睦を目的と
する地域包括的なものをはじめ，子ども会，青年団，婦人会，老人会のような
年齢階層別集団等がある。町内会・自治会は50〜200世帯単位で組織されること
が多く，上部組織に連合町内会等，下部組織には組や班が置かれることがある。
代表的な活動には，「運動会・祭り等」，「防犯・防災」，「ごみ処理・緑化活動」，
「児童の健全育成」，「健康づくり」，「共同募金への参加等の福祉活動」，「自治
体広報の配布等の行政補完」，「政治・選挙への参加」等がある。

　これらは，地域共同体的な性格を有する最も基礎的な社会集団として，住民
にとって不可欠な存在であるものの，全戸加入を組織原則とすること等から「前
近代性・非民主性」や「住民ニーズとの乖離」等が指摘されており，加入率低
下や後継者不足に悩むところも多くなっている。

　企業も住民や市民活動団体などと同様に地域を構成するメンバーであり，地

域福祉の担い手として参加することで地域福祉の実現に向けて大きな力となっている。企業は「技術・知識・人材・情報」など様々な資源の宝庫であり，その資源を地域に還元することや，企業が地域の一員として，社会課題に気づき，利益を得ることを目的とせずその解決のために活動することによって「信頼度のアップ」「知名度のアップ」「働きがいのアップ」などにつながることもあり，近年，地域福祉活動に取り組む企業が増えてきている。

第9節　地方公共団体

　かつて社会福祉に関するサービス提供や給付の権限は，国から地方公共団体への機関委任事務として実施されてきた。しかし今日では地方分権が進み，行政の第一線での市町村の自治事務として権限が委譲され，わずかに生活保護などの事務が，法定受託事務として残されている。社会福祉制度の改革に伴い，機関委任事務制度を廃止し，住民生活に身近な市町村において展開されるように，基本的な制度改正が行われたのである。それ以降，地域福祉の推進は，社会福祉法の規定に基づいて市町村行政を中心に，地域福祉活動のための情報や資料の提供，財政支援や人員派遣等様々な支援が行われている。ここでは，地域福祉と地方公共団体について概観する。

1 地域福祉を推進する市町村福祉行政

　地域福祉に関する地方公共団体の役割については，社会福祉法第6条に規定されており，その内容は第1項に「国及び地方公共団体は，社会福祉を目的とする事業を経営する者と協力して，社会福祉を目的とする事業の広範かつ計画的な実施が図られるよう，福祉サービスを提供する体制の確保に関する施策，福祉サービスの適切な利用の推進に関する施策その他の必要な各般の措置を講じなければならない」と定めている。

　ここで規定された内容は，①社会福祉を目的とする事業を経営する者と協力すること，②社会福祉を目的とする事業の広範な実施，③社会福祉を目的とする事業の計画的な実施，④福祉サービスを提供する体制の確保，⑤福祉サービ

スの適切な利用の推進，⑥その他必要な各般の措置を講じること，である。そのほか第2項では，地域住民が地域生活課題の解決に向けた取り組みをする場合に，必要な各般の措置を講じることや，第3項には，包括的支援体制や重層的支援体制構築・運営に向け，助言・情報提供および必要な援助を行うことと定められている。しかしここで重要な点は，第1項の①社会福祉を目的とする事業を経営する者と協力する点である。

今日，地方公共団体等，行政機関が直接的に福祉サービスや諸活動を展開するという事例は，あまり見受けられなくなってきた。近年は，社会福祉協議会や社会福祉法人施設・機関等によって，地域福祉活動や様々な福祉サービスの提供などの活動が展開されるようになってきている。

地域福祉の推進は，長い年月を要するので，行政のように3〜5年などのサイクルで担当者が交替するよりは，長く地域福祉の業務に携わることが可能な社会福祉協議会や福祉施設などの，社会福祉を目的とする事業を経営する者が担ったほうが住民になじむともいえる。地方公共団体は，こうした社会福祉を目的とする事業を経営する者の様々な活動を，側面的にしっかりと支援し評価する役割が期待される。またこの条文に規定されるように，「計画的な実施」が可能となるように，地域福祉計画をはじめ，様々な福祉計画の策定などを進めていくことも求められるところである。

ここで計画されなければならない点は，「福祉サービスを提供する体制の確保」と「福祉サービスの適切な利用の推進」に関わるあらゆる手立てである。そのために地域福祉計画をはじめ，社会福祉各法に定める様々な福祉計画を策定することとなる。

続いて社会福祉法第4条第3項に「国及び地方公共団体は，地域生活課題の解決に資する支援が包括的に提供される体制の整備その他地域福祉の推進のために必要な各般の措置を講ずるよう努めるとともに，当該措置の推進に当たつては，保健医療，労働，教育，住まい及び地域再生に関する施策その他の関連施策との連携に配慮するよう努めなければならない」と定めている点である。ここで規定された内容は「国及び地方公共団体」のもう一つの役割で，地域住民の主体的な取り組みに対する支援である。この第2項の規定を合わせて考え

ると，社会福祉協議会の地域福祉活動計画策定を支援することが極めて重要であるといえる。これらの地域福祉の業務は，市町村の自治事務となっている。こうした社会福祉に関する様々な事項について調査審議するために，社会福祉法第7条の規定によって地方公共団体（都道府県および政令指定都市・中核市）においては地方社会福祉審議会を設置することとされている。

　なお，社会福祉法第14条に定める福祉事務所は，法定受託事務の処理機関であり，地方公共団体の福祉行政機関としては，国が定めた基準に基づき全国共通の福祉行政事務を処理する機関とされている。また，社会福祉法第15条の規定に基づいて，市町村の他の職員と兼務することが認められ，結果として一体となった組織体制が敷かれている。

2　脆弱な市町村地域福祉の財政

　地域福祉に関する地方公共団体の財政は，極めて脆弱である。高齢者福祉や児童家庭福祉などのように，社会福祉の対象者別の制度に関しては，福祉サービスを利用するための様々な財源を，国庫から地方公共団体に交付している。これに対して地域福祉の制度に関しては，民生委員や社会福祉協議会に関する予算に限定され，基本的には人件費である。

　これら地域福祉関係の地方公共団体の予算は，一般的には地方公共団体の民生費の中の，社会福祉費の社会福祉総務費という目的別経費に予算計上されている。地域福祉関係の予算は，一般的に人件費であるので，一度支出した限りその結果は実績報告されれば年度ごとに完了する。これは，他の対象者別制度の支出とは大きく異なる点である。他の対象者別制度における支出の場合は，支出の事由発生ごとに支払いがなされるため，通常は毎月支出状況を管理し，年度内に過不足が生じれば予算を補正しなければならない。しかし，地域福祉関係の予算は，ほぼ当初予算で計上すれば，年度途中において補正予算の必要性は生じることは稀であり，もしあるとすれば，民生委員関係予算になるものと思われる。

　こうした社会福祉費の中の地域福祉の財政については，第5章で詳述する。

3 福祉行政と関係機関

　地域福祉関係の行政執行の上では，通常は社会福祉協議会との密接な関係の下に行政運営がなされる。都道府県や市区町村の社会福祉協議会は，社会福祉法第109条・第110条によって，地域福祉の推進を図ることを目的とする団体として法に位置づけられているところから，福祉行政としてはしっかりとした連携のもとに，地域福祉の推進を図ることとなる。とりわけ社会福祉協議会を中心とした住民自治の原則に立脚した立場と，団体自治に立脚した福祉行政の双方が車の両輪のごとく連携できてこそ，地域福祉は推進できるのである。福祉行政について，詳しくは第5章で述べる。

■引用文献

1）全国社会福祉協議会地域福祉推進委員会：「市区町村社協発展・強化計画」策定の手引，2005，p. 7
2）全国社会福祉協議会地域福祉推進委員会：市区町村社協経営指針第2次改定，2020，p. 4
3）全国社会福祉協議会地域福祉推進委員会：「社協・生活支援活動強化方針」〜地域共生社会の実現に向けた事業・活動の展開，2018，p.1
4）同上書，p.29
5）全国民生委員児童委員連合会編：2019年版　新任民生委員・児童委員の活動の手引き，全国社会福祉協議会，2019，pp.16〜17
6）中田実：地域分権時代の町内会・自治会，自治体研究社，2007，p.55

■参考文献

・GHQ・厚生省合同会議議事録：社会福祉行政に関する6項目，1949
・厚生省社会局長通知：小地域社会福祉協議会組織の整備について，1952年5月2日
・全国社会福祉協議会：社会福祉協議会基本要項，1962
・全国社会福祉協議会：市区町村社協活動強化要項，1973
・全国社会福祉協議会：在宅福祉サービスの戦略，1979
・全国社会福祉協議会：新・社会福祉協議会基本要項，1992
・全国社会福祉協議会・地域福祉推進員会：「ふれあいネットワークプラン21」基本構想，1993
・全国社会福祉協議会：「事業型社協推進事業」推進の方針，1994

・全国社会福祉協議会・地域福祉推進員会：「この地域で住み続けたい」願いの実現を
　めざす　社会福祉協議会，1998
・山形県社会福祉協議会：山形の社会福祉50年，2002
・全国社会福祉協議会・地域福祉推進員会：社協・生活支援活動強化方針，2017
・全国社会福祉協議会・政策委員会：「全社協　福祉ビジョン2020～ともに生きる豊か
　な地域社会の実現をめざして，2020
・山本主税他編著：地域福祉新時代の社会福祉協議会，中央法規出版，2003
・塚口伍喜夫他編著：社協再生―社会福祉協議会の現状分析と新たな活路―中央法規
　出版，2010
・和田敏明他編著：概説社会福祉協議会，全国社会福祉協議会，2011
・和田敏明編著：改訂　概説社会福祉協議会，全国社会福祉協議会，2018
・全国社会福祉協議会：全国社会福祉協議会百年史，2010
・全国社会福祉協議会：改訂概説　社会福祉協議会，2018
・全国社会福祉協議会都道府県・指定都市社協の経営に関する委員会：都道府県社会
　福祉協議会の当面の活動方針，2012
・社会福祉士養成講座編集委員会編：地域福祉の理論と方法第3版，中央法規出版，
　2015
・井村圭壯・相澤譲治編著：地域福祉の原理と方法第3版，学文社，2019
・全国社会福祉協議会編：民生委員制度40周年史，1964
・内閣府：平成19年版国民生活白書，2007
・これからの地域福祉のあり方に関する研究会：地域における「新たな支え合い」を
　求めて，2008
・松端克文：社会的ケアについて考える～「地域」の観点から～地域福祉における「地
　域」のとらえ方と社会的ケアの課題，第8回日本社会福祉学会フォーラム，2012
・厚生労働省通知：市町村地域福祉計画の策定について，2007年8月10日
・中田実：地域分権時代の町内会・自治会，自治体研究社，2007
・内閣府：平成29年度特定非営利活動法人に関する実態調査報告書，2018
・内閣府：防災ボランティア活動の多様な支援活動を受け入れる～地域の「受援力」
　を高めるために，2010
・総務省統計局：平成23年・平成28年社会生活基本調査結果，2011，2016
・厚生労働省：「社会福祉法人の在り方等に関する検討会」報告書，2014
・中央共同募金会：地域をつくる市民を応援する共同募金への転換，2007
・中央共同募金会：地域福祉を推進する共同募金の新たな展開ハンドブック，2015

第4章 住民主体の地域福祉活動

第1節 住民の組織化活動

　近年，高齢化や人口減少が進み，地域・家庭・職場などにおける相互扶助や家族同士の助け合いなど，人々の生活の様々な場面において，支え合いの機能が低下している。また，人口減少により，多くの地域で担い手の減少を招き，耕作放棄地や空き家，商店街の空き店舗など，様々な課題も顕在化している。

　このような中，厚生労働省では，2017（平成29）年に「『地域共生社会』の実現に向けて（当面の改革工程）」をとりまとめ，その骨格として，①地域課題の解決力の強化，②地域丸ごとのつながりの強化，③地域を基盤とする包括的支援の強化，④専門人材の機能強化・最大活用の4つの柱を掲げた。ここでいう「地域共生社会」とは，子ども・高齢者・障害者などすべての人々が地域，暮らし，生きがいを共に創り，高め合うことのできる社会を指している。さらには「地域力強化検討会最終とりまとめ」の報告を受けて，社会福祉法が改正され，①地域住民の複雑化・複合化した支援ニーズに対応する市町村の包括的な支援体制の構築の支援，②地域の特性に応じた認知症施策や介護サービス提供体制の整備等の推進，③医療・介護のデータ基盤の整備の推進，④介護人材確保および業務効率化の取り組みの強化，⑤社会福祉連携推進法人制度の創設等により，地域共生社会の実現を図るとしている。

　特に市町村における新たな事業として，人と人がつながり，新たな参加の場が生まれ，地域の活動が高まる「包括的な支援体制」の整備のための「相談支援」，「参加支援」，「地域づくりに向けた支援」の仕組みの創設を求めている。

　「相談支援」では，既存の取り組みを活かしつつ，属性や世代を問わない相談の受け止めや，多機関の協働のコーディネート，アウトリーチの実施，「参加支援」では，生活困窮者の就労体験やひきこもり状態の者を受け入れる等，制

度の狭間のニーズにも対応すること，「地域づくりに向けた支援」では，世代や属性を超えて住民同士が交流できる場や居場所の確保，交流・参加・学びの機会を生み出すためのコーディネートが期待されている。社会福祉法の改正に基づく新たな事業の創設により，住民相互の支え合い機能を強化し，公的支援と協働して，継続的な伴走支援を実施しながら地域生活課題の解決を試みる体制の整備が示されている。つまり，地域住民が活動や参加で支援し，時には支援を受けるという「支え手」「受け手」が固定されない双方向の生活課題の解決場面が地域の中にはあり，その上で，地域で暮らす個人や集団が参加の場，働く場においてそれぞれの持つ力を発揮することが求められている。

　今日まで地域の福祉課題解決を進めるために「住民主体の原則」を中心的に担ってきたのは社会福祉協議会である。1951（昭和26）年，社会福祉事業法の成立に伴い設置された社会福祉協議会は，全国社会福祉協議会（以下，全社協）が1962（昭和37）年に「社協基本要項」を策定し，以降も1973（昭和47）年に「市町村社協活動強化要項」を策定し，小地域福祉活動の推進を目指した。

　さらには本格的な地域福祉の時代を迎えて社協の位置づけが大きく変化してきたことを踏まえ，1992（平成4）年に「新・社会福祉協議会基本要項」を策定し，社会福祉協議会を「①地域における住民組織と公私の社会福祉事業関係者により構成され，②住民主体の理念に基づき，地域の福祉課題の解決に取り組み，誰もが安心して暮らすことができる地域福祉の実現をめざし，③住民の福祉活動の組織化，社会福祉を目的とする事業の連絡調整及び事業の企画・実施などを行う，④市区町村，都道府県，指定都市，全国を結ぶ公共性と自主性を有する民間組織である」とし，福祉活動への住民参加を進めている。このように，地域福祉活動における住民参加や福祉活動の支援，福祉のまちづくりなどにおいて，市区町村社会福祉協議会が中核的な役割を果たしている。

　2008（平成20）年3月，厚生労働省は，「地域における『新たな支え合い』を求めて」をテーマに報告書をまとめた。この報告書では，1点目に，「地域にある，現行の仕組みでは対応しきれていない多様な生活課題に対応する考え方として地域福祉をこれからの社会福祉施策に位置づける必要がある」としている。2点目には，地域における「新たな支え合い」（共助）の領域を拡大，強化し住

民などの多様な主体と行政が協働する「新たな公」を創出するとし，ここには「自助」「地域の共助」「公的な福祉サービス（公助）」という３つの枠組みが設定されている（図4-1）。そして「地域の共助」には地域住民の主体性を表す「住民主体」という概念が示され，「住民主体の地域の互助」が地域における「新たな支え合い」の核となることが期待されている。

　3点目に，地域福祉は「適切な圏域を単位」とし，課題が見える，顔の見える圏域を基礎とし重層的に圏域を設定することを打ち出している（図4-2）。地域における住民の助け合いなどを念頭に，班・組・自治会から自治体全域までの重層的な圏域を形成する。それらの各圏域における特徴は，小さなエリア

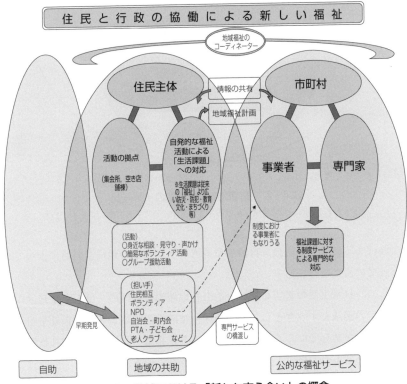

図4-1　地域における「新たな支え合い」の概念

厚生労働省：これからの地域福祉のあり方に関する研究会報告書，別添2，2008

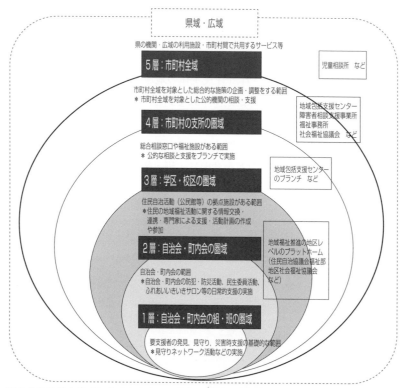

※ある自治体を参考に作成したものであり，地域により多様な設定がありうる

図 4-2　重層的な圏域設定のイメージ

厚生労働省：これからの地域福祉のあり方に関する研究会報告書，別添 2，2008

になればなるほど，町内会，自治会や老人クラブなどの地縁型組織によって成り立っているところにある。

　さらに，日常生活の適切な圏域を市町村地域福祉計画の一部をなす地区福祉計画策定の圏域とすべきとし，この地区福祉計画の圏域から地域福祉を組み立てることを提案している。このほか，地域福祉施策の対象，地域福祉推進を担う専門職など多くの検討すべき課題が提起されている。

　地域福祉の具体的展開においては，「住民主体を確保する条件があること」，「課題が見える，顔の見える圏域を基礎とし重層的に圏域を設定すること」な

どを前提とし，既存の町内会や自治会などの住民組織をモデル地区に指定して，それを契機に地域を組織化する例が多い。町内会や自治会などの住民組織による小地域の住民福祉活動であれば，福祉問題の早期発見やニーズを個別的に深く捉えることができ，問題解決への協力にも住民が日常的に参加しやすい。また多くの場合，全戸加入を原則としている町内会，自治会を組織母体とすることで，福祉活動への参加性と生活の場としての地域性を兼ね合わせた社会的存在である「住民組織」による，小地域福祉活動が行われているからである。

　なお，組織化活動には地域（住民）組織化と福祉（当事者のセルフヘルプ）組織化がある。地域組織化とは，地域住民の主体性を尊重しつつ地域社会づくりに参加するプロセスを経て，地域住民の連帯意識を高めていくことである。福祉組織化とは，当事者が不十分な福祉制度や施策の拡充を求めたり，またそのセルフヘルプ活動を支援しソーシャルワークアクションを起こすなどして，福祉コミュニティの形成に向けた取り組みを展開することである。

第2節　福祉教育

1 福祉教育とは

　地域福祉の必要性が叫ばれるにしたがい，社会福祉の視点による地域住民と協働した，地域福祉の主体形成を促進する福祉教育に関心が高まっている。地域社会が住民自身による問題解決の力を持つことはもとより，要援護者自身も自己の問題を解決する力を持ち，地域住民と「共に生きる」ことを目指した学習支援が福祉教育に期待されている。

　ここにいう福祉教育は，学校教育や専門教育での福祉教育の領域にとどまらない広さを持つものであると同時に，地域住民による日常的な学習を促進し，社会福祉の学習機会の確保および参画への取り組みをいう。とりわけ，地域で生活する住民自身が持つ生活問題について，共に居住する住民が日常生活を通して学習を積み上げていくという視点や，住民相互の日常的な近隣のつながりから共に支え合うという住民参加の意識が形成されることなどが大きな意味を

持つこととなる。福祉教育はこのような取り組みを通じて，当事者活動の主体形成などの価値観の形成を共有することでもある。

　福祉教育の概念は，福祉的なものの見方・考え方を実践し，経験的に習得するという視点や，学校教育内での社会福祉の教育や社会福祉専門教育の視点，学校教育外の生涯学習の一環としての福祉教育の視点，社会福祉協議会によるボランティア講座や福祉講座の視点など論者によって様々である。

　福祉教育について，大橋謙策は「福祉教育とは，憲法第13条，第25条などに規定された基本的人権を前提にして成り立つ平和と民主主義社会をつくり上げるために，歴史的にも，社会的にも疎外されてきた社会福祉問題を素材として学習することであり，それらとの切り結びを通して社会福祉制度・活動への関心と理解を進め，自らの人間形成を図りつつ，社会福祉サービスを受給していく人々を社会から，地域から疎外することなく，共に手を携えて豊かに生きて行く力，社会福祉問題を解決する実践力を身につけることを目的に行われる意図的な活動である」[1]と定義している。

　この概念規定の特徴は，福祉教育を①人権思想をベースにし，②歴史的・社会的存在としての社会福祉問題を学習素材とすること，③社会福祉問題との切り結びを通して社会福祉制度や活動への関心と理解を進め，④社会福祉問題を解決する実践力を身につけるために，実践に基づく体験学習を重視し，⑤自立と共生の福祉社会の主体形成を図ること，といえる。ここでは，前記の大橋の地域福祉の主体形成論と合わせ，「共に手を携えて豊かに生きて行く力，社会福祉問題を解決する実践力」を醸成する視点が強調され，主体性を尊重した福祉教育の理念には，この実践力の醸成を目指した共に学習し合う関係の形成が，地域福祉の領域における福祉教育固有の課題認識として不可欠といえる。

　一番ケ瀬康子は，「福祉教育とは，様々な価値観を前提としながらも人権を守るものとして，日常生活における不断の努力に媒介し，社会福祉を焦点とした実践教育である」[2]とし，人権教育・生活教育・実践教育として社会福祉に焦点を当てながら，その生活者・主権者としてのあり方を模索する教育活動であるとした。また，福祉教育の問題点として，①福祉教育を倫理的に傾斜させる，宗教教育に解消させるなどの傾向があり，人権思想を基盤にした展開が弱い。

②福祉教育を高齢者との接し方や障害者へのエチケットなどの素朴な援助活動のみで終わらせるなど，生活教育に傾斜する傾向が強い。③福祉教育を社会福祉のみの教育として捉え，社会福祉制度の単なる学習に留め，生活者・主権者として日常生活との関わりにおいて社会福祉実践をいかに創造していくかという自主的なあり方への展開を欠く傾向があることなどを指摘している。

　また，阪野貢は福祉教育を「福祉の心」，「自立と連帯の精神を支える心」を育成し自立と連帯の福祉社会や福祉のまちづくりを目指す教育実践であるとしている。また両者は自立なくして連帯はなく，連帯なくして自立はないという関係であると説明している[3]。

2 福祉と教育の接近性

　1993（平成5）年，厚生省（現・厚生労働省）による「国民の社会福祉に関する活動への参加の促進を図るための措置に関する基本的な指針」や「ボランティア活動の中長期的な振興方策について」の中で，21世紀を「参加型福祉社会」とすることが示され，長期的に「住民参画型福祉社会」の実現に向けた取り組みが行われるようになった。この実現に向けた取り組みの中に福祉教育がある。

　社会福祉法第4条第2項では，「地域住民，社会福祉を目的とする事業を経営する者及び社会福祉に関する活動を行う者（以下「地域住民等」という。）は，相互に協力し，福祉サービスを必要とする地域住民が地域社会を構成する一員として日常生活を営み，社会，経済，文化その他あらゆる分野の活動に参加する機会が確保されるように，地域福祉の推進に努めなければならない」とし，地域福祉推進の実践主体として「地域住民（市民）」「社会福祉を目的とする事業を経営する者」「福祉活動に関する活動を行う者（ボランティア等）」をあげ，相互の連携を求めている。これにより「地域住民（市民）」の社会福祉への主体的な参画が名実ともに求められるようになり，さらにはわが国が協働参画型社会福祉を目指すことを明確にした。

　さらに，地域福祉の実践主体となる地域社会の形成や市町村合併などによる地方分権化における地域福祉計画策定へ参画する住民基盤の形成などに社会福

祉協議会の機能が求められ（社会福祉法第109条），これからの地域福祉の推進機関の中心となる社会福祉協議会へ大きな期待が寄せられている。

　また，教育基本法では第10条に「家庭教育」，第13条に「学校，家庭及び地域住民等の相互の連携協力」が定められており，家庭教育や地域教育との協同実践が重要であることが示されている。

③ 福祉教育の必要性

　福祉教育は，地域福祉の推進に必要な要素と捉えられ，重要性を増している。福祉教育の展開においては，学校教育内での社会福祉の教育や社会福祉専門教育の視点，学校教育外の生涯学習の一環としての福祉教育の視点，これらと連携した社協によるボランティア講座や福祉講座などが注目されてきた。これらの福祉教育の中心的な目的は，将来の超高齢社会を担う児童の育成や，住民による生涯学習やボランティア活動の活性化への期待でもあった。

　しかし，このような福祉教育の考え方では，地域福祉の時代に対応できるコミュニティ意識の醸成，住民参加の意識形成や当事者活動の主体形成などの価値観の形成に対応できなくなる危惧も指摘されている。

　2005（平成17）年11月に出た全国社会福祉協議会（以下，全社協）の「社会福祉協議会における福祉教育推進検討委員会報告書」では，変化する社会状況に対応するために「地域福祉を推進する福祉教育」が提唱され，社会福祉協議会における福祉教育を「平和と人権を基盤とした市民社会の担い手として，社会福祉について協同で学びあい，地域における共生の文化を創造する総合的な活動である」と位置づけ，教育現場における「学校における福祉教育」と，社協等を中心に進められている「地域を基盤とした福祉教育」が，教育サイドと福祉サイドで個々に展開されている方法を総合的に推進していくことの必要性についても言及している。

　地域福祉の時代に向けた福祉教育には，社会福祉固有の視点により地域住民と協働し，共に創り出す福祉教育観が求められる。それは，社会福祉の領域において，地域福祉の主体形成を促進する福祉教育の視点が求められていることである。具体的には，主として学校教育や専門教育での福祉教育の領域ではな

い，社会福祉の領域での地域住民による日常的な学習を促進するための，社会福祉の学習機会の確立および参画の課題の検討が重要である。とりわけ，地域社会が持つ生活問題の解決のために住民が生活実感の中から学習を積み上げていく視点と，住民が相互に日常的な生活感覚を磨き合うことが必要である。

　また，誰もが当たり前に生活を営むことが可能となる地域社会を創るためには，行政責任による福祉サービスの拡充と併せて，住民が身近な生活問題を解決していく相互支援活動を活性化する必要がある。そのためには，住民自身の主体形成が求められる。主体形成に必要なのは，住民が自らの生活問題を学習し，その上に立って，近隣の要援護者が持つ生活・福祉の問題をも学習し，ともに支え合う意識を共有することである。さらに，その学習と併せて社会福祉施設などでボランティア体験を積み上げ，近隣関係の再構築による相互支援活動を豊かなものとしていく視点も重要である。このように地域社会で住民自身が問題解決の力を持ち，要援護者自身も自己の問題を解決する力を持てるように学習を支援することが福祉教育の新たな考え方として期待されている。

　岡村重夫は，福祉教育の目的として，①福祉的人間観（社会的・全体的・主体的・現実的存在）の理解と体得，②現行制度の批判的評価，③新しい社会福祉援助方式（対等平等の個人に全体的な自己実現の機会が提供される地域共同社会の相互援助体系）の発見をあげた[4]。また原田正樹は福祉教育について，①「対人関係能力の形成」を図ることを意図した教育実践であり，②地域福祉の主体形成が求められ，③社会参加，社会活動をいかにして豊かに創造していくかが問われ，④ノーマライゼーション原理の具現化である[5]，としている。

　社会的孤立や社会的排除の問題を考えるとき，福祉教育が今日的な社会的課題にどう関わっていくことができるのか，そのために福祉教育をどのように変えていくべきかを検討することが必要である。全社協・全国ボランティア・市民活動振興センターの報告書では，住民参加の必要性や実践が重要視されながらも，社会的排除を助長するような事件や事例は後を絶たない現状を踏まえ，社会的排除や社会的包摂，生活困窮者支援も視野に入れた今日の社会的課題の解決に向けた福祉教育のあり方を検討していく必要性を指摘している。

　社会的包摂（ソーシャル・インクルージョン）は，同じ価値観や生活様式に

同化させることではなく，その人らしさ，あるいはお互いの違いを認め合い，共生していく姿である。福祉教育は，一人ひとりの違いを認め合い，人権を基盤に共生の文化をつくるというノーマライゼーションの考え方を大切にしている。地域における差別や偏見・無理解・無関心・コンフリクト（葛藤や対立）を乗り越えて，相互理解を促し，結果として福祉意識を変えていくためのアプローチである。

　福祉教育では，支援者のみではなく，すべての人が学びの主体となる。積極的に活動に関わることによって，人と人との関わりが生まれ，自己有用感や地域に出てみたいという意欲が高まり，当事者自身がエンパワメントされることが期待される。また地域における福祉教育の展開が，必要なネットワーク・社会資源の開発や，社会的包摂に向けたプログラムの創出につながることで，地域の福祉力がつき，地域そのものがエンパワメントされることも期待される。

　地域ぐるみの福祉教育が広がる中で，まちづくりを指向した福祉教育実践にも多くの工夫がみられる。東日本大震災以降，特に防災や減災に向けた取り組みが各地で実施されている。要援護者のマップづくりや避難訓練は，その後の避難所の運営のあり方や福祉避難所までを想定した活動へと広がっている。その中で学校と地域が協働し，子どもから大人まで，地域ぐるみで福祉教育を計画的に推進していこうとする取り組みも始まっている。

第3節　つどい・見守り支援活動

　地域福祉は，自発性と開発性が地域住民に特に求められる領域である。ここでは，地域福祉の推進主体としての「住民参加」の実際を紹介する。ここでの「住民」は，自分の生活圏域である地域社会に関心を持ち，自分が住む地域社会への思いやこだわりがあり，地域社会をよりよくしていこうと主体的に行動しようとする者である。また「参加」は，ただその場所や活動に「いあわせる」ことではなく，「何らかの意図を持って」，「他者との関わりの中で」，そしてその結果として，その場所や場面に目的を持って意識的に「いる」ことであり，主体性があり「その場面を構成する一部になっている」ということである。

1 ふれあい・いきいきサロン

　小地域における住民参加による代表的な福祉活動の例として「ふれあい・い
きいきサロン」がある。これは，地域を拠点に，住民である当事者とボランティ
アとが協働で企画をし，内容を決め，共に運営していく仲間づくり活動である。
1994（平成6）年から，全社協が提唱し，市区町村社協が取り組み，誰もがい
きいきと暮らすための地域の活動の場として全国的に推進されている。外出機
会の少ない高齢者，障害者，子育て家庭など，身近な住民同士の仲間づくりや
出会いの場づくり，情報交換や子育て中の不安解消などを目的に，地域住民自
らが自発的・自主的に運営している。活動場所や活動日時，内容は固定された
ものではなく，サロンによって様々な運営がなされている。

　ふれあい・いきいきサロンには，①楽しみ，生きがいを見出し，社会参加へ
の意欲が高まる，②仲間・居場所をつくり，閉じこもりを防ぐ，③介護予防，
認知症予防になる，④生活にメリハリが生まれる，⑤自分の健康に関心を持て
るなどの効果が期待されている。内容は，参加者が自分たちで行いたい活動を
考え，集まった人たちの興味や関心に合わせて自由にプログラム化している。
例えば，茶話会での気軽なおしゃべり，ストレッチ，体操，手芸や編み物，レ
クリエーションやゲーム，将棋や囲碁，地域の子どもや若い世代との交流，料
理，ボランティアによる血圧測定や健康チェック，歌，カラオケ，散策，日帰
り温泉や旅行など多様である。

　全社協が実施した市区町村社協活動実態調査によると，全国で86,778か所，
平均で1市区町村62.1か所のふれあい・いきいきサロンが実施され，平均で週
1回以上開催しているサロンがある市区町村は38.6％（7,076か所）である。ま
たその主な対象としては，「高齢者」が最も多く78.9％，次いで「複合型」12.3％，
「子育て家庭」5.4％などとなっている（表4-1）。

2 見守り支援活動（小地域ネットワーク活動）

　小地域ネットワーク活動とは，小地域を単位として要援護者一人ひとりに近
隣の人々が見守り活動や支援活動を展開するものである。この小地域ネット

表4-1　社協で把握（実施，支援等）のふれあい・いきいきサロンの箇所数

2019（平成31）年3月31日現在

	全体（割合）	市（東京23区含む）	区（指定都市の区）	町	村
社協数	1,398	648	100	506	101
高齢者	68,447（78.9%）	48,489	5,890	11,010	1,181
身体障害者	250（0.3%）	161	49	33	7
知的障害者	126（0.1%）	88	23	12	2
精神障害者	134（0.2%）	88	14	27	3
ひきこもり	82（0.1%）	59	9	13	1
子育て家庭	4,716（5.4%）	3,173	1,119	262	34
複合型	10,703（12.3%）	7,160	1,910	1,296	101
その他	2,320（2.7%）	1,512	206	446	83
合計	86,778（100.0%）	60,730	9,220	13,099	1,412

注1）全体社協数1,846か所の内，1,512か所回答（回収率81.9%）
注2）回答社協の内，サロン実施は1,398か所，実施割合は92.5%
注3）市区町村区分無回答社協があるため，全体と市区町村の合計は一致しない。
全国社会福祉協議会：社会福祉協議会活動実態調査等報告書2018，2020

ワーク活動では，あらかじめ見守りが必要な人を選び，その人を中心に近隣で
チームをつくり，常日頃から見守りを行う。機能としては，①生活や健康上の
変化や気づいたことがあれば，連絡を行い，ニーズの発見を図ること，②発見
したニーズに対して外出介助，身辺介助，友愛訪問，家事援助，入浴介助など
の日常的で比較的軽微なサービス・援助，さらには，緊急時対応を行うこと等
の小地域たすけあいシステムがあげられる。

　対象となる見守りが必要な人（小地域ネットワーク活動の対象）は，自立度
が低いひとり暮らし高齢者，障害者，高齢者夫婦世帯，要介護高齢者のいる世
帯，幼い子どものいる父子・母子世帯などが想定される。

　近隣でのチーム構成員は，対象者一人ひとりに対して協力員（ボランティア）
2～5名程度が「見守り」と「たすけあい」を行う仕組み，民生委員や社協・
行政がニーズに応じて対応する仕組み，安否確認のため近隣者が定期訪問活動
を行う仕組みなど，地域によって様々である。地域で孤独になりがちな人に対
して，精神的な支えや生活支援，介護などの協力を行うことで，具体的に当事
者の生活を支えている。

　全社協の調査によると，見守り支援活動は59.4％（898／1512社協）で実施されている。見守り支援活動の対象世帯は回答のあった703社協で2,094,063世帯である。また，その主な対象別の内訳は，「一人暮らし高齢者」が最も多く50.7％，次いで「高齢者のみ世帯」25.7％，「要介護高齢者」4.3％，「身体障害児者」3.9％などとなっている（表4－2）。

　近隣での信頼関係に基づく見守り支援活動は，結果的に地域の生活課題の早期発見，早期対応を可能にし，地域生活維持の継続的な手助けになる。また，この活動は，援助する者，される者という一方的な立場を超えた「助け，助けられる」という相互関係の中で，お互いが認め合うことから安心感を生み出し，生きる意欲を引き出すことも可能である。それぞれにその人なりの役割が生み出され，役割によって自身の存在価値を認め生きる力の源にもなりうる。さらには，当事者の仲間活動（当事者組織）を生み出したり，当事者組織を地域住民による小地域福祉組織が支えたりすることも考えられる。

表4－2　市区町村別／見守り支援活動対象者別の内訳

2019（平成31）年3月31日現在

	全体	市（東京23区含む）	区（指定都市の区）	町	村
社　協　数	703	345	68	225	44
一人暮らし高齢者	583,388 （50.7％）	368,140	150,551	53,833	5,131
高齢者のみ世帯	296,358 （25.7％）	153,438	110,523	27,601	2,077
要介護高齢者	49,774 （4.3％）	19,219	24,132	17,791	66
身体障害児者	44,411 （3.9％）	22,426	17,791	3,919	40
知的障害児者	8,155 （0.7％）	4,351	2,543	1,143	6
精神障害者	4,047 （0.4％）	1,556	1,779	604	11
ひとり親家庭（母子）	8,830 （0.8％）	4,341	3,608	770	4
ひとり親家庭（父子）	1,019 （0.1％）	479	413	125	1
複　合　型	44,337 （3.9％）	41,056	996	1,864	419
そ　の　他	110,905 （9.6％）	81,125	22,881	6,743	82
合　　計	1,151,224 （100.0％）	696,131	335,217	102,104	7,837

注1）見守り対象世帯の総数（2,094,063世帯）のうち，活動対象者別の内訳の回答があった1,151,224世帯分を集計。
注2）市区町村区分無回答社協があるため，全体と市区町村の合計は一致しない。
全国社会福祉協議会：社会福祉協議会活動実態調査等報告書2018，2020

■引用文献
1）大橋謙策：地域福祉論，放送大学教育振興会，1999，p.104
2）一番ケ瀬康子，小川利夫，木谷宣弘ほか編著：福祉教育の理論と展開，光生館，1987，p.6
3）村上尚三郎，阪野貢，原田正樹編著：福祉教育論，北大路書房，1998，p.17
4）岡村重夫：福祉教育の目的，伊藤隆二，上田薫，和田重正編：福祉の思想入門講座③福祉教育，柏樹社，1976，p.19.
5）原田正樹：「福祉教育」研究の動向と課題に関する考察，福祉教育・ボランティア学習研究年報　Vol.1第2部，1996，p.97

■参考文献
・中央社会福祉審議会：社会福祉基礎構造改革について（中間まとめ），1998
・厚生労働省：「社会的な援護を必要とする人々に対する社会福祉のあり方に関する検討会」報告書，2000
・厚生労働省「これからの地域福祉のあり方に関する研究会報告書」，2008年3月
・全国社会福祉協議会：月間福祉～特集福祉教育の今とこれから～，2013年4月号，pp.12～17
・岡村重夫：地域福祉論，光生館，1974
・住谷磐，右田紀久恵編：現代の地域福祉，法律文化社，1973
・大橋謙策：地域福祉の展開と福祉教育，全国社会福祉協議会，1986
・全国社会福祉協議会：福祉教育に関するモデル事例集，1996
・全国社会福祉協議会：福祉教育ワークブック，1997
・全国社会福祉協議会：福祉教育実践ハンドブック，2002
・全国社会福祉協議会：社会的包摂にむけた福祉教育，2013
・日本地域福祉学会編：新版地域福祉辞典，中央法規出版，2006
・山縣文治，柏女霊峰編集代表：社会福祉用語辞典（第9版），ミネルヴァ書房，2013
・全国社会福祉協議会：社会福祉協議会活動実態調査等報告書2018，2020
・地域における住民主体の課題解決力強化・相談支援体制の在り方に関する検討会：地域力強化検討会最終とりまとめ，2017

福祉行財政

　国民の生活権を保障した日本国憲法第25条の規定を具体化していくために，第2項に規定されたところの社会福祉の各種制度を定め，これを実施していくには，制度を執行するための行政機関が必要となる。

　福祉行財政を理解するためには，社会福祉の個々の制度と併せて，地方自治法に定める地方行政の仕組みとを対照させながら，その構造を理解する必要がある。社会福祉の分野は，法によって定められた給付やサービスを，対象者に対して提供する仕組みとして制度化されてきた経緯がある。現在この仕組みは，国および地方公共団体の責務として社会福祉法第6条第1項に規定され，給付やサービスを利用するためには，必ず行政機関を通じて手続きを行うこととなっており，これに要する経費は公費負担となっている。こうした制度や財務に関する運用の多くは，実質的に地方公共団体によってなされている。

　社会福祉に関する行財政の仕組みは，国，都道府県，市町村において，それぞれ異なった構造を有しており，それぞれの役割に応じて社会福祉制度が運用されている。最も身近な行政機関である市町村は，直接的に住民と接する機会があり，直接的な個別支援業務を担っている。一方，都道府県は，制度に基づく都道府県の固有の業務に加え，国からの社会福祉制度に関する情報の周知や市町村に対する実務的な助言などとなっている。

　このように，業務だけを追えばそれぞれの違いが見えてくるが，実態としては，「市」が，政令指定都市や中核市などのように都道府県と同等の権限を有している場合もあるほか，介護保険制度にみられるように介護保険の保険者を，複数の市町村で共同処理を行うために「一部事務組合」という特別地方公共団体を設立している場合もある。このため「福祉行財政」という場合，どの制度の何を指しているのかによって，内容が異なる点に注意を要する。

　本章では，地方公共団体，特に市町村を中心に福祉行財政の仕組みについて見てみる。

第1節　福祉行財政の原則

　わが国の福祉行財政は，国家から都道府県と特定の市，都道府県と特定の市から市町村へと上から形成されてきた歴史がある。これは，社会福祉が制度として国家と国民の関係から形成されたところに起因している。それは，福祉行財政が基本的に当時の機関委任事務によって運営されていた点でも確認できよう。すなわちわが国では，福祉行財政が市町村を軸に展開されるようになって未だ日が浅いのである。しかし福祉行財政への国民の期待は，ますます高まるばかりである。この期待に応えるため，福祉行財政が抱える課題は大きい。ここでは福祉行財政の基本的事項について見ていくこととする。

1　福 祉 行 政

　地方の福祉行政は，社会福祉分野の制度を執行する機関であると同時に，地方公共団体の行政機関の一部である。そのため，福祉行政の理解のためには，社会福祉関係の各種法令からの理解と同時に，行政の仕組みの理解のためには，地方自治法からの理解が必要である。

（1）社会福祉に関する事務所および各種相談機関

　社会福祉に関する事業は，福祉に関する事務所あるいは各種相談機関における措置・判定・一定の判断等を通じて，各種法令によって定められている社会福祉の事業所において実施されている。これらの事務は，国からの法定委任事務である。社会福祉に関する事務所は社会福祉法第14条によって，都道府県および市において必置とされている。かつては，様々な福祉措置のための行政実務を掌っていたが，今日では生活保護業務を執行する行政機関となっている。なお，社会福祉に関する事務所を町村で設置する場合は，複数の町村による共同処理のための，広域連合という特別地方公共団体を構成して設置しなければならない。また各種障害者福祉関係の更生相談所や婦人相談所などは，都道府県において必置とされている。このほか，児童福祉法に基づき設置される児童相談所がある。児童相談所は各都道府県のほか，政令指定都市に必置とされ，

中核市においては任意に設置できることとなっている。なお行政機関は，地方公共団体の法律に相当する条例を議会の議決を経て設置することとされ，ここまで説明した福祉に関する事務所や各種相談所も，条例によって設置されるところとなっている。これらの行政機関は，社会福祉関係の各法の定めるところにより，個々の行政機関の長が職務権限を有しており，設置者である都道府県知事や市長は，職務権限を有していない。このためこれらの行政機関の設置に関しては，一般の行政機関とは区別し，法令によって設置が義務づけられている行政機関として，地方自治法第156条の規定によって設置されている。

（2）首長の行政機関

　社会福祉に関する事務所や各種相談機関とは別に，福祉行政機関として位置づけられているのが，首長の行政機関である。首長の行政機関は，首長（都道府県知事および市町村長）の権限に属する事務を処理する行政執行機関で，今日の福祉行政の大半が首長の行政機関で執行されている。法に定める福祉計画を策定するのも，首長の行政機関であり，前述の福祉事務所や更生相談所ではない。首長の行政機関は，首長の直近の部署に関し地方自治法第158条の規定によって条例で定めることとされており，各部署の個々の事務の業務の分担に関しては，首長が定める行政組織規則によって細部の部署や配置すべき職員や職制を定めることとされている。例えば市長の次に部を設け，部の中に課を設置している場合は，部の設置に関しては条例で定め，部の内訳となる課に関しては，行政組織規則によって定めるということになる。

　社会福祉部門としては，福祉部や保健福祉部，健康福祉部など，保健部門と一体となった形で部を設けている事例が多く見受けることができる。これらの部に，地域福祉課や高齢福祉課（介護保険含む），障害福祉課などが設けられているのが通例で，これらは部を条例で設置し，課については行政組織規則で設置することとなる。首長の行政機関は，地域福祉分野をはじめ，高齢者福祉分野，障害者福祉分野や児童家庭福祉の分野まで，広範囲にわたる。逆に首長の行政機関で取り扱うことができない業務範囲は，前述（1）に定める福祉に関する事務所や各種相談所における，生活保護業務や児童相談所における児童養護問題などの業務となる。それは国からの委任事務であるからである。これら

以外の業務である首長の権限に属する業務は自治事務であるところから，これらの福祉関係業務に関しては，都道府県知事および市町村長の権限によって運営されているのである。したがって地方自治法上も，前述（1）の社会福祉に関する事務所や各種相談機関とは，設置根拠が別となっている。

　国の委任事務が大半だった戦後から高度経済成長期までは，首長の権限による福祉事務は極めて少なかった。その後地方分権と並行して社会福祉基礎構造改革が推進され，住民生活に身近な地方公共団体の自治事務として位置づけられるようになり，市町村長の権限に属する事務として，福祉行政は改めて位置づけられるようになってきている。

　なお，社会福祉に関する事務所および各種相談機関と，首長の行政機関の中とは別に，地域包括支援センターや地域子育て支援センターなどをはじめとする，様々な相談機関や施設が存在する。これらの施設や機関は，地方自治法第244条第1項に規定する「公の施設」として位置づけられ，行政機関ではない。

　ここまでの内容を整理すると，表5-1のとおりである。

表5-1　行政機関と公の施設

区　　分		根拠法令		設置される機関	主たる担任業務	適用
地方公共団体の行政機関	各法で設置することとされた行政機関	地方自治法第156条	社会福祉法第14条，児童福祉法第12条，身体障害者福祉法第11条，知的障害者福祉法第12条	福祉事務所，身体障害者更生相談所，知的障害者更生相談所，児童相談所，婦人相談所など	申請に基づく相談支援を行い，必要な保護措置を講じる	法定受託事務
	首長の行政機関	地方自治法第158条		都道府県および市町村の福祉部・課	福祉計画を策定し，都道府県・市町村における福祉の推進を図る	自治事務
公の施設		地方自治法第244条第1項	個別の法令による	地域包括支援センター，地域子育て支援センター，障害者相談支援事業所，児童家庭支援センター，児童館，保育所，各福祉施設など	法に基づいて対象となる地域住民の相談・助言および必要な支援サービスを提供する	民間委託可

2　行政運営の原理と原則

　行政活動を展開するためには，一定の定められた手順に従って，「事務」として処理される。その手続きは誰にとっても納得のいくものでなければならない。そしてその成果は，当該地域住民にもたらされるものでなければならず，地域住民が納得できるものである必要がある。そうした結果を得ることができるようにするために，行政実務の手順に関して，3つの原理と8つの原則がある。

（1）3つの原理

1）個人の尊厳に基づく市民の自由の尊重

　行政機関が地方公共団体の活動を展開していく中で，最も重視すべきは主権者である住民の権利の確保である。住民主権として尊重されなければならないのは，すべての地域住民が対象とされることであり，社会福祉制度の対象者も当然含まれる。この原理は，基本的にはあらゆる分野にわたって貫かれるべきであり，社会福祉分野も同様である。とりわけ社会福祉分野は，社会的に弱い立場に置かれている人々を支援する立場であるので，この原理が貫かれなければならない点について，実質的な法治主義が貫かれる必要があるのである。

2）法律優位の原理

　行政活動は，制度執行を基本としている。それは，住民の代表者で構成される議会の議決によって成立した法を根拠として，行政活動が展開されることを意図しているからである。ここで重要なのは，議会の議決を経て成立した法において，想定されている市民の中に，社会福祉の対象となる人々がどれだけ含まれているのかということである。通常，形式的にはすべての住民が対象とされているものの，制度の情報の入手や手続きの手順や制度利用前段階の判断のあり方など，制度利用のための手段や条件が確保されている人と，確保されていない人が存在することになる。そうなると，制度利用の条件の有無によって，社会的に弱い立場に置かれる人が出現することとなるので，実質性を重視する必要がある。

3）法律留保の原則

　行政活動が基本的に法に基づいて実施されるものである以上，必要があると

思われる活動であっても，法的根拠がなければ実施してはならず，根拠となる法を定めなければならないとするのが，法律留保の原則である。福祉行政においては，行政活動を実施していく際には，法的根拠を明確にすることと併せて規制規範も必要であるとされてきている。すなわち何らかの法が成立したとしても，その制度を社会福祉の支援を必要と思われる人々に周知し，必要と思った市民に対して利用に向けた手続きに関する支援も必要となる場合が少なくないので，規制規範も併せて必要とされるところである。意思決定支援はこのための仕組みであり，より機能化することが望まれる。

（2）8 つの原則

　前述の行政運営に関する「3 つの原理」を基本として，具体的な行政実務の上では 8 つの原則がある。

1）信義誠実の原則

　この原則は，行政活動を実施する際には，住民に対して誠実に執行に当たることを定めたものである。民法の規定においては，契約の当事者相互に求められているところでもある。社会福祉行政の場合は，行政やサービス事業者との間での取り決めに際して，社会福祉の対象者にも適用される原則であるので，住民個々人において，不利益にならないような配慮を行うことが求められる。

2）権限濫用の禁止の原則

　行政の権限を，「公益」を理由に一方的に行使することを禁じた原則である。どのような行政活動であっても，そのまま実施することによって不利益を被る市民，あるいは行政サービス利用までのアクセスが十分でない市民はいないかなど，市民との対話を通じて行政活動の実施が求められている原則である。

3）比例原則

　行政活動の実施にあたっては，活動しようとする事案に見合う節度ある権限行使が求められる。これについて，自動車運転の禁止の指示に反して 1 回運転したことを理由に，生活保護の廃止を行った事例は，1998 年福岡地裁判決で違法とされている。社会福祉対象者の特性に配慮した対応が求められよう。

4）平等の原則

　行政においても大きな原則であるが，社会福祉分野にとって社会的に弱い立

場に置かれている市民の権利擁護のためには，欠かせない原則である。地方自治法第244条第3項に「普通地方公共団体は，住民が公の施設を利用することについて，不当な差別的取扱いをしてはならない」と定めている。行政活動においては，個々の事案に応じて社会的に弱い立場にある人々が，合理的な配慮がないことによって権利行使ができないことのないようにしなければならない。障害のある人に対する投票の機会の確保などは，これに相当する。

5）効率性の原則

地方自治法第2条第14項では，「地方公共団体は，その事務を処理するに当つては，住民の福祉の増進に努めるとともに，最少の経費で最大の効果を挙げるようにしなければならない」と定めている。地方財政法第4条第1項においても「地方公共団体の経費は，その目的を達成するための必要且つ最少の限度をこえて，これを支出してはならない」との規定がある。ただしこの原則によって，例えば市民会館などの出入り口にスロープがなかったり，点字ブロックが取り付けられなかったりという事例が少なからず見受けられる。こうした事例は「効率性」の原則の解釈が，利用者である市民を限定させることになり，妥当性を欠いている点に目を向けるべきであろう。

6）アカウンタビリティの原則

アカウンタビリティの原則は，行政活動の様々な局面において，市民に対して現在の実情を詳らかにする活動ともいえよう。広報広聴活動などがこれに当たり，ここでも行政活動は，市民との対話を通じて展開されるものである点を確認できよう。行政が様々な計画を策定する点から考えて，調査結果を市民に示していくことも，重要な効果を生むものであることに着目すべきである。

7）透明性の原則

行政手続きに透明性を求めることは，近年自明なこととなってきている。手続きの透明性が結果の信頼に通じ，信頼に通じてこそ市民の納得を得ることができるからである。社会福祉の対象となる人々にとっては，通常の手続きの手順だけでは不十分な部分があった場合，合理的な配慮を要請することも可能となる。事前に説明がなされればなお，不都合な事態を予防できよう。

8）基準準拠の原則

　行政活動を行うためには，予め定められた準則に基づき，実施されるように
なってきている。準則があるからこそ，透明性の確保やアカウンタビリティを
果たしたり，事前に合理的な配慮も可能となる。逆にいえばその準則を定める
際に，弱い立場にある市民の存在を前提条件に加えることが求められる。

3 財　　政

　行政活動を展開するために必要な経費について，行政活動の概要を明確にし，
収支の見通しを立てかつこれを運用していく一連の行政活動を財務行政とい
い，略して財政という。財政には，様々な分野があり，福祉財政もこの1つで
ある。ここでは地方公共団体の財政について，収入と費用の性質について見た
後，社会福祉関係予算の構造について見ることとする。

（1）地方公共団体の支出

　地方公共団体の行政活動は，毎年3月の議会で議決を経て，4月から翌年の
3月までを1年間として活動が展開される。この12か月間の行政活動の期間
を，会計年度という。この会計年度区分に応じて，収入と支出の内訳を明確に
したものが，収支予算書である。この収支予算書は，年度当初はもちろんのこ
と，補正予算においても議会の議決を必要としている。この補正予算とは，年
度途中に予算編成段階とは事情が変化した場合，予算修正の必要が生じること
があり，その修正する行為を補正予算という。

　ここで編成された予算の中で，行政活動の賄い経費となる経費を支出という。
支出のうち，建物の建設や道路の整備などの支出を投資的経費といい，これに
対して人件費や建物の光熱水費など，毎年繰り返し同じように必要となる経費
を経常的経費という。これとは別に，行政の分野別に支出される経費の区分も
あり，予算書では「款」ごとの番号で区分している。第1款議会費，第2款総
務費，第3款民生費と区分し，この第3款民生費が社会福祉関係の経費である。
この区分の仕方を，目的別経費という。これに対して，人件費，物件費，扶助
費などのように，支出の直接の内容を示す区分の仕方を性質別経費という。

（2）地方公共団体の収入

　国は，地方公共団体の行政活動に要する経費として，様々なルールを定めて財源を確保している。一般的には，地方公共団体の住民による負担として，地方税としての住民税や固定資産税，地方消費税などがあり，一般的な行政活動の財源に充てられる。地方公共団体の判断で，行政活動に必要と認められた事業に充てることができるため，一般財源と呼ばれる。当該の地方公共団体において生み出した財源でもあるので，自主財源とも呼ばれる。これに対して国が事業を奨励し，あるいは制度改正の方向に誘導することを目的として補助金を交付している。こうした財源は使途が明確になっているので特定財源と呼ばれる。加えてこうした行政活動は，自主財源だけで実施するのではなく，補助金等によってはじめて可能となるものであるので，依存財源とも呼ばれる。

　社会福祉関係の各種事業は，そのほとんどが国によって制度化され，地方公共団体において各法の規定を受けて条例や規則を制定し，歳入歳出予算を編成している。国で制度化しているため，地方公共団体で実施する際には，国の責任として一定割合を財政負担している事業が多い。市町村における介護保険給付費で見ると，保険給付費の2分の1が国の負担でこれを国庫支出金という。次に4分の1が都道府県の支出金とされ，残る4分の1は当該の市町村の負担となっている。こうした事業は基本的に国が制度化し，地方公共団体で各種事業を行政活動として円滑に進めるために，財源保障機能を有する国庫支出金制度を設けているのである。わが国においては，各社会福祉制度において様々な支援制度における財政負担に関し，政令指定都市を除く市町村から見た場合，国庫負担割合が3分の1から2分の1，都道府県支出金割合が3分の1から4分の1となり，残る部分を当該の市町村が負担することとなっている。

第2節　福祉行財政の歩み

　わが国の福祉行財政の歩みを見る際，様々な視点があると思われる。近年の地方重視の動きに鑑み，ここでは地方公共団体の動きを中心に見てみよう。

1 第二次世界大戦後から高度経済成長期

　わが国の福祉行政の変遷については，措置制度が中心だった時期に関していえば，地方公共団体に本質的な変化はなかった。第二次世界大戦後，日本国憲法第92条の地方自治の本旨に基づき法律で定めることとされ，戦後復興の中の重要な施策によって，地方自治法に優先して行政機関が設けられた。

　国民生活に密着した行政課題は防犯，防災，防疫，防貧であったことから，それぞれ警察署，消防署，保健所および福祉事務所が設置され，概ね市・郡単位で設けられた。また，児童保護に関して生活保護と区別して児童相談所が，さらに身体障害者福祉に関して更生相談所が，都道府県単位で設けられた。こうした経過から，戦後間もない時期は生活保護が福祉行政の中心的なものとなっており，救貧対策の域を出なかった。地方公共団体の歳出予算科目もこの時期に設定され，民生費の内訳は社会福祉費，生活保護費，児童福祉費，災害救助費とされた。その後，知的障害者福祉，高齢者福祉，母子福祉などの制度が施行され，国の社会保障費に占める社会福祉事業の予算が，1974（昭和49）年にはじめて公的扶助の予算を上回った。この時期，全国の福祉行政部門の拡充が進み，施設福祉の拡充が際立つようになる。しかし一方で施設，とりわけ特別養護老人ホームの需給の溝は大きく，福祉相談窓口の機能が形骸化し，国民の福祉行政に対する信頼について大きな課題を抱えるようになった。

2 地方分権と福祉行政の改革期

　戦後の社会福祉行政が業務内容も含めて大きく変貌を遂げるのは，1986（昭和61）年に福祉関係三審議会合同企画分科会が設置され，同年，「地方公共団体の執行機関が国の機関として行う事務の整理及び合理化に関する法律」が制定され，同年12月には「社会福祉士及び介護福祉士法」が制定された時期である。続いて1987（昭和62）年には，シルバーサービスに対する融資制度が創設されたほか，1988（昭和63）年には入所施設における費用徴収基準が引き上げられた。1989（平成元）年 3 月「老人福祉法等の一部を改正する法律」が施行され，措置権の市町村一元化と都道府県・市町村の老人保健福祉計画の策定が義務づ

けられた。これ以降2000（平成12）年までの間，介護保険制度の創設と社会福祉法の改正に向けた様々な取り組みがなされることとなった。

　ここで福祉行政に大きなインパクトを与えたものとして，大きく3点あげられる。一つはこれまで福祉行政の基本的な枠組みが，市・郡単位だった点から，市町村の一元化に移行した点である。市はともかく，町村の福祉行政は，突然大量の事務量を処理することとなり，戸惑いを隠せなかった。第二に権限移譲に伴う計画行政の導入である。従来の福祉行政は国が示した方針に従って事務執行を行ってきた点から，地方公共団体として自らの意志で福祉行政を行うべく計画を策定するようになった点である。そして第三に，権限移譲に伴う事務量の増大と予算措置である。市町村において民生費の占める割合が大きく膨らみ，特に町村では予算額の膨張とこれに伴う事務処理量の増大によって，福祉行政の比重が大きく変化した。1986〜2000年までの15年間は，地方公共団体における福祉行政部門の位置づけが，大きく転換した時期であった。

　この後，高齢者保健福祉計画の推進によって全国市町村に介護資源が整備され，社会福祉士及び介護福祉士法以降，全国に福祉従事者が増加していった。

3　介護保険制度の施行と社会福祉法改正

　2000（平成12）年の介護保険制度の施行は，従来の高齢者福祉制度の行財政から見た場合，保険者として計画を策定し，一般会計と特別会計を管理運用し，自治事務を執行する機関となったという点で，極めて大きな転換点といえる。加えて介護保険特別会計が設置されたことから，介護保険の保険料収納事務も生じることとなった。これとは別に，少子高齢化および人口減少が進む地方の公共団体では，地方税および地方交付税のいわゆる一般財源の収納低下により，新規事業のみならず，経常的事業の継続も困難な状況となってきた。そうした中で一般会計に占める，民生費の比重が年々高くなり，中でも老人福祉費の増加が著しい状況にある。高齢化の進行によって，介護費用が増加の一途をたどっているためである。これによって財政上ある程度余裕のある地方公共団体とそうでない地方公共団体の格差が見受けられるようになってきた。

　2000（平成12）年に介護保険法が施行されると，これまでの社会福祉事業法

を改正した「社会福祉法」が2か月遅れで施行された。この改正によって社会福祉法は，社会福祉関係制度に関する基本法としての意味合いが強化された。特に改正社会福祉法の特徴としては，第1条に地域福祉に関する定義が規定され，「地域における社会福祉」と定められた。続いて第3〜5条までに福祉サービス，地域福祉推進および福祉事業所に関する理念を規定し，第6条に国および地方公共団体の責務を規定した。このような規定は社会福祉関係法令には見受けられず，ここに社会福祉の基本法としての性格を見ることができる。

　一方，改正社会福祉法には，第107条に地域福祉計画，そして第109条から第111条までに社会福祉協議会に関する規定が設けられた。これらの規定は，市町村社会福祉協議会をはじめ，都道府県社会福祉協議会などが個々の条項として規定されたものである。これらの福祉行政の計画およびそれに関連する事項は，改正前の社会福祉事業法には見受けられないものであった。

　地方公共団体が行政執行する際には，計画的に実施することを目的として，地方自治法第2条第4項に議会の同意を得て基本構想を定めることが当時は盛り込まれていた。これは国の方針である国土計画に対応した地方公共団体の計画を必要としたことによって，地方自治法を改正して盛り込んだものであった。社会福祉法第107条ではこの条項との強い関連性を規定した。

4　福祉行政の重点化（2011（平成23）年以降）

　2011（平成23）年の地方自治法改正により，国と地方の役割が明確になったと同時に，それまで地方の総合計画を規定していた第2条第4項が削除され，これに伴い社会福祉法第107条の条文も改正された。

　この改正は，地方行政の主体性を求めたものであるが，一方で社会的にも財政的にも，地方の少子高齢化や人口減少による脆弱化が顕著な地方公共団体にとっては厳しい内容となった。また地方行政における，地域福祉計画の意義が大きくなっていった。基本的に地域福祉計画の位置が，各種福祉計画の中で「福祉の総合計画」的な意義として深まった。とりわけ福祉関係の制度改正がたびたび実施されるようになると，介護・障害・児童（次世代育成）の各計画の改正と共に地域福祉計画が見直されるだけでなく，要援護者（要介護高齢者や障

害者など）の災害時避難支援のあり方や，権利擁護および生活困窮者への対応に関する事項も，計画の中に盛り込む地方公共団体も見受けられる。

社会福祉法第6条において，福祉行政の責任が「国及び地方公共団体の責務」として規定された。そして「社会福祉を目的とする事業を経営する者と協力」することとなっており，社会福祉行政は，行政の立場が単独で実施することを諫めている。それは社会福祉事業を実施するにあたり，実質的には行政ではなく多くの社会福祉を目的とする事業を経営する者がこれを担うため，こうした規定が設けられていると思われる。ただし実際のところは「福祉行政」のあり方や，今後の個々の地域における社会福祉の方向性に関して，意見交換できるだけの情報や主張を有する事業者が，どの市町村においても存在しているわけではなく，またこの体制で地域福祉の推進を図ることが徹底されているわけでもないという課題がある。それだけに法規定の趣旨は，今後の地方行政の推進を図るべき実務的な方向性を明確にした内容であるともいえよう。その上で①体制整備，②福祉サービス利用推進，③その他，に関して「広範かつ計画的な実施」が図られるよう，「各般の措置」を講じることが定められた。

第3節 福祉行財政の構造

福祉行財政の構造は，個別福祉制度の仕組みが束になった部分と，通常は一般会計の中の民生費と介護保険特別会計によって運営されている。福祉制度と行政機関ならびに福祉制度と財政の仕組みについて具体的に見てみよう。

1 福祉制度と福祉行政機関

（1）措置制度

旧来の措置制度の仕組みで運営されているのは，生活保護法に基づく生活保護制度，老人福祉法に基づく老人福祉制度のうちの養護老人ホーム，児童福祉法に基づく児童保護措置などがこれに当たる。これらの業務は基本的に国の事務という位置づけにあるため，措置の決定は所属機関の長が決定する。この担い手となっている行政機関は，生活保護については都道府県および市の福祉事

務所であり，養護老人ホームへの措置は市町村であり，児童保護措置は児童相談所である。それぞれ申請を受け，措置の必要性を確認し，利用すべきサービスを決定する。施設利用の場合は，一部負担金の額を決定する。基本的に国の事務であるため，財源保障機能が働き，ルール化された国庫支出金が交付されることになっている。ただし，予算編成および支出に関する事務の執行や担当職員の人事および行政組織に関する権限は，首長の権限となっている。

（2）措置以外の福祉制度と行政機関

　ここでは，今日福祉行政の大半を占めている首長の権限に属する福祉制度として，地域福祉，高齢者福祉，障害者福祉および児童家庭福祉に関して述べることとし，決定受託事務の生活保護については措置制度となるので除く。

1）地域福祉

　地域福祉に関する行政事務として，民生委員法に基づく民生委員関係事務，社会福祉法に基づく社会福祉協議会および地域福祉計画の関係事務，その他当該地方公共団体独自の地域福祉関係団体その他の支援事業がある。民生委員関係に関しては財源保障があるものの，その他は社会福祉協議会に関する助成金の財源が地方交付税の交付となっている。社会福祉協議会への助成金は，財源の根拠がわかり難いため，行政との間に助成金の根拠となる人員配置の基準を明確にした協定書の取り交わしがあったほうが望ましいとも考えられる。地域福祉に関する事務は，民生委員制度以外は自治事務となっているので，首長の判断に基づき，地域福祉担当部署において事務を処理することとなる。この部門で，地域福祉計画の策定を扱う。

2）高齢者福祉

　高齢者福祉に関する行政事務は，老人福祉法および介護保険法に基づいて事務が処理される。行政機関としては，市や町村の高齢者福祉担当となる。高齢者福祉の行政実務は，申請を受け付けた上での要介護認定業務と，介護予防事業に関して，介護保険担当や保健部門が担当している。要介護認定の結果が出た後は，基本的に行政機関が監督業務を担い，多様なサービス提供主体からの支援サービスが提供される。介護支援サービス，各種介護サービス，地域包括支援センターなどは，行政機関ではなくサービス提供機関である。地方公共団

体が直接運営する場合は，公の施設として位置づけられる。なお，この高齢者福祉部門において老人福祉計画や介護保険事業計画の策定を行う。

3）障害者福祉

障害者福祉制度は，障害者自立支援制度として，身体障害者福祉制度，知的障害者福祉制度および精神保健福祉制度を一体として運営している市町村が多い。障害者福祉制度を一体として処理する中で，障害程度区分の判定を行うこととなっており，市町村では多くの場合，障害者福祉課などの名称で部門が設けられている。ここまでが行政機関の役割となっており，この障害区分の判定結果が示された後は，監督業務を担うこととなっており，障害者の自立支援サービスの利用に通じるよう，障害者相談支援事業所に相談をつなげる。この部門で，障害者基本計画や障害者福祉計画の策定を行う。

4）児童家庭福祉

児童福祉または児童家庭福祉という名称で，市町村において一部門が設けられていることが多い。児童家庭福祉という部門のほかに，幼児教育部門を包括する形で，教育委員会や福祉部門とも違って，独立した一部門として設置されている事例もみられる。保育所の利用や児童手当，児童厚生施設の管理運営，医療費助成などの業務のほか，要保護児童対策地域協議会などの業務を行っている。この部門において，次世代育成支援行動計画の策定などが行われる。なお，地域子育て支援センターや保育所，児童厚生施設などは，公の施設として行政機関とは区別される。

2 福祉制度と財政構造

福祉制度と行政機関を示したところであるが，これら行政機関の予算の内容は，地方自治法施行規則によって予算科目として定められている。歳入予算科目は財源の種類別に定められており，歳出予算科目については，款項目に関しては目的別に，節に関しては性質別に定められている。

地方公共団体では，財務運営を適切に行うため，地方自治法および地方財政法により一般会計と特別会計に区分されている。一般的に地方公共団体においては，社会福祉関係の業務に関しては一般会計の「第3款民生費」において予

表5-2　行政における社会福祉関係予算

一般会計	項	目		
3　民生費	1　社会福祉費	1　社会福祉総務費	2　老人福祉費	3　障害者福祉費
	2　児童福祉費	1　児童福祉総務費	2　児童手当費	3　保育所運営費
		4　児童厚生費	5　ひとり親福祉費	
	3　生活保護費	1　生活保護総務費	2　扶助費	
	4　災害救助費			
特別会計	介護保険事業特別会計			
	指定介護サービス事業特別会計（地方公営企業）			

算措置がなされており，特別会計予算として措置されている事例は，介護保険事業特別会計である。このほか地方公共団体が介護サービス事業を展開している場合は，サービス事業部門に関して特別会計を設置することとされており，サービス事業に関しては，地方公営企業として運営することとなっている。

　具体的には，第3款民生費が置かれ，次の項の区分において社会福祉費，児童福祉費，生活保護費，災害救助費の4区分の項が設定されている。高齢者福祉や障害者福祉関係の予算は社会福祉費の目という区分に予算が措置されているのが通例であるが，予算規模が突出して高いため，老人福祉費を項として設定している例もある。社会福祉関係の予算の概要は，表5-2のとおりである。

　上記の一般会計と特別会計の内の介護保険事業特別会計の2つの会計は，普通会計の方式で会計処理される。これに対して地方公共団体において介護サービス事業を実施する場合は，地方財政法の規定により，地方公営企業の会計にて運営されることと定められている。

第4節　福祉行政機関と組織

　社会福祉行政には，行政実務を執行する組織が置かれ，担当職員が配置される。一般的にはこの仕組みを行政組織と称する。しかしこの仕組みだけで行政実務が処理されるわけではなく，付属機関や関係する公の施設，さらには様々

な委嘱委員などとの仕組みによってはじめて機能する。ここでは行政組織の内部の仕組み，付属機関や委員会，そして担い手に関して概観する。

1 福祉行政の組織

（1）都道府県と市町村福祉行政の組織

　福祉行政と一口に表現される場合が少なくないが，都道府県，政令市と中核市，市，町村によって違いがあり，ここではその概要を見てみる。

1）都道府県の行政組織

　図5-1は，都道府県の基本的な福祉行政組織図である。地域社会福祉課から母子福祉課までは，都道府県知事が福祉事務を処理する。都道府県内の市町村の助言や情報提供などのほか，補助金や負担金に関する行政実績をとりまとめるなどの業務を行っている。福祉事務所から婦人相談所までは，各法に定める行政機関で，当該機関の長が措置決定する機関である。次の各福祉施設は，行政機関では

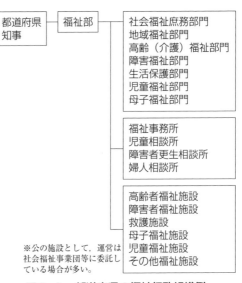

※公の施設として，運営は社会福祉事業団等に委託している場合が多い。

図5-1　都道府県の福祉行政組織例

なく公の施設である。このため施設の運営は，通常社会福祉事業団に委託する例が多い。都道府県の場合，福祉事務所を持たない町村の生活保護業務が必須業務であるため，広域的に福祉事務所を設置している。広域の合同庁舎等に併設している場合がみられる。または同じく広域に設置している児童相談所と併せて，別庁舎を設置することもある。

2）政令市・中核市の行政組織

　図5-2は，政令市・中核市の行政組織例である。政令市の場合は，より細部

にわたる担当ごとに組織化され，市長のもとに局・部も複数になる。行政組織の内，地域社会福祉課の部門と児童相談所の部門以外は，通常は各区役所に第一線の担当部署があり，一方市役所の本庁舎内においては，そうした各区役所の担当部署からの業務報告や実績などを取りまとめるほか，予算の執行などを担当しており，行政実務と相談支援業務が分離される。政令市の場合は，都道府県の場合と

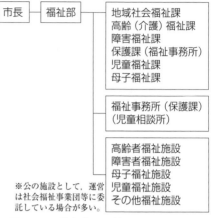

※公の施設として，運営は社会福祉事業団等に委託している場合が多い。

図5-2　政令市・中核市の行政組織例

同様に市長直轄の担当部署において直接市民の相談支援業務を担当することは多くはなく，区役所などにおいて市民からの相談支援業務に臨むことが多い。政令市においては児童相談所の設置は必置となっている。公の施設である社会福祉施設を設置した場合は，通常社会福祉事業団に運営委託する。地域包括支援センターや地域子育て支援センター，児童家庭支援センター，障害者相談支援事業所なども公の施設なので，施設の運営委託と併せて，事業団や社会福祉法人などに業務委託するのが通例となっている。

　一方中核市は，多くの場合区役所を持たない場合が通例なので，福祉事務所が保護課として市役所内に置かれている場合が多い。この場合は名称が保護課であったとしても，実質的に福祉事務所であることが多く，生活保護業務のほかに，低所得者対策を担当しているのが通例である。併せて区役所がないために，市役所において市民の相談支援に直接対応する業務が一般的であり，行政実務と相談支援業務が一体となっている。児童相談所は任意であるため設置している中核市と設置していない中核市がある。なお，地域包括支援センターや児童家庭支援センター，障害者相談支援事業所などは，社会福祉事業団や市内の社会福祉法人に指定委託して，監督業務に徹するのが通例となっている。

3）市の行政組織

政令市や中核市以外の市の場合，行政組織の多くは，予算書の項や目の区分に応じた組織機構が多い。市役所の庁舎内に保護課が置かれる場合が多く，内実は福祉事務所であり，かつ低所得者対策を担当している。市役所の各社会福祉担当部署は，行政実務と併せて相談支援業務も担当していて，一体型となっ

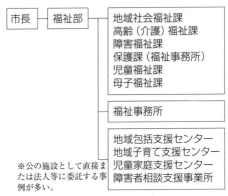

※公の施設として直接または法人等に委託する事例が多い。

図 5-3　市の行政組織例

ている。地域包括支援センターや地域子育て支援センター，児童家庭支援センターおよび障害者相談支援事業所などは行政機関ではないので，市内の社会福祉法人に一部または全面的に委託する事例がみられる。民生委員協議会や社会福祉協議会との関係性も深く，市内の全体的な状況を把握している場合が多い。

4）町村の行政組織

町村の福祉行政部門においては，生活保護業務がないので，保護課は置かれず，その予算もない。ただし県の福祉事務所に申請事例を進達する業務を担当する職員は置かな

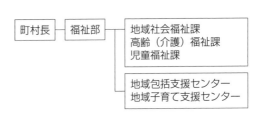

図 5-4　町村の行政組織例

ければならない。生活保護の担当者は，通常地域社会福祉課の部門に置くことが多い。この部門においては，他に障害福祉業務の担当者も置く。高齢者福祉部門と児童福祉部門は，単独の課を置くこともあるが規模の小さな町村は地域社会福祉部門に置くこともある。地域包括支援センターを社会福祉法人などに委託している場合も多いものの，町村規模になると町村の直営の事例も少なくない。その場合は介護保険担当部署の相談窓口に併設する事例がみられる。地域子育て支援センターは，通常は社会福祉法人に委託する場合が多い。

（2）福祉関係の諮問機関・委員会等

1）地方社会福祉審議会

　地方社会福祉審議会は，社会福祉法第7条に基づき，都道府県，政令市および中核市において，条例で設置することが義務づけられている諮問機関である。諮問機関は，首長の諮問（意見を求める行為）に応えるために必要な調査審議を行い，答申することが任務となっており，地方社会福祉審議会もこの諮問機関に属する。議会議員，社会福祉関係者および学識経験者の中から，委員50人以内で構成され，委員の互選により委員長を選出する。具体的な調査審議にあたっては，民生委員，障害者福祉，高齢者福祉，児童福祉およびその他必要な専門分科会を設けることとなっている。近年は，地域福祉分科会を設けるのが通例で，地域福祉計画の策定審議を担当することが一般的となっている。このうち，障害者福祉の専門分科会は，障害程度の審査を固有の任務としているほか，民生委員の専門分科会は，都道府県や政令市・中核市から国への民生委員の推薦を行うために知事や市長に答申することを任務としている。審議会は，福祉行政機関が重要事項に関して関係者や専門家から意見を徴しつつ実務を執行しようと諮問することから，答申後の行政執行に正当性を与える効果があり，答申の持つ意味は大きい。

2）介護保険関係委員会

　地方公共団体においては，福祉行財政の中で介護保険事業の業務量と予算規模の比重が，極めて大きい。特に従来，規模の小さな地方公共団体の場合は「福祉課」のみであった町村においても，福祉課と介護保険課に分離させた地方公共団体も少なくない。これに応じて都道府県においても，行政機構を大幅に機構改革している。市町村では，行政機関の付属機関として，介護認定審査会が設置されている。ここでの任務は，介護認定のための審査である。一方都道府県においては，介護保険審査会が設置されており，市町村の介護認定結果に対する不服申立てなどを取り扱っている。いずれも付属機関は，地方自治法138条の4第3項の規定によって条例で設置されている。

3）福祉計画策定委員会

　都道府県や市町村が策定する各種の福祉計画に関し，策定のための委員会が

設置される。こうした委員会は常設ではないため，一般に要綱という内規で定めることが多い。委員の任期も計画策定時までとすることが多く，計画が策定された場合は，次期計画の策定委員会の設置まで委員会の予算も計上されない。なお，地方社会福祉審議会を設置している都道府県や政令市・中核市の場合は，専門分科会が策定委員会の機能を有する場合も多く見受けられる。

4）制度別福祉推進会議

　地域福祉計画をはじめ，制度別に策定した計画の進捗管理や実態調査，評価のための会議が設置されてきている。年1～2回程度の開催回数の会議もあれば，四半期ごとに開催したりなど，頻度や内容にはかなりの違いがみられる。ただし，ある程度共通した内容としては，年度初めに昨年度の実績と当該年度の計画概要について報告する会議を開催し，年度末に事業の実施状況の報告と翌年度の事業計画案ならびに予算見通しについて説明があり，委員から意見を述べるという内容がある点に関しては，かなり共通したところが多い。なおこの場合，意見を取りまとめる場合と取りまとめない場合があり，取りまとめる場合は，委員会からの意見具申という性質を持つ。

（3）福祉行財政のための特別地方公共団体

　社会福祉に関する行財政のために，都道府県や市町村において法制度に基づいて具体的な行政実務を執行している。しかし，市町村の実務上の都合から，行政実務の一部を共同処理するために，特別地方公共団体を構成して福祉行財政を実施している事例が増えてきている。多くの場合，特別地方公共団体には一部事務組合と広域連合の2種類ある。一部事務組合の場合は自治事務の共同処理であり，広域連合の場合は自治事務の権限のある地方公共団体とない地方公共団体が共同処理する場合である。その概要を説明する。

1）一部事務組合

　普通地方公共団体の中でも，市町村の事務の一部を広域的に処理するために，特別地方公共団体としての一部事務組合を構成する事例が少なからず見受けられる。一般的に見受けられるのは，介護保険の保険者や，病院，広域消防などがその例で，広域的に処理したほうが住民福祉に資するという判断による。この場合，一部事務組合を構成する市町村から，議会議員と職員を派遣し，かつ

必要な経費を負担金として負担することとなる。

　介護保険の例でいえば，複数の市町村間に介護保険事業者があって複数の市町村の住民が利用している一方で，市町村における介護保険料額に相当程度の差額が認められた場合，住民に不均衡感を抱かれ合理的な説明がなかなかできない。そうした場合に保険者業務を一体的に事務処理したほうが，不均衡感を抱かれず，かつ対象となる人口規模が大きくなるので，保険料の変動幅も少なくなるという判断があることなどが一例である。

２）広域連合

　市町村で事務処理することとなっている事務を，広域で実施する際に，例えば市は自治事務で実施できるものの，町村は自治事務となっていないために，広域で実施する場合は，権限の一部移譲を求めることとなる。その場合は，一部事務組合ではなく，広域連合を構成することとなる。一部事務組合と大きく違うのは，選挙管理委員会を置いて連合長を選出することや，住民の直接請求が認められている点である。

　福祉行政で広域連合を構成する事例が見受けられるのは，町村が設置する福祉事務所である。福祉事務所は，都道府県と市において設置されている。しかし町村においては認められておらず，町村における生活保護業務は，都道府県となっている。このため町村において，または市町村において福祉事務所を設置する場合には，都道府県から町村への権限移譲が必要となる。広域連合は，権限移譲と広域行政の双方の手続きを行い，複数の市町村における行政執行を可能とする特別地方公共団体である。

2　福祉行政の担い手

　社会福祉行政について，生活保護業務や児童相談所以外は，通常の一般行政職員が実務を担っている場合が多い。しかし第二次世界大戦後にわが国において戦後の復興を見据えた際，国は防犯，防災，防疫，防貧の4分野に関し，それぞれ地方公共団体に行政機関を設置させることとした。その行政機関には，それぞれに専門職と事務職員を設置させた。防犯に関して警察署には，警察官と事務職員，防災に関しては消防署に消防署員と事務職員，防疫に関しては保

健所を置き，医療職と事務職員，そして防貧に関しては社会福祉主事と事務職員であった。しかし社会福祉主事は，当時は民生委員協議会の書記を兼ねていた側面が強く，専門職と事務職員とは未分化のままであった。1987（昭和62）年に社会福祉士及び介護福祉士法が施行され，社会福祉士の有資格者が登場すると，徐々に生活保護分野から行政の雇用が進むようになり，2000（平成12）年の介護保険法施行から相談業務の担い手として期待されるようになった。児童相談所の児童福祉司も同様である。とりわけ2006（平成18）年の地域包括支援センター設置以後，社会福祉士はその人員設置基準においてクライエントの個別相談業務の担い手と位置づけられたほか，スクールソーシャルワーカーとして学校における相談業務や，地域包括ケアシステムの担い手として，自治体病院の医療ソーシャルワーカーとしても期待が高まってきている。

　近年は，社会福祉の視点からのまちづくりに関する期待が高まってきており，地域支援という観点からの担い手として，福祉専門職に対する期待が大きくなってきている。特に個別の福祉事業や個別施策の企画と併せて，予算の確保なども行政としては不可欠であり，そのため福祉専門職の視点からの福祉政策の必要性に関して，関係部署への説明できる担い手が求められてきている。

第5節　福祉行政の展開過程と財政運営

　福祉行政の具体的な展開過程は，意思決定を行うと同時に，並行して行政行為を準備し，実施し，評価を行う過程である。一連の行政実務のうち，主要な内容について説明する。

1　行政実務の類型

　一般的な行政実務は，日々のルーチンワークの事務や，年間を通じてあるいは数年間にわたる定例業務や，特定の時期に将来にわたる住民の利用に供するためのプロジェクト業務などがある。

　福祉行政において，ルーチンワークは数多い。給付やサービス利用のための手続きや，資格認定の手続きなど多岐にわたる。毎日のように申請者が訪れ，

事務処理を行っている。この事務処理には，近年の少子高齢化が影響し，相談業務の担い手として福祉専門職の必要性がいわれるようになってきている。こうした業務は，一般的に都道府県知事や市町村長まで判断を求めることはなく，担当部署の責任者の段階で，意思決定することが通例である。

　定例業務は，年間を通じたスケジュール管理の中で，業務が処理される事務である。この業務の場合は，一定期間の中で成果を求めるもので，期間が満了した段階で，一層の充実を図るか，これまでどおりなのか，縮小または他の事業と吸収するのか，あるいは廃止するかを決めていくものである。社会福祉関係の事例としては，一般的に補助金を受けて実施する事業に見受けられる。国庫の補助決定が初夏に行われ，関係委員会を構成し，秋から冬にかけて事業を実施し，これを取りまとめて年明けの1〜2月に実績をまとめて会議に諮（はか）り，年度末に実績報告を提出する。市町村はこの事務にかなりの時間を費やしている。国からの補助事業なので，採択された場合は，市民の関心を引く努力も行うほか，一定の成果を見せる必要から関係団体からの協力も取り付ける必要がある。こうした点で年間を通じた定例業務については，様々な事業の実施の際に関係機関と協働している場合が多い。また介護保険事業のように3年周期で実施している事務もあり，この場合は介護保険事業計画策定も，3年周期の定例業務となる。

　プロジェクト業務は，新規事業の実施やハコモノ事業や，機構改革を伴った行政組織の改組などがこれにあたる。社会福祉の場合は，制度改正がしばしば実施されてきたので，国主導のプロジェクトが相次いだ。高齢者保健福祉計画から，数年ごとに行われている。

　ルーチンワークや定例業務と違ってプロジェクト業務は，当該の地方公共団体にそれなりの業務量をこなす力を求めるものなので，国主導で実施した場合は，人口規模や財政規模の小さな地方公共団体ほど条件としては不利なだけに成果を得ることが難しく，一定の配慮が必要となる場合が少なくない。

2 行政の意思決定過程

（1）事務の委任と補助執行

　行政の意思決定に関しては，権限を有している職責の判断で決定される。しかし日常的に大量に発生する業務に関して，一つ一つすべてにわたって判断することは極めて効率が悪く，加えて判断すべき事務には緊急性のあるものもあるので，業務に応じた判断が求められる。このため行政実務においては，事務委任と補助執行の二種の方法によって，こうした課題をこなしている。

1）事 務 委 任

　権限を有している職責にある機関が（知事や市町村長など），一定の事務に関して所属職員に判断を委ねて事務を処理することを事務委任という。この場合，内規的な根拠を必要とするので，規則や訓令を定めることが求められる。

　委任された事務は，受任された機関の名称で処理することとなる。例えば100万円未満の契約の締結について福祉センター長に事務委任した場合，90万円までの清掃業務の契約を締結する場合は，福祉センター長が契約の相手方を決定し，福祉センター長名で契約できる。一方福祉センターの電気設備工事を120万円で契約する場合は，100万円以上の契約金額になるため，福祉センター長の段階では契約の相手方を決定できず，市長の判断で契約の相手方を決定することとなり，市長名で契約することとなる。事務委任は契約だけではなく，日常的な業務の中で，定例的なものに関しても，委任する場合が多い。

2）補 助 執 行

　事務委任が権限を委任して処理するのに対して，補助執行は権限の委任を伴わずに，定例的な業務に関して専決権を与えるものである。例えば課内の職員の年次有給休暇の承認や，業務に伴う出張の承認などは，直属の上司でなければ必要性を認識することができない事務である。こうした事務は，権限は市長のままとし，課長等直属の上司の段階で承認するのが望ましい。加えて先に見たルーチンワークの業務なども，補助執行が妥当な業務である。

（2）行政の意思決定過程

　委任事務や補助執行を前提とした上で，行政の意思決定過程について，文書

事務，査閲の手順，事務処理過程について見てみよう。

　文書事務の手順としては，公文書の形式に従って文書を作成する。近年は電子文書をインターネットによって配信するようになったものの，基本的に文書は，文字または符号を用いて，意思表示を永続的に記した有体物をいうことを基本としている。近年は意思決定のための資料等も，これに付随するものとの解釈もある。このため文書の形式が公文書としての要件や体裁を備えているかが重要となる。このため稟議しながら査閲することとなる。なお，先に見た審議会などに対する諮問も，文書によって行うのが行政の事務行為である。

　査閲は，担当部署において職制の順で実施するのが通例である。行政として必要な要件や公文書としての適切性などを，起案者から順に上司や関連部署の関係者が回覧し，行政の意思を示したものとしての文書が発信するものとして妥当かどうか，査閲という形式を踏まえて判断し決定していくのである。

　行政の事務処理過程は，基本的に文書によって行う。電話や窓口対応，さらには打ち合わせや会議などの場合は，すべて記録を作成し，専決権者まで回覧することとなる。その上で実施すべき事務について，判断する根拠を示し，決定権者までの稟議によって査閲を受け，決定していく。なお，新たな条例や規則を制定する場合は，予算を確保している業務に限られることが前提となる。行政の業務は，法的根拠が必要となるわけであるが，地方自治法第222条の規定によって，予算の裏付けがない条例や規則は，議会に提案または議決されるまでの間もしくは否決の場合は施行してはならないこととされている。

③ 福祉の財政運営

　社会福祉関係の予算は，戦後間もないころから現在に至るまで，国が財政の基本的枠組みを決定している。加えて比較的短期間で制度改正が実施されているので，地方公共団体は，改正された制度対応でかなりの労力を費やしているのが実情である。国は，社会福祉関係予算に関しては，基本的に財源保障をしており，かつ地方交付税によって他の行政分野と同じく，社会福祉関係予算における財源不足の軽減措置を講じている。

　社会福祉関係の歳入歳出予算については，介護保険制度後，一般会計予算の

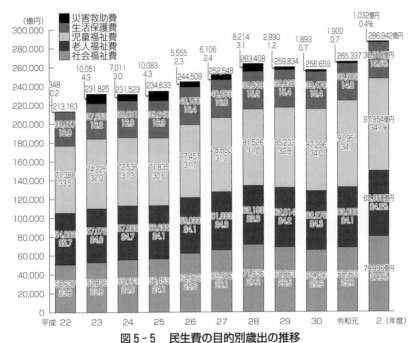

図 5 - 5　　民生費の目的別歳出の推移

総務省：令和 4 年版　地方財政白書，p.64

ほかに特別会計を設けることとなった。特に特別会計は，歳出目的に対応した財源を基に歳入予算を組むことになっており，特定の事業に関して会計が独立する形となっている。介護保険特別会計が，この方式を採用している。近年は少子高齢化の時代を反映して，福祉関係の民生費の予算が肥大化してきている。『地方財政白書』で見てみると，民生費で最も多額の予算を要しているのは児童福祉費となっている。しかし次の図 5 - 6 にある老人福祉費の繰出金は，特別会計への繰出金で，実質的にこの 4 倍が公費負担となっており，さらに公費の合計額と同額が原則として保険料負担となっている。

　『地方財政白書』に見る老人福祉費の内訳の中で，市町村の繰出金は，介護保険事業特別会計と後期高齢者医療特別会計への繰出金の合計額である。介護保険制度前においては，介護保険関係の予算は医療保険分を除けば一般会計で担われていた経費であり，そうした点を含めて考えてみると，市町村における

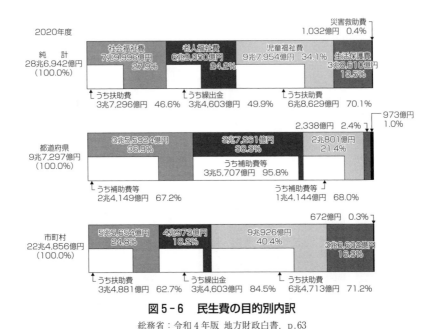

図5-6　民生費の目的別内訳

総務省：令和4年版 地方財政白書，p.63

社会福祉関係経費のうち，特別会計も含めた予算は，老人福祉関係予算がかなりの額になっているといえる。

　なお，民生費の中の地域福祉関係予算以外については，毎月介護報酬や保育所運営費等の請求に基づいて支出を行っている。このため年度途中において計上していた予算の過不足が生じることがしばしばあるところから，確実な予算の執行管理が求められるところである。

4 近年の動向—地方公共団体の福祉行財政のまとめ—

　少子高齢化が進行する今日，地方公共団体における福祉行財政の業務量，予算，職員数などの比重が高くなってきている。逆に，文部科学省や内閣府および総務省などの政府関係文書において，福祉分野を重視する文言がかなり見られるようになってきており，まちづくりの重要分野になってきたことを意味している。加えて近年の福祉制度の改革は，地方公共団体の組織機構を大きく変

えてきており，住民生活の基盤を支える分野である福祉行政は，地方公共団体の仕組みを住民主体と専門職化に転換させてきている。この流れは，今後一層進むものと思われ，福祉行政分野において，まちづくりの中心的役割を担うことが期待されてきているといえる。

　一方で，地方行政の政策立案において，地域福祉分野からの企画提案機能が求められてきていることも事実である。従来，社会福祉分野は，主要な政策課題として地方行政では取り扱われなかった。それだけに地方行政における地域福祉の重点化は，地方福祉行政の政策立案の企画力が問われてきているといえよう。加えて，国が財源の保障を行っているとはいえ，近年の福祉行政は「まちづくり」の要素が強くなってきており，このため地方公共団体が地域の実情に応じて政策判断を展開できるように，自主財源の確保の道を拓いていくことも課題となっている。

　以上のような今日の流れを受けて福祉行政は，住民の生活に密着した市町村を中心に，行政実務の拡充と生活支援のための体制の整備が進むと思われる。この中には人的資源としての専門職採用も含まれる。一方で地方自治は，住民自治を基軸とした仕組みの構築が求められるところから，国からの法定受託事務の市町村福祉行政への転換や，制度別福祉行政から生活の場を基本とした支援の仕組みを支える市町村福祉行政へと転換が求められ，住民主体の基盤づくりにも，役割が求められるようになってきているといえる。

■引用文献

・藤田宙靖：行政法入門第5版，有斐閣，2010
・柴田尚子，松井望編著：地方自治論入門，ミネルヴァ書房，2012
・大橋洋一：行政法Ⅰ，有斐閣，2019
・齋藤誠：現代地方自治の法的基層，有斐閣，2012
・河野正輝：社会福祉の権利構造，有斐閣，1991
・松本英明：詳説　地方自治法　第8次改定版，ぎょうせい，2013
・総務省：令和4年版　地方財政白書，2022
・都築光一：地方行政における社会福祉行政の重点化と地域福祉計画の意義に関する一考察，東北福祉大学研究紀要，第41巻，2017，pp. 1～15

福祉計画

　「福祉計画」と聞いて，何を想像するだろうか。文字通り「福祉」に関する「計画」となるが，福祉計画に関して共通の定義はない。しかしながら，本章で取り扱う福祉計画については，「法的に規定され行政が策定する福祉に関する計画」として位置づける。

第1節　福祉計画の概要

1　福祉計画の意義

　行政は，国，都道府県，市町村において，法律や政令・条例に基づく各種政策を行っている。とりわけ，福祉行政の特徴としては，対象の幅広さに加えて，専門職による対人サービスや金銭給付をはじめ多様なサービス提供方法，それに伴う基盤整備としての施設や設備の整備といったハード面の充実など多岐にわたる。そして，各種政策を行うためにはもちろん財源が必要となる。その際に注意しないといけないことは，行政政策を計画的に実行していくことが求められるということである。なぜなら，対象者のニーズを把握しないままサービスを提供したとしても，ニーズの充足には結びつかないからである。

　また，現状を認識せず場当たり的な政策を行っても，よりよい結果にはならない。加えて，将来的な予測や展望のない政策は，同じことを繰り返すというルーチン化を引き起こすかもしれない。そこで，そのようなことを回避するためにも計画が必要となる。すなわち，ニーズを把握し，かつ現状を認識し，将来の展望も含めて計画化することで，より望ましい行政施策が実行できるということである。

2 福祉計画における住民参加の意義

　もし，福祉計画が行政担当者のみで策定されるとどうなるであろうか。おそらく，地域，住民や当事者のニーズを反映させた内容にならないばかりか，何の役にも立たない計画となってしまうことになるだろう。

　したがって当事者を含む住民や多様な関係者が主体的に計画策定に関与することで，地域全体の福祉のあり方を考えていくことが計画策定の中で重要となってくるのである。

　なお，福祉計画策定プロセスを通じた住民参加の方法には，表6-1のようなものがある。

　また，計画策定の各プロセスに住民が参加するとともに，策定後に計画に基

表6-1　福祉計画における住民参加の方法

福祉計画策定委員	・策定委員会のメンバーとして参加することで，当事者・住民の立場から計画内容を検討する。 ・当事者団体や地域の組織からの代表者として選出される方法と，公募委員として参加する方法がある。
アンケート調査	計画策定において，当事者や住民にアンケート調査を行う場合に調査に回答することで参加する。調査結果を計画に反映させることができる。
地域懇談会	地域の課題や特徴について主催者や地域住民同士が語り合ったり，意見交換を行う。
ワークショップ	ファシリテーターと呼ばれる司会進行役を中心に参加者全員により運営される形態のこと。テーマについて参加者が主体となり，討論やグループ作業を行いながら，学びを創造したり，問題解決を図っていく。
パブリックコメント	行政が福祉計画の素案を事前に公表し，その素案に対して地域住民から広く意見を募る。
その他	公募している計画のスローガンやイラストなどへの応募や計画に関連している住民福祉活動などを紹介するなど。

づく事業や活動への参加やサービスを利用することなども，福祉計画の実施段階での住民参加といえるであろう。

3　福祉計画の体系

　福祉計画は法律に基づいて国，都道府県そして市町村によって策定される。表6-2に主なものを列記した。これらの計画は，法律で策定の義務か任意かが定められている。

　また，関連する計画同士が大きく逸脱することのないよう，一体的な策定や調和を保つことで，整合性を図った上で各福祉計画が策定されるよう求められている。

表6-2　主な福祉計画

	根拠法	策定義務	他の計画との関係
都道府県地域福祉支援計画	社会福祉法	努力義務	他の計画の「上位計画」として位置づけられている。
市町村地域福祉計画		努力義務	
都道府県老人福祉計画	老人福祉法	義務	・介護保険事業（支援）計画と一体 ・地域福祉（支援）計画と調和
市町村老人福祉計画		義務	
介護保険事業計画	介護保険法	義務	・老人福祉計画と一体 ・地域福祉（支援）計画と調和
介護保険事業支援計画		義務	
都道府県障害者計画	障害者基本法	義務	特に定められていない。
市町村障害者計画		義務	
都道府県障害福祉計画	障害者総合支援法	義務	・障害者計画と調和 ・地域福祉（支援）計画と調和
市町村障害福祉計画		義務	
都道府県障害児福祉計画	児童福祉法	義務	・障害福祉計画と一体 ・障害者計画と調和 ・地域福祉（支援）計画と調和
市町村障害児福祉計画		義務	
都道府県行動計画	次世代育成支援対策推進法	任意	特に定められていない。
市町村行動計画		任意	
子ども・子育て支援事業計画	子ども・子育て支援法	義務	・地域福祉（支援）計画と調和
子ども・子育て支援事業支援計画		義務	

4 福祉計画の策定プロセス

　福祉計画の策定プロセスについては，必ずしも統一された方法があるわけではない。したがって，一例として図6-1に基づいて説明すると，本図の上段が策定プロセス，下段が各プロセスにおいて担う組織を示している。

　策定プロセスでは，まず①ニーズ把握を行うとともに，②課題の共有化を図る。このようにニーズと課題を認識することで，③計画の作成において，より望ましい計画が作成できる。そして策定委員会での合意により，④計画の決定となる。また，計画策定後は，策定委員会とは別組織である評価委員会を組織化することで，⑤進行管理と評価において，より中立的な立場で実施できる。

　では，各段プロセスを詳しく説明していく。ニーズ把握では，その方法として，既存の調査結果を用いる方法と，計画を策定する中で調査を行う方法がある。既存の調査結果を用いるとは，行政等が調査した既存の各種調査結果や報告書等によって把握するというものである。例えば，老人福祉計画策定時に調査した内容は，同じく対象者が高齢者である介護保険事業計画策定におけるニーズ把握にも活用できる可能性もある。その一方で，計画を策定する中で調査を行う方法とは，策定委員会の中でニーズ把握方法を検討し，例えばアンケート調査の実施や，当事者へのヒアリング等を行う。また，ニーズ把握のための

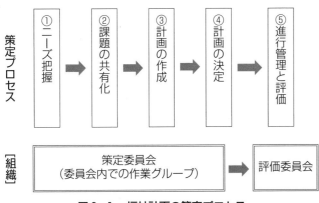

図6-1　福祉計画の策定プロセス

調査を実施する際に，委員会内で複数の作業グループを編成して実施することで，より目的に焦点化したニーズ把握ができる。

　次に，課題の共有化では，大きく2つの観点で課題を共有していく。1点目は，現在実施している施策や事業の課題である。具体的には，施策や事業が，①対象とする人に行き届いているか，②利用者のニーズの充足に至っているか，③各種の施策や事業内容は適切かどうか，などを検討していく。

　2点目は，都道府県や市町村，またはより狭い範囲である合併前の旧市町村単位や小学校区などの圏域ごとの課題である。例えば，地理的条件や物理的条件は圏域ごとに違っている場合もあるだろうし，それに伴い住民の認識も違う場合がある。したがって，画一的な計画にしないためにも，圏域ごとの課題を共有することはとても重要である。

　前記のニーズ把握および課題の共有化に基づいて，次は計画の作成を行う。計画の作成に際しては，次の点を踏まえて作成していく。まず，当該計画の基本方針を決定する。基本方針では，①当該福祉計画策定にあたっての基本的考え方，②達成すべき目標を決定する。基本方針で示された内容を踏まえて，第2に，各種施策や事業の提供体制を明記する。その際，①どの主体が（行政・事業所・住民など），②何を行うのか（サービスや活動などの提供，施設建設や新たな制度創設など），③何から取り組むのか（優先する施策や事業は何か），等を決めていく。

　なお，ここまでのプロセスにおいては，策定委員会内で作業グループを編成し，各グループが役割を分担することで，より充実した計画内容につながる。

　各作業グループで検討した内容を福祉計画として編集する。そして策定委員会での合意を経た上で，最終的に福祉計画の決定となる。

　福祉計画策定が終われば，次に計画を実施する段階になる。その後の進行管理と評価については，評価委員会を組織化して運営していく。具体的な役割としては，当該期間中に実施する中間評価と，当該期間終了後に実施する事後評価を行う。

5 福祉計画の実施と評価

（1）福祉計画の実施

　福祉計画の手順を，PDCA サイクルに照らして考えてみよう（図6-2）。PDCA サイクルとは，計画（Plan）→実施（Do）→評価（Check）→改善（Act）のサイクルで，この4段階を繰り返すことで，業務を改善・効率化することが可能となる方法だといわれている。

　まず，計画（Plan）段階では，調査等によるニーズや課題を把握し，当該計画期間における目標の設定や，具体的な施策や事業について計画していく。

　次に，実行（Do）段階では，計画内容を踏まえた施策や事業の実施を行う。

　評価（Check）段階では，当該計画期間内に実施する「中間評価」と計画期間終了後に実施する「事後評価」があげられる。まず，中間評価では，計画通りに施策や事業が進んでいるかを確認する。事後評価では，当該計画期間において何が達成されたのか，または，達成できなかったことは何か，次期計画において何が必要なのか等について評価を行う。

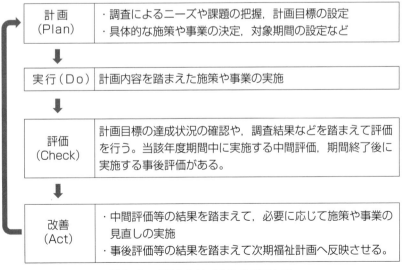

図6-2　PDCA サイクルのプロセス

　そして，改善（Act）段階では，評価（Check）段階において提示された内容を踏まえて施策や事業の見直しや，次期福祉計画へ反映させていく。そうすることで，施策や事業は少しずつ進展・充実していくことにつながる。

　以上のように，PDCAサイクルに基づくことで，計画を "絵に描いた餅" にさせない上でも有効な方法だと考えられる。

（2）福祉計画の評価

　前述の「福祉計画の実施」においてPDCAサイクルの中で評価（Check）が出てきたが，ここでは評価（Evaluation）について考える。評価（Evaluation）には大きく2つの役割がある。1点目には業務改善，2点目には関係者への説明責任（アカウンタビリティ）である。したがって，PDCAサイクルでの評価（Check）より，広義な内容を含んでいるものが評価（Evaluation）となる。

　また，評価は図6-3に示されているように，下層に位置する評価が成立することによってはじめて上層に位置する評価を行う意義がある。例えば，ニーズ・アセスメントが行われなければ，セオリー評価は行ってもあまり効果的な評価は行われないということになる。以上のことから，①評価のどの階層に焦点を当てるのか，②評価を通じてどのように当該施策や事業が改善し得るのか，を意識しながら評価を行うことが重要となる。

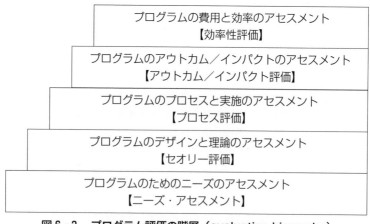

図6-3　プログラム評価の階層（evaluation hierarchy）

Rossi, Lipsey, Freeman, *Evaluation 7th edition*, 2004, p.81を参考に筆者作成

　加えて，福祉計画を策定する際には，計画に盛り込んだ施策や事業が効果的・効率的に実施できるのか，そして最終的にどのような成果を生み出すのかに関して理論や仮説に基づき構成される必要がある。もし，計画段階において理論や仮説に欠陥があると施策や事業を実施してもうまく実行されないか，失敗する可能性が高いためである。このプログラムの計画段階での評価のことを「セオリー評価」という。そしてセオリー評価の中で作成されるものが，ロジック・モデル（図6-4）である。

　ロジック・モデルは，①資源（Inputs），②活動（Activities），③結果（Outputs），④成果（Outcomes）で構成され，これらの要素は，「もし・・・ならばこうなる」（if-then）という推論を基に時系列的に結びつけられる。具体的には，もし【資源（Inputs）】が投入されたならば，【活動（Activities）】が起こり，活動が起これば【結果（Outputs）】が産出され，結果が産出されることにより【成果（Outcomes）】が得られるというものである。各要素の中で評価するための基準や指標を設定することで，より具体的に評価が行える（表6-3）。

図6-4　基本的なロジック・モデル

表6-3　評価の基準

資源（Inputs）	施策や事業を行う上で必要な資源が整っているかを評価する。 　人的資源：施策や事業に要する人員（職員・地域住民等）など 　物的資源：設備，資金，制度など
活動（Activities）	計画で示された各種施策や活動が，それを必要とする人や団体に適切に提供されているかを評価する。 　提供された内容や供給量，実施時期，連携体制など
結果（Outputs）	施策や事業を通じて獲得されたことを評価する。 　人数，時間，回数等の数値で表せるもの
成果（Outcomes）	「活動（Activities）」や「結果（Output）」を通じてもたらされた成果や効果を評価する。 　参加者の行動，意識や知識，技能等の変化など

第2節　地域福祉計画

1　地域福祉計画の意義

（1）地域福祉計画に関する経緯

　地域福祉計画は，1980年代に全国社会福祉協議会が市町村社会福祉協議会に対して策定を促したのが始まりといわれている。1984（昭和59）年に全国社会福祉協議会は『地域福祉計画—理論と方法』を刊行し，市町村社会福祉協議会の役割として，住民主体による民主的な地域福祉計画を策定することで，計画的に地域福祉活動および在宅福祉サービスの推進を図ることを提示した。

　当時の地域福祉計画は市町村社会福祉協議会によって策定される自発的な民間計画という位置づけである。多くの市町村社会福祉協議会では，その後も継続的に計画に基づき各種実践を展開していった。現在では，行政計画との差別化や計画の趣旨が活動や実践を中心となる行動計画（アクションプラン）という性格から，地域福祉活動計画という名称を用いるようになっている。

　他方，行政計画としての地域福祉計画は，2000（平成12）年の社会福祉法に規定された。同法第4条で「地域福祉の推進」が規定され，住民を事業者およびボランティア活動者等の社会福祉に関する活動を行う者と連携・協力して，地域福祉を推進する主体として位置づけられた。そして，社会福祉法107条・第108条において，地域福祉の推進を具現化するための手段として，市町村および都道府県を単位とする行政計画として地域福祉計画を位置づけた。

　まず，市町村地域福祉計画（同法107条）は，市町村が地域福祉推進の主体である地域住民等の参加を得て，地域生活課題を明らかにするとともに，その解決のために必要となる施策の内容や量，体制等について，多様な関係機関と協議の上で目標を設定し，計画的に整備してくことが求められる。

　次に，都道府県地域福祉支援計画では，広域的な観点から，市町村の地域福祉が推進されるよう，各市町村の規模，地域の特性，施策への取り組み状況に応じて支援していくことが求められる。

　2002（平成14）年に「市町村地域福祉計画及び都道府県地域福祉支援計画策定指針の在り方について」（社会保障審議会福祉部会）では，地域福祉推進の理念として，①住民参加の必要性，②共に生きる社会づくり，③男女共同参画，④福祉文化の創造，の4つをあげ，その理念に基づく基本目標として，①生活課題の達成への住民等の積極的参加，②利用者主体のサービスの実現，③サービスの総合化の確立，④生活関連分野との連携，の4つが提示された。

　その後，2018（平成30）年の社会福祉法改正を受けて，地域福祉計画は他の福祉計画の上位計画として位置づけられ，今まで任意であった策定が努力義務になった。また，同法第106条の3第1項各号で規定する「包括的な支援体制の整備」についても，地域福祉計画での記載事項として2020（令和2）年の改正で追加された。併せて，策定した地域福祉計画について，定期的に調査，分析および評価の手続きを行い，必要に応じて見直すよう努めることとされた。

　なお，地域福祉計画に関する概要は表6-4のとおりである。

（2）地域福祉計画の意義

　地域福祉計画に関するこれまでの経緯を踏まえて，地域福祉計画の意義としては，「住民を含む多様な主体による参加」と「分野横断的計画としての役割」の2点があげられる。

　まず，「住民を含む多様な主体の参加」とは，計画策定において行政職員や研究者等が主導的に行うのではなく，地域福祉に関わる様々な人たちの参加によって計画を策定することが重要であるということである。参加の形態としては，①策定委員会メンバーとしての参加，②地域の状況把握のために実施される住民懇談会やワークショップへの参加，③当事者や関係者としてヒアリング等への協力，④アンケート調査等への協力，などが考えられる。

　次に，「分野横断的計画としての役割」であるが，地域福祉計画が上位計画に位置づけられたことを踏まえ，高齢者，障害者，生活困窮者自立支援等，従来対象別で行われてきた各種福祉計画を統合化していくことが重要となる。各種福祉計画と各種施策や事業を，分野横断的に進めていくことで，地域福祉の推進が具現化していくであろう。そこにこそ，地域福祉計画が分野横断的計画としての役割を担う意義がある。

表6-4 地域福祉計画の概要

	市町村地域福祉計画	都道府県地域福祉支援計画
計画に盛り込む事項	①地域における高齢者の福祉，障害者の福祉，児童の福祉その他の福祉に関し，共通して取り組むべき事項 ②地域における福祉サービスの適切な利用の推進に関する事項 ③地域における社会福祉を目的とする事業の健全な発達に関する事項 ④地域福祉に関する活動への住民の参加の促進に関する事項 ⑤包括的な支援体制の整備に関する事項（社会福祉法第106条の3第1項に掲げる事業を実施する場合）	①地域における高齢者の福祉，障害者の福祉，児童の福祉その他の福祉に関し，共通して取り組むべき事項 ②市町村の地域福祉の推進を支援するための基本的方針に関する事項 ③社会福祉を目的とする事業に従事する者の確保または資質の向上に関する事項 ④福祉サービスの適切な利用の推進および社会福祉を目的とする事業の健全な発達のための基盤整備に関する事項 ⑤市町村による包括的な支援体制の整備の実施の支援に関する事項
住民等の意見の反映	地域福祉計画を策定し，または変更しようとするときは，あらかじめ，地域住民等の意見を反映させるよう努めるとともに，その内容を公表するよう努めるものとする。	地域福祉支援計画を策定し，または変更しようとするときは，あらかじめ，公聴会の開催等住民その他の者の意見を反映させるよう努めるとともに，その内容を公表するよう努めるものとする。
調査，分析，評価，計画の変更	市町村は，定期的に，調査，分析および評価を行うよう努めるとともに，必要があると認めるときは，当該市町村地域福祉計画を変更するものとする。	都道府県は，定期的に，調査，分析および評価を行うよう努めるとともに，必要があると認めるときは。当該都道府県地域福祉支援計画を変更するものとする。

2 地域共生社会の実現に向けた地域福祉計画に求められる視点

　第4章において触れたが，地域共生社会の実現は，地域包括ケアや生活困窮者支援を含み，地域福祉の推進に密接に関係している。したがって，地域福祉計画についても地域共生社会の実現を踏まえた内容を検討していく必要がある。

　全国社会福祉協議会の『地域共生社会の実現に向けた地域福祉計画の策定・改定ガイドブック』では，地域共生社会の実現に向けた取り組みのポイントとして，①それぞれの地域で共生の文化を創出する挑戦，②すべての地域の構成員の参加・協働，③重層的なセーフティネットの構築，④包括的な支援体制の

整備，⑤福祉以外の分野との協働を通じた「支え手」「受け手」が固定されない，参加の場，働く場の創造，の 5 つをあげている。それを踏まえ地域福祉計画のポイントとして，①「公的支援」と「地域づくり」の仕組み，双方の転換，②地域生活課題の広がりと地域福祉計画の対応範囲の明確化，③地域生活課題等の把握・分析，④包括的な支援体制の整備と地域福祉計画策定のプロセス，⑤包括的な支援体制の展開方法の検討と具体化，の 5 つを提示している。

　そのうえで，社会福祉法における地域福祉計画に盛り込むべき 5 つの事項に対応させた形で具体的な項目を提示している（図 6 - 5 ）。

3 　地域福祉計画と地域福祉活動計画の関係

　前述の通り，地域福祉計画は社会福祉法で規定された行政計画である。したがって，計画の内容については行政施策が中心となる。

　他方，社会福祉協議会を中心に，地域福祉の活動を推進していくことを目的として策定されるのが地域福祉活動計画となる。計画の内容は，地域を基盤に福祉活動を行う地域住民やボランティア団体，NPO，社会福祉施設・機関等を中心とした民間分野の活動・行動に関する内容が中心となる。

　地域福祉計画と地域福祉活動計画の役割はそれぞれ異なるものの，共に地域住民の立場から地域福祉を推進することを目的とするものである。したがって，まず，地域福祉推進の理念や方向性，地域の福祉課題や社会資源の状況などを互いに共有すること，そして，それを踏まえて，次に住民参加の取り組みや民間活動を促進するための基盤整備など，共通する内容を確認することが重要となる（図 6 - 6 ）。

　具体的には，両計画の期間を同一にすることや策定プロセスを共有するなど，相互に連携していくことが大切である。

4 　地域福祉計画策定・実施・評価および見直し

　ここでは，市町村地域福祉計画の策定プロセスについて説明する。

　地域福祉計画のプロセスについては，準備，計画策定，実施，評価の 4 つの段階がある（図 6 - 7 ）。

①地域における高齢者の福祉，障害者の福祉，児童の福祉その他の福祉に関し，共通して取り組むべき事項

- 様々な課題を抱える者の就労や活躍の場の確保等を目的とした，福祉以外の様々な分野（まちおこし，商工，農林水産，土木，防犯・防災，社会教育，環境，交通，都市計画等）との連携に関する事項
- 高齢，障害，子ども・子育て等の各福祉分野のうち，特に重点的に取り組む分野に関する事項
- 制度の狭間の課題への対応の在り方
- 生活困窮者のような各分野横断的に関係する者に対応できる体制
- 共生型サービス等の分野横断的な福祉サービス等の展開
- 居住に課題を抱える者への横断的な支援の在り方
- 就労に困難を抱える者への横断的な支援の在り方
- 自殺対策の効果的な展開も視野に入れた支援の在り方
- 市民後見人等の育成や活動支援，判断能力に不安がある者への金銭管理，身元保証人等，地域づくりの観点も踏まえた権利擁護の在り方
- 高齢者，障害者，児童に対する虐待への統一的な対応や，家庭内で虐待を行った養護者又は保護者が抱えている課題にも着目した支援の在り方
- 保健医療，福祉等の支援を必要とする犯罪をした者等への社会復帰支援の在り方
- 地域住民等が集う拠点の整備や既存施設等の活用
- 地域住民等が主体的に地域生活課題を把握し解決に取り組むことができる地域づくりを進めるための圏域と，各福祉分野の圏域や福祉以外の分野の圏域との関係の整理
- 地域づくりにおける官民協働の促進や地域福祉への関心の喚起も視野に入れた寄附や共同募金等の取組の推進
- 地域づくりに資する複数の事業を一体的に実施していくための補助事業等を有効に活用した連携体制
- 全庁的な体制整備
- その他

②地域における福祉サービスの適切な利用の促進に関する事項

- 福祉サービスの利用に関する情報提供，相談体制の確保，支援関係機関間の連携
- 社会福祉従事者の専門性の向上，ケアマネジメント，ソーシャルワーク体制の整備
- サービスの評価やサービス内容の開示等による利用者の適切なサービス選択の確保
- 成年後見制度，日常生活自立支援事業，苦情解決制度など適切なサービス利用を支援する仕組み等の整備
- 避難行動要支援者の把握及び日常的な見守り・支援の推進方策

⑤包括的な支援体制の整備に関する事項

- 「住民に身近な圏域」において，住民が主体的に地域生活課題を把握し解決を試みることができる環境の整備〔社会福祉法第106条の3第1項第1号に規定する事業〕
- 「住民に身近な圏域」において，地域生活課題に関する相談を包括的に受け止める体制の整備〔社会福祉法第106条の3第1項第2号に規定する事業〕
- 多機関の協働による市町村における包括的な相談支援体制の構築〔社会福祉法第106条の3第1項第3号に規定する事業〕

③地域における社会福祉を目的とする事業の健全な発達に関する事項

- 民間の新規事業の開発やコーディネート機能への支援
- 社会福祉法人による「地域における公益的な取組」の推進
- 福祉，保健，医療と生活に関する他分野との連携方策

④地域福祉に関する活動への住民の参加の促進に関する事項

- 活動に必要な情報の入手，必要な知識，技術の習得，活動拠点に関する支援
- 地域住民の自主的な活動と公共的サービスの連携
- 地域住民，サービス利用者の自立
- 地域の福祉の在り方について住民等の理解と関心を深めることによる主体的な生活者，地域の構成員としての意識の向上
- 住民等の交流会，勉強会等の開催，福祉教育の推進
- 福祉活動専門員，社会福祉従事者等による地域組織化機能の発揮
- 民生委員・児童委員活動の充実に向けた環境整備

図 6-5　市町村地域福祉計画に盛り込むべき事項

全国社会福祉協議会：地域共生社会の実現に向けた地域福祉計画の策定・改定ガイドブック，2019，p.37

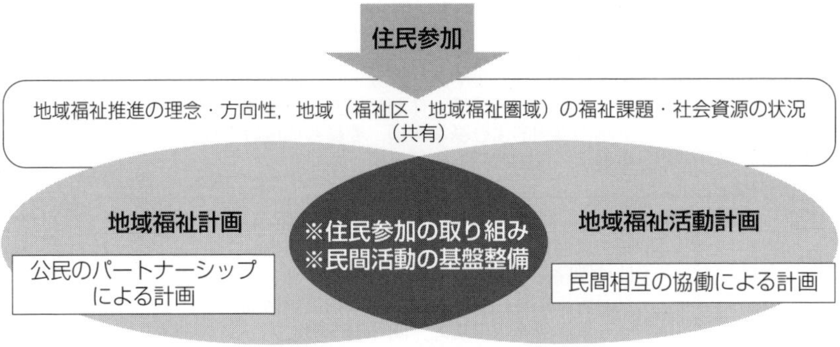

図6-6　地域福祉計画と地域福祉活動計画との関係
全国社会福祉協議会：地域福祉活動計画策定指針，2003，p.10

　第一の「準備」では，主に行政の計画策定担当課が進めていく。具体的には，行政内の調整が中心となり，①計画策定に向けた方針やスケジュールの確認，②庁内担当部局の連携・体制整備および調整，③計画の構想および基本事項，委員会構成等の検討，基礎データの収集および分析などを行う。行政内の調整が必要な理由は，地域福祉行政に関連した施策や事業は多岐にわたるため，各担当部局で連携することが大切だからである。部局間の連携が図れないと，その計画は実効性の乏しいものになってしまう。したがって，準備の段階では各部局間で協議し，合意形成を図っていくことが重要となる。

　第二の「計画策定」では，計画担当部局が事務局を担うことになる。そして住民や当事者，専門職や行政職員などで構成される策定委員会を組織する。この策定委員によって計画の検討が行われる。ここでは，大きく分けて①地域課題の把握と共有，②計画内容の協議，が行われる。なお，それらを行うために必要に応じて策定委員会内でワーキンググループを結成し，それぞれ役割を分担しながら作業を行うこともある。地域課題の共有では，行政の基礎データの活用に加え，関係者へのヒアリング，住民や各種団体へのアンケート調査の実施，そして小地域を単位とした住民懇談会やワークショップ等を行う。このように多様な方法で地域課題を把握することで，当該市町村全体に共通する地域課題，地区や小学校区などによる相違，高齢者，障害者，児童など分野ごとの相違などが明確になる。

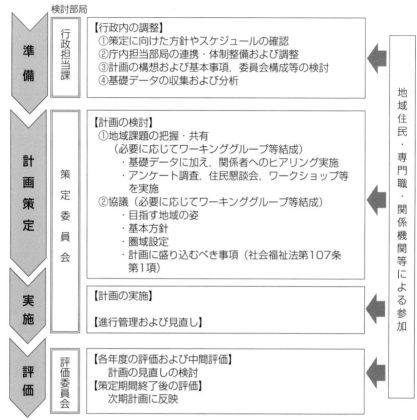

図6-7　地域福祉計画策定のプロセス

　地域課題の把握し共有した後，具体的な計画内容について協議する。ここでは，目指す地域の姿，基本方針，圏域の設定，具体的な施策や事業など計画に盛り込まれる事項について協議する。策定委員会は地域住民，当事者，自治会長や民生委員，専門職，行政職など，多様なメンバーで構成される。したがって，この協議の場面で大切なことは，それぞれのメンバーがしっかりと発言できる協議の場面設定，時間や回数を確保することである。協議の時間を疎(おろそ)かにすると，実効性や内容の乏しい計画内容になってしまう。また，それぞれの考えや意見が率直に発言できるということは，見解や意見が異なり，対立や軋(あつ)

轢が生じ得るということでもある。ここで重要なのは，対立や軋轢を避けるのではなく，むしろ時間をかけて議論を深めることである。そして委員間でお互いの多様な価値観と利害を認め合うことも大切である。それにより，建設的に協議を進めることができ，合意形成を図ることが可能となるのである。

　この計画策定の段階をしっかりと踏まえることで，計画内容が充実し実行力のある計画になる。加えて，策定委員会メンバーも学習し成長につながる。

　次の「実施」では，計画を実施していく段階となる。しかしながら，施策や事業が必ずしも計画通り進むわけではない。加えて，合併前の旧市町村単位，地区や小学校区などの圏域では，地理的環境や地域住民の意識などがそれぞれ異なる。したがって，計画の実施に加えて進行管理も併せて行う必要がある。進行管理では，計画に掲げた当該施策や事業が予定通り進行しているかをモニタリングする。もしうまく進行していない場合は，その理由を考え改善を図る。また，場合によっては計画の見直しも検討する。

　最後の段階は「評価」となる。ここでは評価委員会が計画の評価を行うことになる。評価は大きく分けて，①各年度の評価および中間評価，②策定期間終了後の評価，がある。そして，評価を行うには何らかの基準が必要となる。したがって，地域福祉計画を評価するための評価指標やチェックリストなどを予め作成しておく必要がある。まず評価委員会は，評価指標やチェックリストなどを用いて，各年度，計画通りに施策や事業が進んでいるのかを評価する。中間評価において，このまま計画通りに施策や事業を実施するのか，あるいは何らかの見直しを行うのかを判断する。その結果は策定委員会に報告され，策定委員会で計画の見直しが協議されることになる。策定期間終了年度においても評価を行う。当初掲げていた施策や事業が実施されたのか，実施した施策や事業が目標を達成したのか，今後の検討課題なども評価において検討していく。この結果についても，策定委員会に報告され，次期計画策定に反映される。

　この評価では，行政や関係団体等から提出された各種報告書や，策定委員会からの進行状況を確認する。また，必要に応じて各関係部局や団体，計画策定委員会メンバー等にヒアリングを実施する。このように，評価委員会と策定委員会の連携で，評価結果を施策や事業に反映させることができるのである。

第3節　福祉統計

1　福祉統計とは

　まず，統計とは調査を通じて得られた数量的（数字で表示できる）データのことである。つまり，福祉統計とは福祉に関係する数量的データということになる。そして，数量的データは情報を数字や数学的手法を用いて圧縮したものであり，全体的傾向を把握する上でとても有益な情報となる。

　次に，統計の活用方法であるが，前述の通り数量的データは全体的傾向を把握するのに用いる。また，全国平均との比較，類似する市町村や近隣する市町村との比較，支所（合併前市町村）や地区・小学校区等の比較，統計データを比較することにより，当該市町村や圏域ごとでの特徴を把握することが可能となる。加えて，過去のデータや将来推計を加えることで，将来的な予測を踏まえ，どのような施策や事業展開が求められるのかがより明確になる。

2　活用する主なデータ

　統計データは，国，都道府県，市町村単位で様々な種類があり，現在ではインターネットにアクセスすることで容易に各種統計データを手に入れることができる。しかし，大量の統計データから，地域福祉計画を策定する上で必要となるものを選択することは容易ではない。表6-5に，地域福祉計画策定において活用される主な統計データをあげる。

　もちろん，表6-5であげられた統計データのみを活用すればよいというわけではなく，都道府県や市町村において必要となる統計データを取捨選択していかなければ，ただ大量の統計データを掲載したに過ぎない。統計データは，あくまで計画策定に活用するために用いるという本来の目的を忘れてはならない。

表6-5　計画策定において活用する主な統計データ

区　　分	主な統計データ
人口と世帯数の状況	総人口と世帯数等の推移
	家族類型の推移
	将来人口の動態
高齢者の状況	高齢者人口と高齢化率の推移
	高齢者のいる世帯の状況
	介護保険の要介護・要支援認定者数の推移
子どもの状況	出生数と出生率の推移
	就学前児童数の推移
障害者の状況	障害者手帳の所有者数
外国人の状況	外国人の人数
民生委員・児童委員の状況	人数，年齢構成，担当世帯数など
生活保護の状況	受給世帯数，実人員および推移
社会問題の状況	虐待通報件数および推移（高齢者・児童・障害者）
	DV（ドメスティック・バイオレンス）の発生件数および推移
	自殺の発生数および推移
地縁団体の状況	自治会数，加入者数・加入率および推移
	老人クラブ数，加入者数・加入率および推移
	子ども会数，加入者数・加入率および推移
活動団体の状況	自主防災組織数・結成率
	ボランティア活動者数，団体数，活動内容および推移

■参 考 文 献
・全国社会福祉協議会：地域福祉計画―理論と方法，1984
・全国社会福祉協議会：地域福祉活動計画策定指針，2003
・全国社会福祉協議会：地域共生社会の実現に向けた地域福祉計画の策定・改定ガイ
　ドブック，2019
・Rossi, P. H., Lipsey, M. W., & Freeman, H. E., *Evaluation7th edition*, SAGE
　Publications, 2004.

事例**3** 山形市社会福祉協議会地域福祉活動計画
—第四次活動計画策定のプロセス—

■山形市社会福祉協議会地域福祉活動計画の足跡

山形市社会福祉協議会では，第一次から第四次に至るまで，前期活動計画の評価や新たな意見をもとに，地域福祉活動計画の取り組みを進めている（表1）。基本理念は，「助けあい，支えあう福祉の心が人々の生活に溶け込み，根づき，受け継がれていくように」という願いを込め，第一次から一貫して踏襲している。

■第四次活動計画策定のための課題の把握方法

表1　第一次～第四次活動計画の経過

基本理念	ふれあいやまがた福祉文化のまちづくり
第一次 平成8年度～	高齢化の進行に伴い，高齢者の見守り，声かけ，訪問などの福祉協力員活動，ふれあいいきいきサロン活動
第二次 平成18～22年度	子育て支援活動，要支援者を地域で見守る活動，地域福祉推進会議，三者懇談会，成年後見制度法人後見事業開始
第三次 平成23～27年度	子育て世帯や障がい者世帯の孤立，無縁世帯の増加に伴い，「ちょっとした支援」「住民支えあい隊」の検討，取り組み強化，総合相談・権利擁護支援体制の整備
第四次 平成28～32年度	つながりの希薄化の進行，担い手不足，孤立が顕在化。コミュニティソーシャルワーカーや生活支援コーディネーター配置による地域福祉活動の強化，権利擁護の推進（市民後見人の養成）

①前期活動計画の評価

「地域福祉活動計画推進委員会」を設置し，その委員と山形市社協職員による評価を行い，「主な取り組み状況」と「前進したこと」「課題」を計画の基本目標ごとにまとめた。

②地区住民座談会の開催

山形市内30地区すべてにおいて住民座談会を開催し，20歳代から高齢者まで，幅広い年齢層から911名の方々が参加した。地域住民が，日常生活の中でどのようなことを考え，望んでいるのか，困っているのかといった生の声を聞き，類似した項目ごとにまとめていった。

③各アンケート調査・聞き取り調査の実施

・町内会（自治会）活動アンケート調査（468町内会）　・民生委員児童委員活動

アンケート調査（458名）　・福祉協力員（1,125名）　・社会福祉施設・事業所アンケート調査（51か所）　・保育所アンケート調査（山形市民間立保育園連絡協議会26か所）　・NPO法人・ボランティア・福祉関係団体アンケート調査（74団体）　聞き取り調査は，障害者・障害者家族（29名）

④地域福祉活動計画策定委員会ならびに幹事会の設置

　策定委員は，学識経験者，保健・医療・福祉関係者，行政（健康福祉部長，子育て推進部長）で構成し，協議を重ねた。また幹事会は，市社協各部門代表者に行政（関係課長）の参加を得て，具体的に進めるための「実施計画」を協議しながら，地域福祉計画との整合性を図るように努めた。

■**活動計画の体系**

　4つの基本目標を設け，それぞれに対応した基本計画と実施計画を策定した。

①つたえよう

　地域福祉活動が活発になるように，福祉情報をさらに住民に伝え，担い手やリーダーの育成を図る。

②つながろう

　住民同士のつながりを強められるように，ふれあいいきいきサロンや世代間交流，「ちょっとした支援」を推進するための方策を検討する。

③つくろう

　地域福祉推進会議や担い手育成など，地域福祉活動の基盤となる仕組みづくりを推進する。

④ささえよう

　複雑化している課題に対応すべく総合相談体制を構築し，関係機関との連携を深め，権利擁護体制も充実させる，「包括的支援体制整備」を強力に進める。

　なお，実施計画は，誰が何を進めるのかを明確化し，具体的に推進できるように工夫して文言を整理した。

■**活動計画の推進にあたって**

　第四次のスタートと同時に，国の一億総活躍プランにおいて「地域共生社会の実現」が謳われた。まさに当活動計画の内容そのものであり，山形市社協の事業計画でもこれに合わせ，組織改革を図った。地区社協とも重点事業を共有しながら，関係機関とも連携して邁進している。

　2020年度現在，当活動計画の見直しと，第五次計画の策定に入っている。第四次計画の評価を行い，その結果が第五次計画に反映されることとなっている。

地域福祉の支援体制

第 **7** 章

　身の回りを見てみよう。家族や親族や近所に，老人ホームやデイサービスを利用している人がいる。夫婦共に認知症でも在宅で暮らしている人がいる。精神的な病によって就労ができず高齢の親と同居している人もいる。保育所や学校のつながりの中で，母子家庭や父子家庭の人も身近に見かける。障害者が近所に住み，企業で働くことも多くなっている。報道では，「児童虐待」「孤独死」「老々介護」などという言葉をよく聞く。さらには，外国人の増加や性の多様化などが進んでおり，様々な人が近くに住み，多様な価値観が存在する地域社会になった。

　つまり，地域社会は複雑化・多様化し，生きにくさや生活困難な状況が存在するのである。これらの課題に対して従来の福祉の仕組みでは十分に対応することが難しくなっている。そこで国は，「一億総活躍社会の実現[*1]」，その具体的な施策として「地域共生社会の実現[*2]」，さらに「『我が事・丸ごと』の地域づくり[*3]」を示し，その具体策の一環として地域における包括的な支援体制の構築を推進している。

　本章では，国が今日目指している地域福祉の推進を支える一環である新たな支援体制について述べる。

＊1　男女を問わず，お年寄りも若者も，障害や難病のある方も，家庭で，職場で，あらゆる場で，誰もが活躍できる全員参加型の社会をいう（厚生労働省：平成28年版厚生労働白書，2016，p.230）。

＊2　従来の枠を超えて，人と人，人と社会とがつながり，一人ひとりが生きがいと役割を持ち，助け合いながら暮らしていくことのできる包摂的な地域社会を創ること（厚生労働省：地域共生社会に向けた包括的支援と多様な参加・協働の推進に関する検討会最終とりまとめ，2019，p.2）。

＊3　他人の困難も我が事として意識することでき，複合的な課題丸ごと，世帯丸ごと，とりあえず丸ごとに受け止めて支援していくことができる地域社会を創っていくこと（厚生労働省：地域力強化検討会最終とりまとめ，2017）。

第1節 住民生活を支援する体制

1 包括的支援体制

「地域共生社会＊4の実現」という国の大きな施策の中で，包括的支援体制の必要性がどのように位置づけられているのかを確認しておきたい。よくいわれているように，少子高齢・人口減少，地域社会の脆弱化（家族や社会のきずなの弱体化，家族や社会の助け合う力の低下等）等により，わが国の社会構造は変化してきた。このような状況の下で，人々が様々な生活課題を抱えながらも可能な限り住み慣れた地域で暮らせることを大切にすることはある意味で「あたりまえ」である。この「あたりまえ」をわが国の社会状況の下で保持していこうとしたときに，「地域共生社会」を実現していく必要がある。国はこの実現に向けて，①「地域課題の解決力の強化」，②「地域丸ごとのつながりの強化」，③「地域を基盤とする包括的支援の強化」，④「専門人材の機能強化・最大活用」という4つの柱を掲げた。この中に包括的支援体制を全国に整備するための方策が含まれている。

（1）地域包括支援体制の考え方

住民に身近な市町村において，地域住民の複合化・複雑化した支援ニーズに対応できる包括的な支援体制の構築を進めるためには，次の3つの支援の考え方が必要である。1つには，「断らない相談支援」である。市町村においては，いわゆる縦割り行政によって，住民が相談に来た際にたらい回しになってしまう場合がある。行政の委託を受けた民間の相談支援機関においても同様の事態が起きかねない。しかし，住民の困りごとは複合化・複雑化しており，縦割りにできるような状況にない。そこで，本人・世帯の属性・困りごとの種類にか

＊4　制度・分野ごとの『縦割り』や「支え手」「受け手」という関係を超えて，地域住民や地域の多様な主体が『我が事』として参画し，人と人，人と資源が世代や分野を超えて『丸ごと』つながることで，住民一人ひとりの暮らしと生きがい，地域をともに創っていく社会（厚生労働省：「地域共生社会」の実現に向けて（当面の改革工程），2017）。

かわらず，まず受け止める相談支援をすべきであるという考え方である。2つには，住民の「参加支援」である。住民に複合化・複雑化した問題が発生すると社会的に孤立し，社会的つながりが切れて，支援ともつながらなくなってしまい，問題状況がますます悪化してしまう。そこで，本人・世帯の状態に合わせて，地域資源を活かしながら，就労支援，居住支援などを提供することで社会とのつながりを回復する支援をすべきであるという考え方である。3つには，「地域づくりに向けた支援」である。上の2つの支援は地域という基盤の上で展開される。地域には，人と人，人と社会のつながりがあり，地域に問題があれば地域自体がその解決の主体となる意識を持った「地域力」が求められる。それを作り出す支援として，地域における多世代の交流や多様な活躍の機会と役割を生み出す支援が必要であるという考え方である。この三つの支援を一体的に行うことにより，本人と支援者や地域住民との継続的な関係性を築くことができ，それが包括的支援体制を構築していくことにつながっていく。

　このような考え方に基づいて新たな支援を行うに際しては，次のような基本的な姿勢が，地域共生社会の実現に必要な包括的支援体制をつくっていく上で大切である。

1）アウトリーチを含む早期的な対応を行うこと

　社会的に孤立した人は救済を申し出てこない場合が多い。それによってますます問題が深刻化することもある。そこで，支援する側から動くこと，早めに働きかけることが大切となる。

2）本人・世帯を包括的に受け止め支えること

　住民が抱える問題は行政の縦割りでは解決が難しいことは前に述べた。例えば，行政の縦割り業務からいえば，子どもの保育園入園のことは児童関係部局，祖父母の介護は高齢関係部局，失業している父親の問題は労働関係部局となる。しかし，その家庭においてはそれらの問題が生活という場所で混然一体となって生活を圧迫している。したがって，本人の問題も，世帯の問題も包括的に捉えて支えることが大切となる。

3）本人を中心とし，本人の力を引き出す観点で行われること

　もちろん住民自らが問題を解決できることが望ましい。しかし，多様化・複

雑化した問題は，住民の意欲と能力を奪ってしまう場合もある。そうなると，他者の介入に拠らざるを得ない。ただ，他者の介入によっても解決できない場合もある。また，一度解決されても再び問題が発生することもあるだろう。しかもそれらは地域の中で起きている問題なので，住民主体で解決ができることも大切にされる。これらを踏まえると，本人が問題解決の中心におり，支援はその本人の問題解決力を引き出すことなど側面的支援が大切となる。

4）信頼関係を基盤として継続的に行われること

信頼関係は依存関係とは違う。支援する人の姿勢とその専門性を信用しつつ対等な関係で傾聴し合う関係である。この関係によって，住民は問題解決の中心にいることができる。また，多様化・複雑化した問題の解決は短時間では解決できない。そのため，支援する人は継続的な関係維持が大切となる。継続的であるほど，信頼関係は組織の体制として保たれることが大切となる。

5）地域住民のつながりや関係づくりを行うこと

包括的な支援体制は，公的機関や専門職だけでつくるものではない。住民の問題は地域の問題でもある。その意味では，地域住民の関わりを含めた体制が求められる。また，多様化・複雑化した問題は継続的関係の中で長期的な支援になる場合がある。そうなると，日常の中での見守りや関わりが大切となり，地域住民とのつながりが欠かせないものとなる。

（2）包括的支援体制の展開

新しい包括支援体制は，包括的な相談支援と具体的な支援提供とに分けられる。このうち，包括的な相談支援は，相談受付けの包括化とともに，複合的な課題に対するアセスメントと支援のコーディネートや，ネットワークの強化と関係機関との調整などが一貫したシステムであり，また，必要な社会資源を積極的に開発していくものでもある。具体的には，包括的に受け止める相談体制によって，現状で適切なサービスを受けることができない様々な対象者をすくい上げることができる。いわゆる，「全世代対応型地域包括支援センター」「ワンストップ型の窓口」などを指し，「断らない相談支援」によって「たらい回し」といった事態が生じないようにする。

また，複合的な課題を抱えた対象者の多くが地域から孤立し，あるいは複合

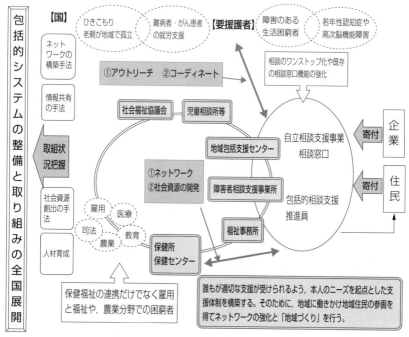

図7-1　包括的な相談支援システムの構築

厚生労働省：「誰もが支え合う地域の構築に向けた福祉サービスの実現—新たな時代に対応した福祉の提供ビジョン—」概要説明資料，2015，p.4を筆者が一部修正

的な課題ゆえにどこにどう相談してよいかすらわからないという状況にある。このことも踏まえて，新しい包括的な相談支援システムは，「待ちの姿勢」ではなく，対象者を早期に，かつ積極的に把握すること，すなわち「アウトリーチ」という考え方に立って運営する。次に，この相談システムにおいては，本人，場合によっては育児，介護，障害，貧困など世帯全体をアセスメントすることでより本質的な課題を把握した上で，様々な支援をコーディネートする。また，支援が包括的に行われるように，本人を中心とした総合的な支援計画を作成し，関係機関とも検討し共有する。こうした包括的な支援を実現するためには，地域のネットワークも必要である。その上で，総合調整を図ることが重要である。必要に応じて積極的に本人に同行して関係機関に赴き，本人のニーズを適切に

代弁するとともに，関係者の協力を得ながら本人に継続的に関わる。こうした「伴走型」の支援を行う。そして，様々なニーズに対し，既存資源のネットワーク強化だけで不足する場合には，積極的に必要な社会資源を創造・開発していくことが求められる。これを実行するため，相談支援機関が地域会議を主催し，関係者と協議する枠組み（プラットホーム）を設けていく。このほか，教育，司法，地域振興その他の分野が，本人と地域のニーズに応じる形で様々に協働していくことは，いずれも「福祉」から発想するのではなく，「地域」から発想することで可能となる。

　このように新しい包括支援体制は，ニーズを中心に据えた支援の形である。

2 地域包括ケアシステム

（1）地域包括ケアシステムの考え方

　地域包括ケアシステムの考え方が導入されたのは，超高齢社会を見据えた社会保障システムの一環として施行された介護保険制度においてであった。高齢化の進行で，高齢者が重度の要介護状態となっても住み慣れた地域で自分らしい暮らしを続けることができるように，住まい・医療・介護・予防・生活支援を一体的に提供するのが地域包括ケアシステムの考え方である。今後，認知症高齢者が増加することから，認知症高齢者の地域での生活を支えるためにも重要である。このシステムの特徴は，地域包括支援センターという高齢者の総合相談窓口を設けたこととケアマネジメントの考え方を導入していること，おおむね30分以内に必要なサービスが提供される日常生活圏域の中にあることである。これにより，地域包括ケアシステムは，地域の自主性や主体性を尊重しつつ，地域の特性に応じてつくり上げていくことができるようになっている。

（2）地域包括ケアシステムの展開

　高齢者ケアの分野で先行したこのシステムは，高齢者の在宅生活の維持を支え，介護の重度化を防ぎ，在宅生活を困難にする介護以外の生活問題の解決にも一定の効果を上げた。そこで，この地域包括ケアの考え方を普遍化し，高齢者のみならず，生活上の困難を抱える障害者や子どもの分野にも普及させている（図7-2）。障害者や子どもが，地域において自立した生活を送ることがで

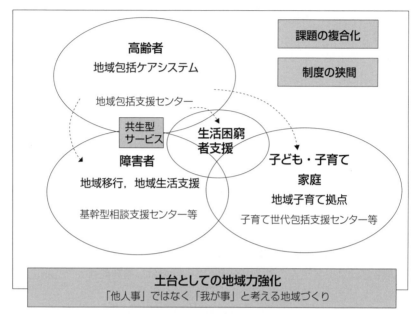

図7-2　地域共生社会の実現に向けた包括的支援体制

厚生労働省：「地域共生社会」の実現に向けて（地域包括ケアシステムなどとの関係）を筆者が一部修正

きるよう，地域住民による支え合いと公的支援が連動させ，地域を「丸ごと」
支える包括的な支援体制を構築し，切れ目のない支援を実現させようとしてい
る。その例が次の2つのシステムである。

1）精神障害者にも対応した地域包括ケアシステムの展開

　精神障害者が，地域の一員として安心して自分らしい暮らしをすることがで
きるように，医療・障害福祉・介護・住まい・社会参加・就労・地域の助け合
い・教育を包括的に確保し，提供するシステム（図7-3）である。精神障害者
に対する社会の理解が足りない現状では，地域移行を進めていくには，地域住
民の理解と協力が欠かせないので，その理解の普及・啓発も，このシステムを
機能させる上で重要である。このシステムの特徴は，相談業務やサービスを
コーディネートをする人または機関（例えば「精神障害者生活支援センター」
など）がいて，精神保健福祉センター・保健所・障害者就業生活支援センター，

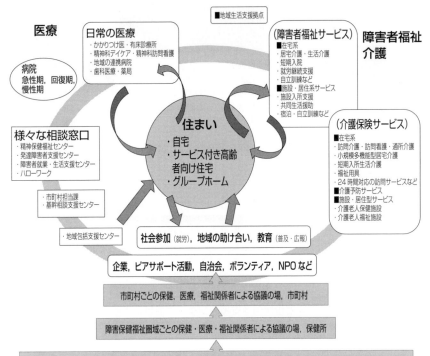

図 7-3　精神障害者にも対応した地域包括ケアシステムの構築（イメージ）

厚生労働省：精神障害者にも対応した地域包括ケアシステムの構築, 2018 を筆者が一部修正

医療機関，福祉サービス，地域社会などと連携して，包括的に支援することである。

2）子育て世代包括支援センター

　子育て世代包括支援センター（図 7-4）とは，母子保健法に基づき市町村が設置するもので，保健師等の専門スタッフが妊娠・出産・育児に関する様々な相談に対応し，必要に応じて支援計画の策定や地域の保健・医療・福祉の関係機関と連絡調整を行い，妊娠期から子育て期にわたる切れ目のない支援を一体的に提供する。これらを行うため，センターは，妊産婦・乳幼児等に関連する情報を一元的に管理する。また，地域づくりもセンターの役割であり，地域で

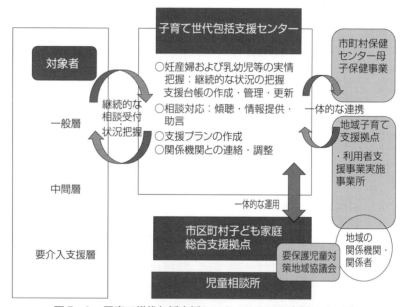

図7-4　子育て世代包括支援センターにおける支援イメージ

厚生労働省：子育て世代包括支援センター業務ガイドライン，2017，p.9

子育て支援を行っている機関との連絡調整，連携，協働の体制づくりを行い，地元の自治会や商工会議所，地域住民とも連携して地域の子育て資源の育成，地域課題の発見・共有，地域で必要な子育て資源の開発等も行う。

第2節　多様化した住民の生活課題とニーズ

　地域に住み続けるということには，大きな意味がある。それは，家族や社会とのつながりの中で暮らす，自らの過去とのつながりの中で暮らす，社会の一員として暮らすことを意味し，個人のニーズを満たし，自分らしく生き続けることを可能にしている。それはどのような状況にある人でも可能な限り保障されるべきことである。なぜなら，人としての権利を保障する重要な手段だからである。しかし，地域に住み続けることは，同時に様々な課題を抱えることになる。それらの課題は複雑に絡み合い，多様である。このような課題を解決す

るために，国は個人のニーズを中心に据えて，課題を包括的に捉えて，総合的に支援する体制を地域に構築しようとしている。ここでは，包括的な支援とその体制の必要性の背景となる住民の多様な生活課題やニーズについて考える。

１ 生活困窮者の自立支援

　生活困窮者は，経済的な面だけでなく，社会的な孤立や医療問題など複合的な問題を抱えている。本人のみならず家族にも問題があり，それらが絡み合っている場合もある。このような状況にある生活困窮者に対して目指す自立は，経済的自立だけでなく，日常生活と社会生活の自立を含むので，本人が抱えている課題や置かれた環境に応じた自立を目指す必要がある。そのため，自立に向けた支援は，自己決定を基本とし，自らの意志で自立に向けて行動しようとすることを支えるものとなる。また，生活困窮者の中には，自信や自己肯定感を失っている人もいるので，本人の尊厳を大切にする必要がある。そのため，支援に際しては，本人と支援員との間で信頼関係を構築しつつ，一個人として対等な関係性を保ち，伴走型の支援を行っていくこととなる。地域において生活困窮者の課題に応えるためには包括的な支援策が必要となる。それらの分野は，公的サービスのほか，外国人やセクシャルマイノリティなどの新しい課題に対応している市民団体やNPOなどとの連携も必要となる。ボランティアなどのインフォーマルな支援や地域住民の力も必要となる。また，自立に必要な就労のためには商工労働などの分野との協働も欠かせない。介護や農業などの人材不足の分野で役割を担うことも考えられる。こうした生活困窮者の自立支援の取り組みは，地域福祉の仕組みを再構築することにもつながっていく。

２ 社会的孤立

　本人の性格や社会の共同体意識の希薄化によるだけでなく，ひとり親家庭や発達に障害のある子どもを抱えたことでも社会的孤立は発生する。失業や精神疾患により社会的関係から遠ざかってしまう人もいる。親の介護や老々介護のために社会との関係が切れてしまう人もいる。社会的孤立といってもその事情は様々であり，生活課題もニーズもかなり多様である。ひとり親家庭には，育

児や生活負担や経済的貧困などが複合して押し寄せるので，金銭給付とともに社会的な支えが必要である。失業の場合，失業保険による手当の支給と職業あっせんによって社会復帰を果たすことは基本であるが，失業の理由には，本人の発達障害や職場のパワハラによってPTSD（心的外傷後ストレス障害）になっている場合もある。このような場合，改めて人・社会との関係をつくり直す必要があり，心理的ケアと連携する必要がある。社会的孤立と介護負担が複合して虐待に至る場合もある。ここには，親子が紡いできた関係が影響している場合もある。そうなると，家族を支援する必要がある。このように，社会的孤立の原因は複合しており，そこには様々な課題が存在し，ニーズも複合的に捉える必要がある。

3 8050問題

80歳代の親に介護が必要で，同居している子どもは50歳代で閉じこもっているという場合がある。子どもは精神的な疾患を抱えているかもしれない。親は，子どもの自立を願ってはいても，子どもがこうなったのは親としての自分の責任と考えがちである。家庭という括りの中で問題が複雑に絡んでいる。そうなると，単純に50歳代の子どもの社会的自立だけが課題ではない。親子関係の清算，介護，子どもの治療，生活の困窮などが複合した状態で課題になっているのである。

4 がん患者や難病患者

がん患者や難病患者は，医療的ニーズだけを持っているわけではない。病を持ちながらも就労を継続しようとする人もいる。そういう人たちにとっては，病からの回復を図る医療だけでなく，病を抱えながらの社会参加を可能にする支援が必要になる。それは医療だけでは満たすことができないニーズであり，福祉的支援も必要となる。

5 生活困窮者

生活困窮者になり得る者として，福祉事務所来訪者のうち生活保護に至らな

い者は約30万人（2017（平成29）年，厚生労働省），ホームレスは約5,000人（2018（平成30）年，厚生労働省），経済・生活問題を原因とする自殺者は約3,400人（2018年，厚生労働省），離職期間1年以上の長期失業者は約53万人（2018年，厚生労働省），40歳〜64歳の中高年ひきこもりは約61万人（2018年，内閣府推計），就学援助対象児数は約15万人（2015（平成27）年，文部科学省）などが考えられる。様々な形の生活困窮がある。生活保護にいたらない人が保護の必要性がないのかといえばそうではない。基準に照らすと適用にならないというだけである。生活保護ギリギリのところで頑張っているからこそ，その人に金銭給付以外の支援が必要かもしれない。生活困窮の原因が，家族の介護が必要だからということもある。その介護には家族としての大切な意味があって，介護施設を利用することでは真の解決にならない場合がある。在宅介護を支えるために医療と福祉と地域が連携した支援が必要となる。

6 育児困難

　夜間保育，病児保育，保育ママなど，子育てを支える多様な保育形態が登場している。そこまで保育体制を整えることに疑問をもつ人もいる。それは，家庭の育児機能が著しく低下している実態を知らないからである。それほどに多様な保育ニーズがある。朝食を食べない習慣の若い母親が子どもにも朝食を与えない場合がある。すると，子どもが保育所で午前中に力尽きてしまう。それは母親に朝食を食べさせるようにお願いするくらいでは改善されない。それが生活習慣だからである。母親が気づいていない育児ニーズもあるのである。

7 虐待の連鎖

　近年，児童虐待の報道が後を絶たない。子どもの生命を守ることが最優先ではあるが，親子を分離すれば，人への信頼，自己肯定感，安定感など，人格形成に欠かせない経験が欠落する心配もある。それは生涯にわたって計り知れない影響を与える。一方，虐待をしてしまう親にも幼少期に不幸な経験をしている場合がある。虐待の連鎖である。わが子を育まない親には，育めない事情がある。子どもの成長を考えると親自身の回復を図る支援も必要になる。

8 刑務所等を出所した人の社会復帰

　保護司という仕組みはあっても，刑期を終えて出所する人が社会に戻れるようになるにはもっと手厚い支援が必要であることが明らかになってきた。出所しても孤立し，生活保護を受給して暮らし，再び罪を犯してしまう人がいる。考えてみれば，一定期間社会から離れており，家族との関係回復も難しく，社会的偏見にも晒されている場合に，個人の努力だけで社会適応を果たすことは難しい。社会適応から社会参加まで様々な支援，丁寧な支援が必要である。

9 災害時要配慮者

　2011（平成23）年3月に発生した東日本大震災は，家族や友人の命，家，仕事，思い出，将来，そして地域社会などを奪った。その中で，妊婦，子ども，高齢者，要介護者，障害者，持病を持っている人など，いわゆる災害時要配慮者といわれる人々に対する支援は脆弱であった。例えば，車いすの人は一般的な避難所では居場所とトイレに苦労した。発達障害のある子どもは不安定から多動や奇声を発するなどの行動が出て避難所にはいられなかった。

　これらの災害時要配慮者といわれる人々は，被災してからしばらくの間は特別な努力が必要であった。また，地域社会の存在が，実は住民を支えていたことも明らかになった。地域社会の崩壊は，住民に深いダメージを与えていった。復興公営住宅に移って新たな地域社会をつくっていくことが課題となった。しかし，その努力をする意欲ももてないままに，復興公営住宅の中で孤立死していく人もいた。被災地支援は長い期間にわたって総合的で包括的な支援が必要である。

　以上のように，家庭という括り，地域という括りの中で，個々人の課題は複雑に絡み，支援のニーズは多様化・複雑化する。縦割りの支援だけで対応できず，ワンストップにして断らない相談支援を行い，様々な機関と専門職が連携して，チームを組んで支援に当たることが必要な時代になっている。

第3節　各種制度による対応システム

　国は，従来の施設福祉の充実・強化を図りながらも，2000（平成12）年の社会福祉法の一部改正以降，地域福祉・在宅福祉を重視する施策に舵を切った。その結果，高齢者や障害者が地域で暮らし続けることを支援する各種制度が施行され，その対応システムが展開されてきた。

1 地域包括支援センター

　地域包括支援センター（図7-5）は，市町村が設置主体となり，保健師・社会福祉士・主任介護支援専門員等を配置する。主な業務は，介護予防支援および包括的支援事業（①介護予防ケアマネジメント業務，②総合相談支援業務，③権利擁護業務，④包括的・継続的ケアマネジメント支援業務）で，制度横断

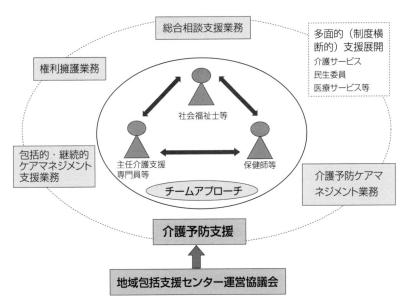

図7-5　地域包括支援センター（地域包括ケアシステム）イメージ

厚生労働省：地域包括支援センターの手引き，2007，p.1を筆者が一部修正

的な連携ネットワークを構築して行われる。これらの業務を行うためには，病院・居宅介護支援事業所，社会福祉協議会，警察署，消防署，民生委員をはじめとする町内の組織との密接な連携が図られ，システムができている。

2 配偶者暴力相談支援センター

「配偶者からの暴力の防止及び被害者の保護等に関する法律」により，都道府県が設置する婦人相談所などの施設に配偶者暴力相談支援センターの機能（図 7 - 6 ）を付設している。配偶者暴力相談支援センターでは，配偶者からの暴力の防止および被害者の保護を図るため，相談や相談機関の紹介し，カウン

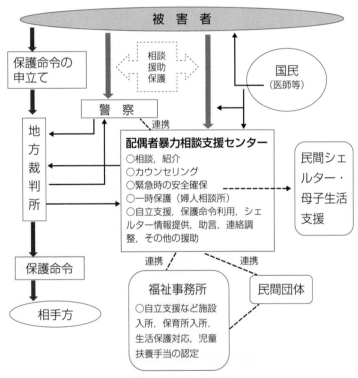

図 7 - 6　配偶者暴力防止と保護のシステム

内閣府：配偶者からの暴力の防止及び被害者の保護等に関する法律の概要，2013，p.3を筆者が一部修正

セリング，被害者および同伴者の緊急時における安全の確保および一時保護，自立して生活することを促進するための情報提供，被害者を居住させ保護する施設の利用についての情報提供，保護命令制度の利用についての情報提供その他の援助を行うこととされている。

3 地域子育て支援センター

地域子育て支援センター（図7-7）は，地域子育て支援拠点事業の一環であり，単独であるいは保育所等に併設される。地域全体で子育てを支援する基盤の形成を図るため，子育て家庭の支援活動の企画，調整，実施を担当する保育士等を配置し，①子育て親子の交流の場の提供と交流の促進，②子育てなどに関する相談・援助を行い，③地域の子育て関連情報を提供し，④子育ておよび子育て支援に関する講習会等を行う。これらの活動を行うため，行政・医療機関，療育機関，児童相談所，その他関係団体と連携し，子育てしやすい地域づくりも行っていく。

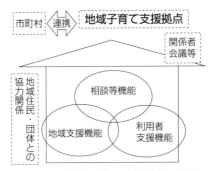

図7-7 地域子育て支援拠点の機能

厚生労働省：地域子育て支援拠点事業について，2014，p.5を筆者が一部修正

4 障害者就業・生活支援センター

障害者就業・生活支援センターは，2002（平成14）年の「障害者の雇用の促進等に関する法律（障害者雇用促進法）」の改正により創設された。障害者の職業生活における自立を図るため，雇用，保健，福祉，教育等の地域の関係機関と連携して，障害者の身近な地域において就業面および生活面における一体的な支援を行うものである。具体的には，就業面での支援として，就業に関する相談支援，障害のある方それぞれの障害特性を踏まえた雇用管理についての事業所に対する助言，関係機関との連絡調整を行う。生活面での支援として，日常生活・地域生活に関する助言，例えば，生活習慣の形成，健康管理，金銭管

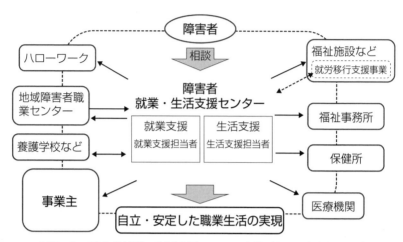

図7-8　障害者就業・生活支援センター事業（雇用と福祉の連携）

厚生労働省：障害者の方への施策「障害者就業・生活支援センター」，2019を筆者が一部修正

理等の日常生活の自己管理に関する助言，住居，年金，余暇活動など地域生活，生活設計に関する助言を行う。そして，これらを円滑に進めるために関係機関との連絡調整を行う（図7-8）。

5　地域生活定着支援センター

　地域生活定着支援センターは，地域生活定着促進事業によって設置されるセンターであり，矯正施設や保護観察所，既存の福祉関係者と連携して，支援の対象となる人の退所後からの支援システムを組んでいる。センターの主な業務は，次のとおりである。

（1）コーディネート業務

　保護観察所の依頼に基づき，福祉サービスに係るニーズの内容の確認等を行い，受入れ先施設等のあっせんまたは福祉サービスに係る申請支援等を行う。

（2）フォローアップ業務

　コーディネート業務を経て矯正施設から退所した後，社会福祉施設等を利用している人に関して，本人を受け入れた施設等に対して必要な助言等を行う。

（3）相談支援業務

懲役もしくは禁錮の刑の執行を受け，または保護処分を受けた後，矯正施設から退所した人の福祉サービスの利用に関して，本人またはその関係者からの相談に応じて，助言その他必要な支援を行う。

6 母子家庭等就業・自立支援センター

母子家庭等就業・自立支援センターは，母子家庭等への就業相談とともに，地域の企業等に対し理解と協力を求める就業促進活動や就業関係・福祉関係・保健医療関係職員などによる合同会議を開催して共通理解を図ることとされ，地域社会資源の組織化も進めていく。さらに，地域での生活が困難な母子家庭等に対しては巡回相談とともに関係機関や地域組織と連携した支援体制の調整を図る。これはソーシャルサポート・ネットワークである。

以上のように，2000（平成12）年の社会福祉法改正以降，地域に暮らす障害者や高齢者など，困難の中にある様々な人々に対して，各種センターは関係する公的機関や地域の団体や関係者と連携し，総合的・包括的な支援に取り組んでいる。このことは，地域のネットワーク構築や，地域力を強化していくことにもなり，地域福祉を推進していくことにもつながっている。

第4節 多機関連携と多職種連携

これまでに述べてきたことからも，地域に住み続けるということは，住民に様々な問題を生じ，それらが複合的に絡んで，複雑な課題と支援ニーズが生まれるので，総合的な支援を行うために包括的な支援体制を構築することが必要であることを指摘してきた。それを具体的に動かしていくためには，ある機関が中核となって多機関連携と多職種連携を組み合わせていく必要がある。ここでは，いくつかの支援システムから連携の形を示し，多機関連携と多職種連携のあり方を説明する。

1 多機関連携を促進する仕組み

　地域に住まう住民の課題は1つではない。生活することに伴い，課題は複数発生し，それらが住民一人だけでなく，家族にまで絡んでくる。したがって，それらの解決を図るには，各種専門機関等による支援のチームで対応する必要がある。その際，従来の支援者にこだわらず，本人の意思やニーズに応じて新たな支援者を柔軟に巻き込むことも必要である。なぜなら，住民のニーズは，都合よく支援する専門機関の機能の範囲には収まっていないからである。

　「断らない相談支援」を実現するには，ニーズに応じて支援者を開発していく必要もある。そして，こうした支援の実践を通じて，分野横断的な関係者による支援のネットワークをつくっていく。ネットワークの形成や支援チームの編成にあたって，その中核的な役割を果たす機関が必要となる。例えば，生活困窮者自立支援制度における自立相談支援機関や地域包括支援センター，基幹相談支援センター，社会福祉協議会，社会福祉法人，医療法人，NPO法人，行政などである。つまり，包括的な支援体制（システム）を組むことができたとしても，それを機能させるためには，機関同士が効果的・効率的に連携していく必要がある。それを動かしていくには，協議する場と調整役としてのコーディネーターが必要だということである。それが，図7-9における「プラットホーム」と「コーディネーター」という考え方である。

　例えば，以下のようなプラットホームがある。

（1）地域包括ケア会議

　この会議は，「地域包括支援センターの設置運営について」（2006（平成18）年，厚生労働省通知）に規定され，市町村や地域包括支援センターがコーディネーター役を担い，個別ケースの課題解決や，自立支援に資するケアマネジメントの支援，地域包括支援ネットワークの構築などを行う（図7-10）。これにより，高齢者個人に対する支援の充実と，抽出した地域課題を，地域づくり・社会資源の開発や施策等を通して解決していく。この会議では，圏域の民生委員やサービス事業者，警察，消防署，保健所，医療機関などが参加し，情報共有と連携の場（プラットホーム）をつくり，多機関連携を機能させていく。

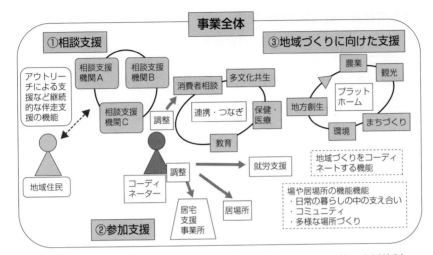

図 7-9　複雑化・複合化したニーズに対応する市町村の包括的な支援体制

厚生労働省：「地域共生社会に向けた包括的支援と多様な参加・協働の推進に関する検討会」最終とりまとめ（概要）2019, p.10を筆者が一部修正

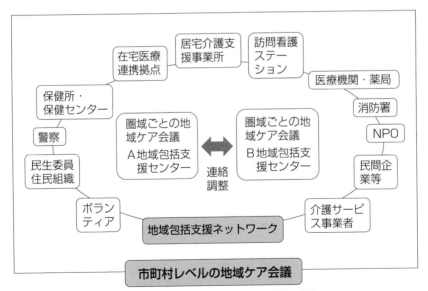

図 7-10　地域包括ケア会議と多機関連携

長寿社会開発センター：地域ケア会議運営マニュアル, 2013, p.23を筆者が一部修正

（2）要保護児童対策地域協議会

　この協議会（図7-11）は，地方自治法第1条の3に規定する地方公共団体が設置することができるとされている。住民に身近な市町村が設置主体になり，関係機関へ働きかけることが原則である。協議会は，虐待を受けた子どもや非行の子どもなど要保護児童に関する情報，その他要保護児童の適切な保護を図るために必要な情報の交換を行うとともに，要保護児童等に対する支援の内容に関する協議を行うこととされている。この構成員としては，団体がネットワークを構成する。この協議会の機能は，関係機関相互の連携や役割分担の調整と責任体制を明確し，関係機関における情報共有を図り，適切な支援を機能させていくことである。児童の保護・支援に関わるプラットホームになるのである。

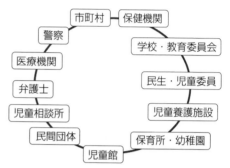

図7-11　要保護児童対策地域協議会のネットワーク

厚生労働省雇用均等・児童家庭局総務課調べ（平成24・28年度），子どもを守る地域ネットワーク等調査（平成25年度調査）を筆者が一部修正

（3）障害者自立支援協議会

　この協議会（図7-12）は，「障害者の日常生活及び社会生活を総合的に支援するための法律施行規則」により設置される機関である。障害者の自立は，単に就労が確保されればできるものではない。地域社会の中でその人らしく暮らし続けられることが大切である。そのため，関係機関・関係団体および障害者等の福祉・教育・雇用に関する職務に従事する者等が相互

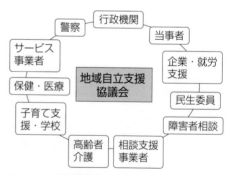

図7-12　障害者相談支援事業と地域自立支援協議会

厚生労働省：「市町村の（自立支援）協議会について」を筆者が一部修正

の連絡を図り，地域における障害者等への支援体制に関する情報を共有し，関係機関などの連携の緊密化を図ると共に，地域の実状に応じた体制の整備について協議を行い，障害者等への支援体制の整備を図る。この協議会が，障害者の自立を支援する地域のプラットホームになるのである。

　以上のように，多くの分野で関係者による協議の場づくりが進んでいる。参加する範囲は，福祉関係者にとどまらず，当事者，医療，法律，就労，地域，司法，民間の各種団体に及ぶ。こうした取り組みによって縦割りの弊害を防ぎ，断らない相談支援を行い，対象者のニーズに即した支援を展開し，当事者が社会につながっていくことを支援する。また，これらのつながりの先に地域づくりへの支援もイメージしつつ，この協議の場において多機関連携を図っていく。そして，これらの場が形式的なものに終わらないようにするためには，機関の機能を理解し，調整と役割分担を明確にして連携を動かしてくコーディネーターが必要である。

２　多職種連携

　多機関連携を実際に機能させるのは，専門職による多職種連携である。その意味で，多職種連携は多機関連携と一体的に述べられる必要がある。

　機関間の連携は，いわば総論であり，総体的には支援の考え方も共有しやすい。しかし，各論にあたる多職種間の人の連携の段階では，より具体的に専門的にできることの連携を図っていくことになる。さらに，人対人のより深い関係の中で連携が進められていくので，専門職間の信頼関係も必要になる。実際には，支援の方針や考え方が食い違うこともあるし，抱える業務との関係で期待される役割を十分に果たせないこともある。つまり，多職種連携の難しさに直面する。しかし，縦割りの支援を脱却しようと，協議の場づくりがせっかく広がってきているものであるから，これを後退させてはならない。専門職も縦割りの中で仕事をすることに慣れていたことを自覚し，どうすればその枠を越えて協力できるのかを考えなければならない。ともすると，1つの専門分野が重視されることが他の専門分野が否定されたように考えがちである。しかし，

これこそ縦割りの弊害である。1つの専門職を中心としたときに，他の専門職が自分たちには何ができるかを考えて，わき役を固める意識を持つ必要がある。専門的機能を活かし合う考え方が必要である。専門的視点から支援の方針や方法が対立することもあるかもしれない。それは，対象者と支援の方法を多様な側面から検討を深めることである。最終的には全体として支援方針が決まればそれに即して前向きに役割を果たす考え方をもつことが肝要である。

　なお，実際に連携を図っていくときに，対象者の個人情報が共有されることになる。ここに，専門職倫理としての個人情報の保護との関係をどう考えるかという課題がある。しかし，互いが専門職であり，所属する専門職団体の倫理綱領を遵守する者であることから，個人情報の管理に十分配慮し，個人情報を他専門職と共有する時に適切な手続きを踏むことを前提として，個人情報の共有が図られてよいと考える。

3 関連他分野との連携

　障害者やその他援助が必要な人を，これまでの社会は援助の対象としか考えてこなかった。障害者雇用促進の施策により障害者雇用率を設定して企業に障害者の雇用を促してきた。しかし，それは福祉援助の域を出なかった。ところが，「ニッポン一億総活躍プラン」（2018（平成28）年閣議決定），「『我が事・丸ごと』の地域づくり」（地域力強化検討会最終とりまとめ，厚生労働省，2017（平成29）年）などを通して，次のような変化が起きている。

　「ニッポン一億総活躍プラン」では，障害者等が，希望や能力，障害の特性等に応じて活躍できる環境を整備するため，農福連携の推進が盛り込まれている。この取り組みは，農業経営における労働力の確保や売上増加につながるとともに，障害福祉サービス事業所における雇用の確保と賃金・工賃の向上，障害者の心身状況の改善という効果をもたらしている。「『我が事・丸ごと』の地域づくり」では，これまで援助の「支えられる側」であった人が「支える側」にも変化する地域をつくっていくために，働く場や参加する場といった出口づくりを充実させるとともに，福祉の領域を超えた地域づくりを推進していくとしている。例えば，生活困窮者自立支援制度（生活困窮者自立支援法）では，

地域において生活困窮者のためのネットワークを構築し，包括的な支援の輪を地域の中に拡充してきた。地域の行事や商店街，企業等を開拓し，住まいや暮らしを互助で支える取り組みを進め，農林水産業，観光業，商工業，地場産業等とつながりながら就労の場を見付けるなど出口づくりの充実に努めてきた。このような取り組みを通じて，生活困窮者が地域で孤立せず，社会とのつながりが実感できる地域づくりを進めてきた。この地域づくり・出口づくりによって，森林等の環境保全や地域産業の維持・振興に障害者が貢献した事例，農業の担い手不足の解消につながった事例などが出てきた。つまり，今まで「受け手」と考えてきた援助の対象者が「支え手」になっているのである。また，援助の対象者が地域に住み続けられるように地域づくり進めることで，人や資源とのつながりをさらに育み，社会的孤立を予防し，社会資源の循環も生み出してくる。

　このように，連携は従来の団体や人という枠を越えて，農林水業や企業など様々な分野に広がっている。この連携は，一億総活躍社会の実現と地域共生社会の実現につながるものである。また，「断らない相談支援」「参加支援」「地域づくりに向けた支援」を実現するためにも包括的な相談支援体制の中に従来の域を超えたネットワークが展開されるべきであろう。

第5節　権利擁護（日常生活自立支援事業）

1 社会福祉分野における権利擁護

（1）日本における権利擁護

　日本の権利擁護に関わる法律には，日本国憲法をはじめ，成年後見制度（民法），社会福祉法，介護保険法，高齢者虐待の防止，高齢者の養護者に対する支援等に関する法律などがある。

　特に，日本においては，日本国憲法第25条の社会権・生存権（すべて国民は，健康で文化的な最低限度の生活を営む権利を有する）と第13条の包括的自由権・幸福追求権（すべて国民は，個人として尊重される。生命，自由及び幸福

追求に対する国民の権利については，公共の福祉に反しない限り，立法その他の国政の上で，最大の尊重を必要とする）を基本とし，「個人の尊厳と自己決定」が尊重されながら「健康で文化的な最低限度の生活（生存権）」を保障されることになる。それは，人間らしい生活（あたりまえの生活）を送る権利であり，命を奪われない権利，身体を傷つけられない権利，自由を束縛されない権利，自分の名誉を傷つけられない権利，自分の財産を奪われない権利などの基本的権利を有しているということになるが，福祉や医療サービス，その他の社会資源を主体的に利用することができるための利用者支援のあり方でみると，①尊厳のある生活の維持に必要なサービスを利用できること，②自己選択に基づくサービス利用ができることであり，そのベースには「健康で文化的な最低限度の生活」の実現を保障する内容と質をもったものであることを権利擁護と考えることができる。

（2）社会福祉分野における権利擁護

　日本における社会福祉は，2000（平成12）年 4 月から社会福祉基礎構造改革の「個人が尊厳を持ってその人らしい自立した生活が送れるよう支える」という社会福祉の理念のもと，①個人の自立を基本とし，その選択を尊重した制度の確立，②質の高い福祉サービスの拡充，③地域での生活を総合的に支援するための地域福祉の充実を目指すこととなった。

　具体的には「利用者の立場に立った社会福祉制度の構築」として，①福祉サービスの利用制度化，②利用者保護制度の創設，③サービスの質の向上である。福祉サービスの利用制度化は，これまでの措置制度（行政が行政処分としてサービスを決定する制度）から契約を基本とする利用制度（利用者が事業者と対等な関係に基づきサービスを選択する制度）へと大きく変わるものである。

　それは，利用者の「選択」と「主体性（利用者主体）」を可能にするものといえるが，福祉サービスの利用者は，認知症や知的障害，精神障害等により何らかの支援を受けなければ安全に安心した日常生活を送ることができない人も多く，利用者自身の判断能力が不十分なために自己決定能力が低下し適切な福祉サービスを受けることができないことも考えられることから，社会福祉分野における権利擁護の必要性が求められることになる。

　また，「利用者保護制度の創設」では，「利用者の利益保護」でも福祉サービスを利用する人自身が，事業者と対等な関係で利用を選択したり，クレームを行うのが難しい人もおり，新しい利用関係に移行しただけでは，福祉サービス提供者と利用者が対等の関係で自己の選択や権利行使を実現するのは難しいことからも，社会福祉分野における権利擁護，利用者の権利保障を実現するための権利擁護が必要となる。そこで，福祉サービスの契約制を確立するためサービス事業者に「契約書の義務づけ」を行ったり，福祉サービスに伴う苦情を解決するための制度として，「運営適正化委員会」，「第三者委員」制度等を創設するとともに，福祉サービス利用者で自己決定能力が低下している人に適切な福祉サービスを保障する社会福祉法第81条の「福祉サービス利用援助事業」や，民法改正等による「成年後見制度」が創設されることになった。

　「福祉サービスの質の向上」では，福祉サービス供給主体の拡大に伴い，そのサービスの質の向上を図るため，事業者自体の「サービスの自己評価」と共に「第三者評価」の施策が導入された。

　障害福祉分野においては，障害者総合支援法施行後3年を目処とした見直しにおいて，「障害者の意思決定支援のあり方」が検討され，2017（平成29）年3月31日に厚生労働省より「障害福祉サービスの利用等にあたっての意思決定支援ガイドライン」が発表された。そのガイドラインは，事業者がサービスを提供する際に必要とされる意思決定支援の枠組みを示すことにより，障害者の意思を尊重した質の高いサービスの提供に資することを目的としたものであり，直接的には成年後見制度における意思決定支援のためのものではないが，事業者が利用者の意思決定支援を行う場合に，本人や関係者等による意思決定支援会議（個別支援会議等）を開くこととしており，成年後見人等の参加も想定されている。また，ガイドラインの各論において，①意思決定支援の枠組み，②意思決定支援における意思疎通と合理的配慮等の項目を掲げて福祉サービス提供者の立場での意思決定支援の枠組みを示している。

2　成年後見制度と日常生活自立支援事業の創設

（1）成年後見制度の創設

　法務省法制審議会民法部会は1998（平成10）年4月に「成年後見制度の改正に関する要綱試案」を発表し，さらに1999（平成11）年1月に民法改正要綱案を決定し，2月の法制審議会総会で答申を得て通常国会に提出し，2000（平成12）年4月からの新制度（成年後見制度）を発足させた。

　この改正の基本的ねらいは，制度の硬直性や実効性の欠如，さらには名称そのものが持つ侮蔑性や戸籍記載への抵抗感，行為能力や資格の制限などが問題視されている当時の禁治産・準禁治産制度の抜本的な見直しを図ったものである。それは，これまでの「後見（従来の禁治産に相当)」「保佐（従来の準禁治産に相当)」に加え，比較的軽度の障害のある人々の後見を意図する「補助」を新設することにより3種として制度の柔軟な運用を目指し，従来法定後見のみであったのに対し，任意後見制度を導入し，これまで自然人1人に限定されていた成年後見人を，複数あるいは法人にも認めるという複数後見人制度，法人後見人制度を確立し，戸籍記載制度を撤廃した新たな登記制度を確立するなど，根本的に禁治産・準禁治産制度を改正しようとするものである。

　また，成年後見制度は，ノーマライゼーションや自己決定権の尊重等の理念と，本人保護の理念との調和の観点から，精神上の障害により判断能力が不十分または著しく低下した人の，契約等の法律行為における意思決定が困難な場合について，成年後見人・保佐人・補助人（以下，後見人）がその判断能力を補うことによって，その人の生命，身体，自由，財産等の権利を擁護することを趣旨としている。しかし，改正後も成年後見制度があまり利用されていないことや，意思決定支援や身上保護等の福祉的な視点に乏しい運用がなされているものもあると指摘され，2016（平成28）年5月に「成年後見制度の利用の促進に関する法律（以下，促進法)」を施行し，成年後見制度の利用の促進を図っている。具体的には，成年後見制度の趣旨である「ノーマライゼーション」，「自己決定権の尊重」の理念に立ち返るとともに，「身上の保護の重視」の観点から個々のケースに応じた適切で柔軟な運用が行われるよう，成年後見制度利用促

進基本計画（以下，基本計画）において，「後見人が本人に代理して法律行為をする場合にも，本人の意思決定支援の観点から，できる限り本人の意思を尊重し，法律行為の内容にそれを反映させることが求められる。後見人が本人の特性に応じた適切な配慮を行うことができるよう，今後とも意思決定の支援の在り方についての指針の策定に向けた検討等が進められるべきである」とされている。2017（平成29）年3月には，促進法に基づき基本計画を閣議決定し，基本計画に係るKPI（Key Performance Indicator：成果指標）として，中核機関の整備や市町村計画の策定などの2021（令和3）年度末までの目標を設定し，認知症施策推進大綱に盛り込まれた。

　ちなみに，2019（令和元）年における中核機関（権利擁護センター等含む）等の整備状況は，全国社会福祉協議会の「社協における成年後見の取り組み状況に係る調査」では，市区町村社協および都道府県・指定都市社協において権利擁護センター等を設置している社協は400か所（21.1％），法人後見の受任体制がある社協が587か所（31.0％）で年々増えてきている。また，厚生労働省の「成年後見制度利用促進施策に係る取組状況調査結果」では，2019（令和元）年10月1日現在，中核機関の設置は160自治体であったが，うち121自治体（75.6％）が社協に委託しており，中核機関以外の権利擁護センター等も，その多くが社協への補助や委託により設置されている。地域における権利擁護支援の中核的な担い手として社協への期待は大きくなってきているといえる。

（2）日常生活自立支援事業（地域福祉権利擁護事業）の創設

　社会福祉基礎構造改革の流れを踏まえ福祉サービスの利用が措置から契約に転換すること，また，高齢社会の進行などを受け，判断能力が不十分な人を対象にしたサービスの利用支援を行う「地域福祉権利擁護事業」が介護保険法，成年後見制度の施行実施より半年早い1999（平成11）年10月に厚生省（現・厚生労働省）予算事業として創設された。

　制度創設の発端は，1998（平成10）年7月から8月にかけて厚生省の「社会福祉分野における権利擁護を目的とした日常生活支援に関する検討会」において，「認知症高齢者，知的障害者，精神障害者等が権利を侵害されることなく，自らの能力に応じてできる限り地域で自立した生活が送れるように支援するこ

とを目的とした社会福祉分野における権利擁護のための日常生活支援についての基本的な枠組み」として検討されたことが大きく，こうした検討を踏まえて，2000（平成12）年 4 月に「福祉サービス利用援助事業」が社会福祉法の第二種社会福祉事業として位置づけられ，また，社会福祉法第81条に「都道府県社会福祉協議会は，（中略）福祉サービス利用援助事業を行う市町村社会福祉協議会その他の者と協力して都道府県の区域内においてあまねく福祉サービス利用援助事業が実施されるために必要な事業を行うとともに，これと併せて，当該事業に従事する者の資質の向上のための事業並びに福祉サービス利用援助事業に関する普及及び啓発を行うものとする」と規定され，国庫補助事業として都道府県社協を実施主体に展開している。2007（平成19）年の社会福祉法改正において，利用が一層促進されるよう事業名称を「地域福祉権利擁護事業」から「日常生活自立支援事業」に改められた。

　日常生活自立支援事業は，認知症高齢者，知的障害者，精神障害者等の判断能力が不十分な人が地域において自立した生活が送れるよう，福祉サービスの利用に関する情報提供，助言，手続きの援助，利用料の支払い等福祉サービスの適切な利用のための一連の援助を行っている。

　日常生活自立支援事業の契約件数（実利用者数）は1999（平成11）年の事業開始以降増加しており，2016（平成28）年度には 5 万人を超え，2019（令和元）年度では55,717人となっている。利用者の内訳を見ると，「認知症高齢者等」の利用が41.1％と最も多く，次いで「精神障害者等」が29.1％，「知的障害者等」が24.4％となっているが，「認知症高齢者等」の割合は年々徐々に減少してきている。新規契約締結件数は，2009（平成21）年度の9,434件から11,419件と10年間で1.2倍になっている。中でも，精神障害者の伸びが1.6倍と著しい状況となっている。なお，生活保護受給者は，3,663件（全体に占める割合38.8％）から5,052件（同44.2％）と1.4倍になっている。問合せ・相談件数についても，2009（平成21）年度の約102万件が2019（令和元）年度では約213万件と10年間で2.1倍に増えており，社会福祉分野における権利擁護の取り組みが今後重要となってきているといえる。

（3）地域における総合的な権利擁護体制の構築

　2019（令和元）年度に促進法に規定された中間検証を行った成年後見制度利用促進専門家会議（以下「専門家会議」）において，成年後見制度と合わせて日常生活自立支援事業について多くの意見が出された。

> ・日常生活自立支援事業は法的に行為能力を奪う可能性がないので，利用者が受け入れやすく，利用料が明確で低廉である。
> ・実施者が社会福祉協議会という公的な団体という安心感がある。
> ・意思決定支援を重視した運用がなされ，関係機関との連携，協働も重視され，地域に根差した活動という特徴を有するものである。
> ・本人の契約締結能力が失われた場合や代理権の必要，不動産売却や債務の交渉・整理などの法的行為が必要など，日常生活にとどまらない支援が必要であれば，成年後見制度を検討するべきである。
> ・日常生活自立支援事業では，福祉サービスの利用援助を通じて本人支援のチーム形成を図ることができ，成年後見制度利用へスムーズな移行が望める。
> ・権利擁護支援のための重要な社会資源として本事業を充実させていく必要がある。
> ・日常生活自立支援事業の実施主体について，市町村を中心とした実施体制に見直していくことで，市町村の裁量を広げ，市町村計画に盛り込むなどして，より地域の実情に合った柔軟な運営ができるのではないか。

厚生労働省：成年後見制度利用促進専門家会議議事録より抜粋・要約

　以上のような意見を踏まえ，専門家会議がとりまとめた中間検証報告書では，成年後見制度と日常生活自立支援事業等との連携の推進について，「日常生活自立支援事業は，判断能力が不十分な高齢者や障害者の福祉サービスの利用援助や金銭管理を支援する制度である。日常生活自立支援事業については，利用に当たって医学的判断が求められない，任意に利用を終了できる，本人に寄り添った支援が行われる，本人や家族の抵抗感が少なく利用しやすい制度であることなどから，権利擁護支援のための重要な社会資源として充実させていくべき」，「他方で，成年後見制度との関係整理が必要である」との意見や，「両制度の適切な連携を図るため日常生活自立支援事業の実施主体に関する見直しが必要である」との意見が出ている。

　また，厚生労働省社会・援護局関係主管課長会議（2020（令和2）年3月資

料公開）において，「日常生活自立支援事業については，認知症や知的障害，精神障害等により判断能力が不十分な者が地域において自立した生活を送れるよう，福祉サービスの利用援助や金銭管理の支援を行う事業であり，成年後見制度との緊密な連携の下，地域の権利擁護を支える重要な役割を担っている」と示された。

　成年後見制度の利用促進と日常生活自立支援事業を一体的に展開すること，また，各市町村において，地域共生社会の実現に向けた包括的支援体制の中に権利擁護の課題への取り組みを位置づけ，地域における総合的な権利擁護体制の構築を推進することが求められている。

■参 考 文 献

・厚生労働省社会・援護局障害保健福祉部通知：自立支援協議会の設置運営について（障発0330第25号），2012年 3 月30日
・厚生労働省：地域包括ケアシステムについて，2013
・一般社団法人北海道総合研究調査会：生活困窮者自立相談支援機関の設置・運営の手引き，2014
・厚生労働省通知：地域子育て支援拠点事業の実施について（雇児発0529第18号），2014年 5 月
・厚生労働省：誰もが支え合う地域の構築に向けた福祉サービスの実現―新たな時代に対応した福祉のビジョン―，2015
・厚生労働省：一億総活躍社会の実現に向けた厚生労働省の考え方，2015
・厚生労働省：平成28年版厚生労働白書，2016
・厚生労働省：子育て世代包括支援センター業務ガイドライン，2017
・厚生労働省：地域力強化検討会最終とりまとめ―地域共生社会の実現に向けた新しいステージへ―，2017
・厚生労働省 3 局長通知：地域共生社会の実現に向けた地域福祉の推進について，2017（平成29）年12月
・厚生労働省：地域共生社会に向けた包括的支援と多様な参加・協働の推進に関する検討会最終とりまとめ，2019
・日本社会福祉士会：地域共生社会に向けたソーシャルワーク，中央法規出版，2018
・厚生労働省：地域共生社会に向けた包括的支援と多様な参加・協働の推進に関する検討会中間とりまとめ（概要），2019

・上野谷加代子：共生社会創造におけるソーシャルワークの役割，ミネルヴァ書房，2020
・農林水産省ホームページ（https://www.maff.go.jp/j/nousin/kouryu/kourei.html）
・農林水産省農福連携等推進会議：農福連携等推進ビジョン，2019
・兵庫県社会福祉協議会：地域福祉活動研究№18，権利擁護活動に求められる新たな連携，2001
・民事法研究会：実践 成年後見№69，特集 成年後見制度利用促進基本計画から見るこれからの成年後見，2017
・厚生労働省社会・援護局地域福祉課：社会福祉分野における権利擁護を目的とした日常生活支援について，1998
・全国社会福祉協議会地域福祉権利擁護に関する検討委員会：総合的な権利擁護体制の構築に向けて―地域における総合的な権利擁護体制の構築に関する調査研究報告書，2013
・全国社会福祉協議会地域福祉推進委員会「今後の権利擁護体制あり方に関する検討委員会」：日常生活自立支援事業の今後の展開に向けて～地域での暮らしを支える意思決定支援と権利擁護（平成30年度日常生活自立支援事業実態調査報告書），2019
・全国社会福祉協議会地域福祉部：日常生活自立支援事業の概要と支援の現状，2020
・北海道社会福祉協議会：安心を支えるシステムを求めて―高齢者・障害者権利擁護センター調査研究報告―，1999
・北海道社会福祉協議会：2016 北海道の福祉―北海道における包括的な権利擁護システムの構築を目指して―，2017

事例4 専門相談
―福祉まるごと相談の取り組みから―

山形市社会福祉協議会では2016（平成28）年9月から，厚生労働省のモデル事業である「多機関の協働による包括的支援体制構築事業」を山形市から受託した。「福祉まるごと相談員（CSW：コミュニティソーシャルワーカー）」の名称で，あらゆる相談を断らず受け止め，その解決に向けて地域住民や関係機関との連携を図りながら対応した。受託から2019（令和元）年度末までに約1,000件の相談があった。寄り添い支援を展開していく体制を徐々に構築することを目指しながら，新たな仕組みづくりも進めてきたが，特徴的な事例を紹介しながら専門相談を考えたい。

■事例 父親に依存して生活するひきこもりの息子

事例の概要

氏名：A（男性） 年齢：58歳
支援対象内容：8050，ひきこもり
家族構成：80代父親と50代次男の2人世帯
長男家族は県外在住。父親とは交流あり。
本人は20年近く部屋にひきこもり。

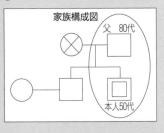
家族構成図

相談の経緯

ケアマネジャー ➡ 地域包括支援センター ➡ 福祉まるごと相談員（CSW）

生活課題

課題1 本人の生活状況を把握できていない。
課題2 父親だけで解決を目指している。
課題3 本人の思いを聞くことができない。
課題4 本人は生活への困り感が少ない。

【介入前】世帯と社会資源・地域との関係

課題1・2への対応とその後

・父親と親族，ケアマネ，ヘルパーなどから本人の状況を聞き取り，本人へのアプローチについてケア会議を開催する。

・父親に対し，相談することへの抵抗感を軽減させる。

・関係者からの情報収集と整理ができた。直接本人と関わりがない父親の支援者にも本人の状況把握のための視点を持つことを確認できた。

課題3・4への対応とその後

・父親の入院をきっかけに本人に会う機会ができた。本人の意思を確認しながら繰り返しの面談から，本人ができることとできないことを確認できた。

・電話には出ないがFAXで連絡すると訪問日に鍵を開けてくれている。相談員を介してケアマネと父親との関わりについての想いを聞くことができた。

・本人と関われる人を増やすことができた。生活の様子をみながら本人のできること，できないこと困っていることの把握ができた。

ケース担当職員の所感

　ケアマネが担当世帯の課題に気づき本人にも目を向けつないでくれたことで関わることができた。面談を重ねる中で本人の強みや弱みが見えてきた。医療受診については，本人拒否的であるが医療へのつなぎが課題である。

【介入後】 世帯と社会資源・地域との関係

■事例のまとめ

【課題】

・8050問題の親は悩みを共有する機会がなく，「自分だけが…」と悩んでいた。

・相談できる機会がない。

・専門職による世帯支援の視点の必要性があった。

【課題から社会資源へ】

・70歳代・80歳代に限定した親の会「かたつむりの会」を開催した。

・保健所と連携し，専門職のための精神科医師同席の事例検討会を開催できた。

・市役所や保健所など精神疾患関係機関で連携した（研修会等の企画と実施）。

【福祉まるごと相談取り組みの成果】

・相談の約7割は相談後に各種機関につなぐことができた。

・各関係機関の会議への参加が増えた（高齢，障害，児童，教育委員会など）

・新たな仕組みづくりが広がった（「チャレンジ就労」「こどもネットワーク会議」「ゴミ屋敷支援会議」「猫の研修会」「保健所との事例検討会」など）。

・市役所庁内連携のための「福祉まるごと会議」等の開催ができた。

　今後は「ひきこもり」「ゴミ屋敷」「住居問題」「多頭飼育」等の課題解決を図るとともに，不足する資源創出に取り組み，包括的・総合的な相談体制づくりをさらに進めたい。

事例5 地域の相談機能
―地域包括支援センターのネットワーク作り―

■圏域の概要

　M県S市には50か所の委託型地域包括支援センター（以下「包括」）が設置されている。その中のA地域包括支援センターが担当するA圏域は，市街地へのアクセスがよく，2000（平成12）年と比較して人口が4,000人あまり増加している。

　2017（平成29）年4月1日現在，担当圏域の総人口は37,860人，高齢化率は17.18％でS市の中では対象人口が2番目に多いが，若年層も多い圏域である。A圏域はS市と合併した旧B町の中心地であったが，現在も行政区の中でC区の旧B町エリアとして区割りされている。A圏域内の5つの生活圏域のうち，若年層の流入が顕著なのは3つで，それ以外では38％を超える高齢化率のところもある。

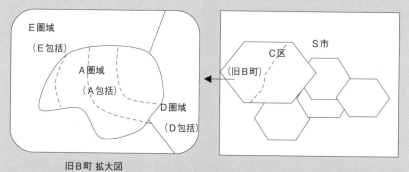

旧B町 拡大図

図1　圏域の位置関係

■地域に対するアセスメント

　A圏域全体から寄せられた相談の大部分は，「重症化」してから顕在化している。例えば，重度の要介護状態になった時点で「施設に入れてほしい」というケース，また，多問題家族のように外部からの介入を拒み続けてきたが，ついにどうにも立ち行かなくなって相談に至るケース等，もっと早い時点で相談があれば問題を軽減できたと思われるケースが多かった。そこでまずはA圏域の通念である偏った健康観を改めることと「早期発見・早期対応ができるネットワークづくり」を目標に掲げ，各種事業を展開していくこととした。

■プランニング・実行

　その主な方法として地域住民向けの担当圏域包括ケア会議と福祉サービス事業者向けのネットワーク会議を紹介する。

　① 担当圏域包括ケア会議

　Ｓ市では，医療機関・町内会・民生委員・社会福祉協議会・老人クラブの代表と，地域の高齢者に対する認識を共有し，包括的・継続的な支援体制を作るためにこの会議を実施している。要援護者の情報を共有するネットワークの必要性を理解してもらい，役割分担しながら高齢者を支援する体制づくりをしていくことを確認した。特に民生委員とは要援護者の情報提供だけでなく，インテークへの同行や支援者としての役割を担ってもらうなど，着実に関係性を深めてきた。

　② ネットワーク会議

　この会議では基本的に，ケアマネジャー支援として勉強会の形態をとっている。時には医療・介護サービス事業所や地域団体の代表に参加してもらい，専門職の力を借りることで問題の早期発見・対応を可能にしていくことも目的に含まれている。実施結果として，虐待ケースでケアマネジャーと連携する場合など，包括の創設当初よりも早期のアウトリーチができるようになってきている。

■現時点での到達点

　地域のキーパーソンと福祉サービス事業者に理解を得られたことで，包括が把握する情報量は格段に増えた。特に町内会に依頼して包括のチラシを全戸配布した効果が大きく，相談者の約７割はチラシを持参している。包括の周知が進むことで，比較的早期に介入することができつつある。近年，ケアマネジャーからも権利擁護の視点による相談が多く寄せられており，これは権利侵害のリスクを想定できるようになったことと，気軽に包括に相談できることを周知できた効果といえる。

■今後の展望

　Ａ圏域は再び地域のアセスメントを行う時期に来ている。若年層の転入により小学校が２校新設されている一方で，地域のキーパーソンが高齢化し，地域のことをよく知る人物がいなくなりつつある。このことは，ネットワークの形骸化を引き起こしかねない。絶えずネットワークが更新され，そのつながりを強めていく働きかけが必要になってくると考える。

災害と地域福祉

　日本は，災害の多い国である。このため災害時における福祉支援体制を地域のあらゆる人々や機関の連携によって構築し，有事において適切に対応できるようにすることは，地域福祉の展開を図る上で不可欠である。ここでは，災害と地域福祉について見てみる。

第1節　災害とは

1　多様な災害

　「災害」については様々な捉え方がある。何らかの原因によって，社会および人々が社会生活を送るための様々な条件や資源に損害を受けることで，人々の生活上の機能が一時的または長期的あるいは完全に機能しなくなる事態を指している。ここにいう「何らかの原因」は様々な要因が重なる場合が多く，発災直後は事態の把握が困難であることが少なくない。表8-1に，災害の状況を左右すると思われる内容をまとめた。これですべてを規定できているわけではないものの，災害の説明には必要な情報となると思われる事項である。

表8-1　災害による被災の条件

	災害の状況	
1．社会的条件	地域社会の条件 （人口集中または過疎地区・工業あるいは商業地帯等）	災害要因・被災規模の大小 （インフラや地形等の崩壊や形状の変化の程度等）
2．自然的条件	災害要因の種類 （地震，風水害，津波，火災，大雪，大規模事故等）	気象・時期・時間帯等条件 （春夏秋冬，晴天・雨天，寒暖，早朝・夕刻・夜間帯，被災時間等）
3．地理的条件	地理的条件 （沿岸部・内陸部・山間部等）	被災圏域 （局所的か広域か，地盤が軟弱か等）

　日本において災害については，災害救助法の定めるところにより「天変地異または人為的原因により，人や社会に何らかの被害が及ぶこと」と定義している。これについては，①社会的条件（地域社会の条件，災害要因被災規模の大小），②自然的条件（災害要因の種類，気象・時期・時間帯等条件），③地理的条件（地理的条件，被災圏域）によって，多様な形態に至る。このほかにも要因はあるかもしれないが，少なくともこれに加えて，発災後の時間の経過によってさらに様相は多様に変化する。

　災害救助法にいう天変地異や人的な原因は，あくまで「災害」ではなく原因なのであり，これ自体は災害とは言わない。災害という場合，人もしくは社会が被災した場合に「災害」と言うのである。

2 災害時対応の法制度

　わが国では，災害が発生した際に，国民生活を保護するために，様々な法制度が定められている。

　表8-2のように，災害法制は，災害別に「予防法制」「応急法制」「復旧・復興法制」の3種類に区分できる。これらの法制度を総括する基本法が，1959（昭和34）年の伊勢湾台風を契機に施行された災害対策基本法である。

（1）災害対策基本法

　この法律ができるまでは，日本で災害が発生した場合の行政責任は明確ではなかった。しかし伊勢湾台風における山上からの教訓により，国，地方公共団体および関係機関等が体系的に防災計画および防災体制を敷くこととなった。

（2）災害救助法

　災害救助法は，発災直後の応急段階で適用される法律である。被災者に対する各種支援対策や避難所，物資の提供など発災直後に必要とされる内容が規定されており，国庫負担についても定められている。

（3）激甚災害に対処するための特別財政援助等に関する法律（激甚災害法）

　激甚災害法は，発災後における復旧・復興段階において適用される法律である。被災者に対する様々な支援や，行政対応について，災害の規模に応じていくつかの基準が定められている。

表8-2　主な災害対策関係法律の類型別整理表

類型	予防	応急	復旧・復興
	災害対策基本法		
地震津波	・大規模地震対策特別措置法 ・津波対策の推進に関する法律 ・地震財特法 ・地震防災対策特別措置法 ・南海トラフ地震に係る地震防災対策の推進に関する特別措置法 ・首都直下型地震対策特別措置法 ・日本海溝・千島海溝周辺海溝型地震に係る地震防災対策の推進に関する特別措置法 ・建築物の耐震改修の促進に関する法律 ・密集市街地における防災街区の整備の促進に関する法律 ・津波防災地域づくりに関する法律	災害救助法 消防法 警察法 自衛隊法	〈全般的な救済援助措置〉 激甚災害法 〈被災者への救済援助措置〉 中小企業信用保険法，天災融資法，災害弔慰金の支給等に関する法律，雇用保険法，被災者生活再建支援法，株式会社日本政策金融公庫法 〈災害廃棄物の処理〉 廃棄物の処理及び清掃に関する法律 〈災害復旧事業〉 農林水産業施設災害復旧事業費国庫補助の暫定措置に関する法律，公共土木施設災害復旧事業費国庫負担法，公立学校施設災害復旧費国庫負担法，被災市街地復興特別措置法，被災区分所有建物の再建等に関する特別措置法 〈保険共済制度〉 地震保険に関する法律，農業災害補償法，森林保険法 〈災害税制関係〉 災害被災者に対する租税の減免，徴収猶予等に関する法律 〈その他〉 特定非常災害法，防災のための集団移転促進事業に係る国の財政上の特別措置等に関する法律，借地借家特別措置法
火山	・活動火山対策特別措置法		
風水害	・河川法	水防法	
地滑り崖崩れ土石流	・砂防法 ・森林法 ・地すべり等防止法 ・急傾斜の崩壊による災害の防止に関する法律 ・土砂災害警戒区域等における土砂災害防止対策の推進に関する法律		
豪雪	・豪雪地帯対策特別措置法 ・積雪寒冷特別地域における道路交通の確保に関する特別措置法		
原子力	・原子力災害対策特別措置法		

内閣府：災害法体系について，2020，p.1　　　　　大規模災害からの復興に関する法律

3　災害と地域福祉

　災害に関し社会福祉に限っていえば，天変地異または人為的な原因により，人や社会に被害が及び，避難生活や被災後の生活において，生活支援が必要となった人々に対して，自立生活を営む上で困難となっている状況の除去または改善に向けた，個人・団体および社会の仕組みを通じて具体的に展開される活動の総体と捉えることができる。

（1）災害と対象者

　社会福祉の場合，災害において，「天変地異または人為的な原因」によって被災したあらゆる人々に支援が行き届くようにすることと併せて，生活とコミュニティの再建に向けた総合的な支援が必要とされる，緊急事態が発生したものであると認識する必要がある。災害の場合，通常の市民生活を送っている平時において，福祉支援を含む様々な支援を必要とする市民も被災し，苦しい避難生活を送る被災者もいる。一方で被災するまではごく通常の市民生活を送っていたものの，災害によって様々な生活支援を受ける必要に迫られる人々も出現する。しかもそれは一気に出現するのではなく，被災後の避難生活を送るにしたがって時間の経過とともに出現する。加えて人々の生活を緩やかに支えていたコミュニティの機能も，機能不全となっていることが通例である。

　災害時の「支援」とりわけ福祉支援とは，このように被災前後において支援を必要とする被災者および社会そのものに対し，被災後の時間の経過とともに出現する様々な状況に対応する総合的なものでなければならない。

（2）災害時支援

　具体的な支援に向けた取り組みは，行政機関がその相当部分を担う場合もあれば，ほとんどを市民自らが多くの年月をかけて行う場合もある。近年は，ボランティアなど非政府・非営利組織をはじめとする各種団体からの支援も，様々な災害の機会になされるようになった。しかし復旧活動や被災者支援，さらには福祉支援を必要とする人々への支援も含め，全体を総括した仕組みができている国家は存在していない。現在は被災後の局面や行政分野等様々なステージによって，それぞれの立場において支援が必要であると認めた時点から，必要が消滅したと認めた時点または必要がないと地元が判断したときまで支援活動が展開されるようになっている。支援の必要が消滅したと判断された段階で「災害」のいずれかのステージが消滅し，やがて人々の記憶からも「災害」は消滅する。そしてこれと並行して平時を前提とした，社会福祉に関する事業や活動が徐々に再開されていくのである。むろんこれは表8-1の災害による被災の条件によって，その時期や程度には違いがある。さらに言えば1つの災害であっても，表8-1の条件の違いによって被災地の地域区分ごとに，複数のス

テージが並立している事例も見受けられる。とりわけ東日本大震災に関しては，10年目に入っても未だに「災害」のただ中にある圏域が存在している地域もあれば，内陸の地震だけの被災地では，復興の段階に至った地域もある。

（3）災害対応の視点

　「災害」は，我々の生活において「日常」とまではいかないまでも，程度の差こそあれ毎年と言ってよいほどどこかで発生する社会現象である。しかしごく通常発生する事態であるにもかかわらず災害は，社会通念上「非日常」の事態と捉えられてしまっている状況にある。その結果，日常生活における備えの必要性は，地域によって多少の違いはあるものの，市民生活において徹底されてはおらず，社会福祉法人や行政も含めて，災害時の福祉活動の備えはなされてはいない例が多い。災害時における福祉対応としては，災害時における社会の脆弱性（fragility）に目がいきがちであるが，災害時における社会の脆弱性をいかに克服するために人々と社会の意思としての回復力（レジリエンス：resilience）が，いかに発揮されるかが明確にされる必要がある。

　また災害対応は，福祉的視点も必要とされて福祉分野においても活動を展開するとしても，多くの関係機関や団体と協調するようになる。とりわけ避難所運営になると，医療分野との連携は欠かせない。災害対策においては，避難所における感染症対策も避けては通れない課題である。これまでもしばしばノロウイルスに悩まされてきた経緯もあるほか，食中毒やインフルエンザ，新型コロナウイルス対策等，避難所環境の衛生対策は日に日に向上してきているとはいえ，より充実した対策に向けて，現在でも大きな課題となっている。被災地の災害対策本部との密接な連携のもとに，十分な対応が望まれる。

第2節　災害と社会の脆弱性（fragility）

1　災害時における社会の脆弱性

　災害のときに，被害の大小に影響を及ぼす社会における脆弱性に関しては，様々な見方がある。一般的に防災関係で叫ばれているのは，道路や橋梁，さら

には堤防や防潮堤などをしっかりと防災の精度を高める構築の仕方が叫ばれているほか，災害に見舞われても，速やかに復旧させることができるライフラインのあり方などもその1つであろう。建築物の強度や個人の住宅の整備のあり方なども，防災の観点から様々に取り上げられている。

　これとは別に，特に社会福祉の分野で取り上げられているヴァルネラビリティ（vulnerability）をいう場合には，「社会的に弱い立場に置かれている人（保護することが必要とされる人々）」を基本にしている。この場合は，災害が発生することで，被災地で居住している地域住民がすべて避難生活のために何らかの支援を必要とするわけであるが，平時においても何らの福祉サービスを必要としていた人は，災害によって福祉サービスの提供が遮断されるわけなので，避難生活自体が困難に陥る。これがまず対象の第一にあげられよう。次に被災することによって，日生活上は特に問題がなかったものの，心身に何らかの影響があるために，通常の避難生活に対する支援以上の支援を必要とする人々が出現する。これが第二にあげられる対象である。また平時の社会環境であれば何とか生活が可能であるものの，被災時という異常な環境下にあるために，特別の配慮が必要となる人も出現する。妊婦や子ども，外国人などがこれに当たる。これが第三の対象である。

　ヴァルネラビリティについては，とりわけ1996年カナダで制定された「精神に障害を持つヴァルネラブル（vulnerable）な人の法律」の制定や，わが国における2000（平成12）年の「児童虐待の防止等に関する法律」や2001（平成13）年の「配偶者からの暴力の防止及び被害者の保護に関する法律」，2005（平成17）年の「高齢者虐待の防止，高齢者の養護者に対する支援等に関する法律」，2011（平成23）年の「障害者虐待の防止，障害者の養護者に対する支援等に関する法律」などの法令が整備され，社会において保護すべき対象としてのヴァルネラブルな人（「災害時要援護者」ともいう）に対する保護の内容が定められてきていることがあげられる。しかし災害時においては，こうした法令に基づく対処ができる状況にはなく，逆に災害によって機能しない法令によって，特に行政が縛られてしまうという社会の脆弱性が出現してくるのである。

　東日本大震災においては，Ａ県のＢ町長が，仲間の街に支援に行こうとして

救援の車輌を走らせたとき，道路が寸断されているので有料道路で行こうとした際に，「知事の許可が必要」という平時のルールによって「災害支援」ができなかった。また障害を有している人が津波で手帳や通帳が流失したので，銀行に再発行を求めた際に「成年後見人でないと手続きはできません」との回答が返ってきて，本人や家族の避難生活は一層難儀した。緊急時においてこれらのルールは，誰を守っている法令なのか多くの被災者や支援者から疑問が投げかけられた事例で，こうした事例は災害ごとに報告されている。本来は，こうした事例をもとに，現在の社会の仕組みのあり方を点検していくべきである。

2 もう 1 つの脆弱性

　人間の持つ差別意識や偏見からくる言動によって，排除されてしまう被災者に対する支援が必要な場合がある。この場合は，排除されていくわけであるから，本来は支援が必要であってもその場では必要を認めず，結果として本人の意思にかかわらず，必要とされている事項を満たす環境への移動を促す行為がみられるようになる場合がこれに当たる。障害を抱えていて，ここで一緒に暮らせるようにするには，周囲の人々に一部の障害者のための配慮を強いることが迷惑になるから施設に行ったほうがよい，というような言動である。

　次にみられるのは，配慮が必要な人の存在を無視する行為であろう。支援が必要な状況にある被災者が，明らかに何らかの支援が必要である状況にあるにもかかわらず，その事情を理解しようとせず，具体的な対応を必要とする事実を無視し，自らはもちろんのこと周囲の人々に対しても，具体的な支援が必要であっても無視する行為である。実際に避難所においてみられるのは，「被災者」として避難所に身を寄せている被災者が多くを占めているため，お互いが同じ状況にある点が自明のこととなっていることが前提となり，このため福祉的支援が必要であるとはいっても，「今はそれが叶わない」ことが当然であると理解され，福祉的支援が必要な人がいたとしても放置されてしまう点がある。

　これとは別に，避難所における被災者への支援活動が，ほぼ固定的な方法で行われることにより，結果として福祉的支援が必要となっている人々に対する配慮が欠けてしまうというものである。避難所における若い女性のための物干

しや新生児を抱えた母親の授乳スペース，さらには子どものための遊び空間や学習スペースがないなどがこれにあたる。これらはなかなか配慮されることがなく，現在でも多くの避難所で見受けられる実態である。

　以上のような状況は，社会の中で生きる我々の「通常の生活感覚」が有する連帯意識が，いかに矛盾に満ちた脆弱なものであり，それによって緊急時において切り捨てられてしまう人々を発生させるリスクを抱えているかということを物語っているといえる。こうした事態は，平時においてはなかなか気づきにくいところであるものの，災害が発生した際には被災者に十分に対処することができず，震災関連死など犠牲者を生む要因となるものである。また避難所での生活が困難であることを理由に，福祉避難所に搬送される被災者が出現する。こうした被災者は，その後全く顧みられることがなく，その存在が忘れられがちである。しかしここで留意すべきは，1つに劣悪な避難所環境が大きく影響していることが理由としてあげられ，スフィアプロジェクトの基準による避難所環境の整備が求められることである。2つに，福祉支援対象者もサービスを利用して地域生活を送ることを可能にしようとする取り組みがなされる中で，福祉避難所搬送者の地域移行について，被災者支援の一環として取り組む必要があることである。3つに，平時においていかに有益なシステムであったとしても，これを機能化させる人材の養成がない限り，災害時においては平時の常識が障害となってしまいかねないということである。

第3節　社会の回復力（resilience）

1　事前の備え

　災害が発生した際には，社会の持つ脆弱性が犠牲者を増幅させる要因となる。このためその脆弱性を補う手立てが必要となるところであり，万が一被災したとしても，素早く対処し，社会の諸機能を回復させることが重要である。こうした取り組みとして，制度としての取り組みや，様々な社会の機関による災害を想定した訓練のほか，特に地域住民による災害の教訓による取り組みなどが

あげられる。またこうした取り組みを継続的に実施することによって，各分野におけるリーダーの養成も可能となってくる点に，着目すべきであろう。

　日本ではこうした取り組みについて「社会の強靭化（レジリエンス）」と呼ぶようになってきている。レジリエンス（resilience）は，「（困難に）負けない」という意味を有しているが，精神医学や心理学用語で「逆境に直面したとき，それに柔軟に対応し，克服する能力」をいう。これを日本では，「防災力」と同義語的に使われるようになっている（内閣府『平成25年版　防災白書』）。

（1）事業継続計画

　社会福祉関係の諸機関や施設等が災害に見舞われたとき，速やかに各機能を回復させるためには，災害に対処すべき諸々の条件と手順について予め定めておき，関係職員との間でしっかりと周知徹底を図っておく必要があり，そのためにも訓練等において常に周知状況を点検する必要がある。このため，様々な分野において事業継続計画（business continuity planning）が策定されるようになってきている。社会福祉関係の事業所や各機関などにおいて策定が望まれるところであるが，今日のように少子高齢化が進み，被災者に占める福祉支援対象者の割合がかなりの程度見込まれるところを鑑みた場合，地域社会などにおいて，社会の仕組みとして検討する必要性が出てきていると思われる。

　一般に発災直後における災害対策本部の対応は，被災住民を指定避難所に避難させ，避難所に救援物資を届ける一方で，ライフラインの復旧を急ぐと同時に，災害による傷病者に対して救命措置を急ぐことが通例となっている。

　この対応の考え方の基本は，はじめに地域住民の生命の安全の確保と生活基盤の復旧にあることは確かである。ここに社会福祉の考え方をより徹底させ，地域住民の生命の安全の確保の概要を明確にしていくと同時に，生活基盤の復旧においてユニバーサルデザインの具体的な対処が不可欠となっている。

　事業継続計画の取り組みに関しては，①緊急時対応計画，②復旧計画，③事業継続計画の三段階で理解しつつ一連の計画として策定することも考えられる。実際の被災した地域社会を社会福祉の立場から想定した場合，地域社会における住民レベルでは民生委員を中心とした住民の行動計画，各事業所や社会福祉法人や社会福祉連携推進法人等の福祉サービス提供機関などによる事業復

旧・継続計画，そして福祉行政等の復旧計画などが考えられる。

（2）防災訓練等

　災害に見舞われても，具体的な対処を速やかに実施できるようにするために，地域住民も含めた関係機関による訓練が重要である。しかし一方で，訓練をしやすくするために，訓練の参加者に合わせた災害想定をすることによって，訓練が形骸化している事例もないわけではない。避難訓練や防災訓練は，過去の災害の経験をもとに，テーマを決めて実施していかなければ実効性のあるものとはならないことを，関係者間でしっかりと共有していく必要がある。少なくとも想定している災害が，地震なのか集中豪雨なのか火災なのかなどによって，訓練の内容が大きく変わるのである。

　訓練の実施にあたっては，基本的に事業継続計画の策定単位によって実施されることが望ましい。また，計画した内容を関係者に徹底させていくためにも，計画策定単位によって何らかの災害を想定して，具体的な動きを検証するように実施することが望まれる。したがって民生委員などを中心として地域社会単位の訓練や，事業所や社会福祉法人などを単位とした訓練のほか，地方公共団体を中心とした訓練など，それぞれの計画策定単位によって計画内容を多くの関係者で検証するようにしたほうがよいであろう。ただしこの際の留意点として，訓練の際に事業所や法人自治体などバラバラに実施した場合には，発災の際にはどれかが機能するとしても，他は機能しないこととなるので，可能な限り連携し複合的に実施したほうがよいと思われる。

　この場合，特に注意する必要があるのは，過去の被災体験において有効だった対応方法や諸般の事情で対応できなかった事項など，様々なインシデントを新たな計画で検証することの重要性である。災害に対処しようとする社会の取り組みは，基本的に様々な前提条件で成り立つことを認識すべきである。

（3）災害の教訓の伝承

　災害を経験するごとに，被災者の口から得られる教訓が話題となることが多い。そしてその教訓とすべき事柄を，後世に伝承しかつ具体的な対応方法として残していく方策を検討することが，常に大きな課題となる。

　過去においては，三陸地方における津波被害の様々な教訓を，石碑の形で伝

承している事例がみられる。そこに記載されているのは，「地震があったら津波が来ると思え」「津波が来たら，どこでもよいので高いところに逃げろ」「津波で冠水したところに住宅を建てるな」などという内容である。この伝承に対応する形で，その教訓が今日まで活かされている地域があることも事実である。東日本大震災でよくいわれた「高台移転」は，明治三陸大津波の際に高台移転した集落があり，昭和三陸大津波において被害を免れたところから広く伝わるようになった教訓である。同じように防災教育として，学校教育の場で伝えられるものもある。一方で，地域住民の生活レベルで伝承されている事柄もある。例えば，地震などにおいて転倒を防止するための工夫として，箪笥の上と天井の間に挟む転倒防止棒や，キャスター付き家具類の普及なども，その一つであろう。住宅の傾きを防ぐために，基礎工事の工法を工夫することも，重要な取り組みといえよう。

　こうしたいわゆる伝承は，住民生活に根差してこそ意味を持つものである。それには，広くどこにおいても共通していえる場合もあれば，地域的条件で有益な場合とそうでない場合がある点に，留意すべきである。例えば先に例としてあげた「高台移転」の有効性は，かつては限定的なものであった。高名な地震学者が懸命に「高台移転」の必要性を唱えたものの，実現したのは一部の集落にとどまった。その理由は一例として集落ごと高台移転したものの，山火事に見舞われ「同じ被災するなら仕事をしやすい元の地区がよい」として再び被災した浜に戻った事例があれば，また一例として，高台移転するには井戸掘りをはじめかなりの上水道を整備しなければならず，こうした工事の施工は当時は地域住民が自己負担で行っていた時代であったので，地域住民はあきらめて巨大な防潮堤を築いたという事例がある。これらに共通しているのは，住民が幾度となく協議し，検討に検討を加えて取り組んで結果を出している歴史的事実であることである。だからこそ広く，伝承として住民に浸透した。

　東日本大震災では，犠牲者の多くが高齢者によって占められていた。高齢者は避難行動も若い年代に比較して緩慢な印象はぬぐいきれない。しかしだからこそ，避難行動のあり方が課題とされることとなる。その具体的な対応の一つが，集中豪雨の際のいわゆる「避難準備・高齢者等避難開始」である。

　地震に対応できる住宅の建築のあり方として，必要とされた事項は，日本では建築基準法に反映されているものが多い。住民が有効と考え，専門家がこれを認めて制度化の必要性を専門機関を通じて唱えることにより，具体的に法制度の中に反映された。このことは，地域住民の生活に密着した防災上の対応の必要性だからである。

　このように災害の教訓等から，人々の間に伝承となって伝わっていく事柄は，住民生活に密着した，日常的な備えとなっているものが少なくない。その意味で，こうした災害体験に基づく教訓や伝承は，その十分に内容を確認しつつ，地域住民にとって理解しやすく，住民ひとり一人が具体的な行動に移すことが可能な内容である必要がある。

② 住民による自主的取り組み

（1）津波てんでんこ

　災害に対処し，地域住民が日常生活を取り戻すための取り組みは，政府機関が果たす役割とは別に，本来は被災者自身の取り組みこそが欠かせないものである。政府機関が様々な対策を講じるとしても，本来被災した住民自身が自らの日常生活を取り戻そうという強い意思がなければ，様々な被災者救済策は全く生かされないからである。

　日本では，災害に際して政府が災害対策にしっかりと取り組むようになったのは，1959（昭和34）年の伊勢湾台風以後，災害対策基本法を制定してからのことである。それ以前は，すべての災害において，必ずしも被災者の生活支援に取り組んでいたわけではなかった。また1960年のチリ地震津波においても，十分な支援が実施されたわけではなく，津波被災市町村が財政的にひっ迫しても支援されることはなく，財政再建団体の指定を受ける事態となった。

　そのような状況の中で，住民による自己防衛に向けた取り組みが地震学者等の呼びかけで展開されてきた。これは1933（昭和8）年の昭和三陸大津波以降のことである。その具体的な内容は，第一に高台移転である。津波が届かない高台に，住居を移転するというものであった。これは明治三陸大津波の教訓を生かし，高台移転したことで昭和三陸大津波の被災を免れた吉浜（現・大船渡

市吉浜）地区を見習ったことによる。

　第二に，地震が来たら津波が来ると受け止め，とにかく高台へ避難すること
を習慣づけることとなった。加えて過去の津波被害で，家族や知り合いを助け
ようとして犠牲となった人々が少なくないことから，他人はともかくわが身の
安全を第一として避難するという意味で「津波てんでんこ」と呼ばれる。こう
した取り組みと併せて，津波被災地の多くでは，津波が来たら避難する場所が
住民に周知されたほか，ほとんどの地域で伝承としての石碑が建てられた。

　第三に，そうは言っても助かる命は助けようと，初動期の避難は速やかに行
うこととして避難訓練は頻回に行われ，地震が来るたびに高台へ避難するよう
にした。その成果として釜石市が有名であるが，実際には大船渡市や陸前高田
市，気仙沼市など，ほとんどの沿岸部の被災地では，当日学校に登校した子ど
もたちに，犠牲者は皆無であった。石碑の原資は，地震学者の呼びかけに呼応
した新聞社が募金を募り，集めた資金であった。このときの取り組みは，今日
でも津波被災地には住民に根付いている。

（2）コミュニティ形成活動

　東日本大震災では，被災地での「絆」を大切にしようと，ふれあいの機会が
多くもたれるような取り組みがなされた。コミュニティ再生の取り組みといっ
てよい内容である。こうした取り組みは，東日本大震災に限らず，かなり以前
から取り組まれていた。その理由は，江戸時代においても，何らかの形で住民
組織が構築されていたことにも起因する。加えて内陸と違って沿岸部は，餓死
する心配が少ないことから，漁のできる地域に移住する人々は少なくなかった。
そのため明治以降においても，例えば明治三陸大津波で集落が全滅した地域が，
昭和三陸大津波においても，犠牲者が出るまでに街が再生されていたという地
域が少なくなかった点からもいえるであろう。

　その際の形成されるコミュニティは，時代とともに形を変えている。明治期
までは江戸時代の互助組織を基本としたものの，昭和の戦後以降は「講」組織
が主体となった。この場合の「講」組織のつながりは，一見して地域内の強い
絆が形成されているように見えるものの，実態は親族と近隣者を明確に区分し
たもので，地域内の関係形成に一定の「型」を形づくっていた点も確認できる。

こうしたコミュニティ形成は，住民自身がつくり上げたもので，いざというときの親族と近隣者に頼る場合の「互助」のルール化にも通じるものである。

第4節　災害時の福祉的支援（地域住民の社会生活の回復支援）の仕組み

　災害時においてそのフェーズごとのニーズに対応し，様々な支援が制度横断的に活用できなければならない。この点に関しては災害ケースマネジメントとして，近年注目される取り組みがなされてきている。しかしそのためにも，様々な支援の仕組みがあることを確認する必要がある。

1　フォーマルな支援活動

（1）広域福祉支援ネットワーク協議会
　阪神・淡路大震災以降，災害時における社会福祉分野の様々な支援活動の取り組みが，市民レベルや専門職，さらには法人などによって取り組まれるようになっている。公的機関においては，各都道府県単位で設置されている災害時広域福祉支援ネットワーク協議会が代表的である。社会福祉分野の様々な諸団体の協力を得ながら，復旧・復興に向けた取り組みを実施するために，多様な事業者の団体や職能団体の代表者によって構成されている。この会議の中で，都道府県内の災害時の福祉支援体制が構築されることとなっている。

（2）災害派遣福祉チーム
　東日本大震災における津波被災地での組織的な福祉支援活動が，岩手県において展開された。このとき，支援活動を担った福祉専門職の記録から，被災地でのニーズを確認した内容が表8-3，表8-4のとおりである。
　このニーズ確認によって，被災地では医療ニーズと並行して福祉ニーズも多いことが確認され，岩手県内の福祉関係団体が岩手県知事に要望書を提出することによって，福祉支援機構を設置し，災害派遣福祉チームの設立に至った。
　その後岩手県では，福祉支援機構内で，災害の発生を想定して派遣に向けた県のマニュアルを策定し，これに基づいて研修活動を展開した。その成果が，2016（平成28）年の熊本地震や2018（平成30）年の西日本豪雨における県外派

表8-3　被災地におけるニーズの変化（A市：2011年5〜12月）

	5月	6月	7月	8月	9月	10月	11月	12月
福祉および介護問題	25	13	31	1	3	4	10	12
就労等の経済問題	9	9	8	1	1	1	0	3
医療および衛生問題	14	10	7	1	2	2	11	1
移動・連絡手段の問題	17	5	6	0	2	7	12	1
地域見守りおよび地域づくりの問題	25	23	18	3	8	11	25	6
行政および各種支援の問題	94	18	9	9	3	2	9	7
専門職間の連携の問題	13	6	4	1	1	4	1	3
住環境問題	19	7	9	3	4	8	8	5
その他	5	2	3	4	1	1	5	2
計	221	93	95	23	25	40	81	40

表8-4　被災地におけるニーズの変化（B町：2011年5〜10月）

	5月	6月	7月	8月	9月	10月
福祉および介護問題	30	15	39	16	4	14
就労等の経済問題	10	14	4	9	1	5
医療および衛生問題	14	25	13	8	2	3
移動・連絡手段の問題	17	20	24	15	4	9
地域見守りおよび地域づくりの問題	7	15	25	13	14	21
行政および各種支援の問題	24	31	11	30	5	19
専門職間の連携の問題	7	7	7	12	1	11
住環境問題	23	12	16	9	4	13
その他	2	5	2	3	1	5
計	134	144	141	115	36	100

遣，2017（平成29）年の台風10号被害での県内派遣という実績に至っている。

　この岩手県の取り組みから東北6県をはじめ，災害派遣福祉チーム設立の動きが広がっている。2018（平成30）年5月31日付けで厚生労働省から全国の都道府県知事宛てに「災害時福祉支援体制の構築について」が発出され，災害派遣福祉チームのガイドラインが示された。災害派遣福祉チームの活動のあり方

や具体的な養成に関して，今後一層内容が検討されるものと思われる。

2 インフォーマルな支援活動

（1）ボランティア活動

　阪神・淡路大震災時，災害ボランティアが大きな役割を果たし，以後の大規模災害において，多くのボランティアが被災地支援に駆けつけるようになった。被災地の復旧活動においてボランティア活動は，今や不可欠となっている。

　災害ボランティアの活動を支えるため，都道府県や市町村の社会福祉協議会に災害ボランティアセンターが設置され，ニーズ把握，ボランティアの受け入れ，人数調整・資器材の貸し出し，活動の実施，報告・振り返り等を行っている。災害時のボランティア活動希望者は，被災地の都道府県や市町村の災害ボランティアセンターに参加を申し出て，活動を展開することとなっている。

　災害ボランティアの活動は，被災地において極めて大きな力となっており，被災地の復旧活動の一翼を担っている。災害ボランティアの活動の姿は被災者にとって大きな励ましになっており，今後も支援活動の展開が確実に被災者一人ひとりに届くような取り組みが期待されている。

（2）専門職による支援活動

　災害時において，福祉専門職による組織的な活動に関して，インフォーマルな活動として，活発な活動が展開されている。

　専門職による活動としては，団体単位の大きく2種類があげられる。1つは職能団体の活動であり，もう一つは種別の関係団体の活動である。

　職能団体の活動としては，日本社会福祉士会や介護福祉士会，精神保健福祉士会，介護支援専門員協会などの職種別団体が，避難所や被災した福祉施設への支援活動を実施している例があげられる。

　一方，種別関係団体の活動としては，とりわけ介護福祉関係の各種団体による被災施設支援活動があげられよう。被災施設では，施設機能復旧活動と併せてサービス利用者に対する対応も待ったなしのため，どうしてもマンパワーが通常以上に必要となることから，こうした支援活動が展開されるようになってきている。このほか東日本大震災以降は，特に障害者福祉関係団体の動きもみ

られてきている。障害者福祉関係団体の活動は障害者家族に対する支援も大きな比重を占めており，種別団体の支援活動は，それぞれ特徴が見受けられる。

（3）コミュニティ活動

　ここにいうコミュニティ活動とは，地域支援活動である。しかし被災地外から集まってきたボランティアが行う活動ではなく，被災地およびその周辺の地域住民が，主体的に地域づくりに取り組む活動を指す。したがって被災地およびその近隣の地域におけるレジリエンスといえよう。本来は，福祉分野における地域支援を実施する場合は，こうした被災地のレジリエンスに通じる支援活動の展開が望まれるところである。

　岩手県釜石地区の障害者自立支援協議会では，2013（平成25）年から近隣の仮設住宅団地の住民や「みなし仮設」の住民とともに，交流活動や被災地の清掃活動を展開している。そこでのねらいは，清掃活動を通じた同じ被災者としての仲間意識づくりや，障害者に対する偏見意識の除去などを通じて，災害時においても平時においても，共に一人の地域住民として生活していくことを目的としている。

　災害時にそれぞれの社会が，あらゆる被災者に対して，どのようなことに取り組めるのかが問われる。行政は，法制度を基本に対応している。地域住民はそれぞれの社会の日常生活において，「常識」となっている行動様式で対応する。この点が実は，平時においては必ずしも十分に，地域住民間でつながっているわけではない点が課題となる。このため訓練が重要になるものの，特に具体的なシミュレーションによる訓練を実施し，常に既存のシステムの見直しを行いつつ，災害時において限られた行動様式から，いかに行動すべきか検討する思考を身につける必要がある。そして個人も地域社会も，福祉コミュニティとしての機能性を高めることが期待される。発災時では，法令上の支援であれ，災害ケースマネジメントであれ，あらゆる被災者が例外なく支援を受けることができるよ

写真提供：釜石地区障害者自立支援協議会

うでなければならない。災害は，望まずして多くの人々が巻き込まれる社会現象である。災害に対する我々と社会の対応のあり方は，他の望まずして出現する様々な社会の現象等に拡大する。それだけに，災害から導き出される教訓は，絶えず社会の改良・変革へと向けられる必要がある。その際には，社会の中で弱い立場にある人々の状況について，平時から常に改良・変革への取り組みが必要となる。

　災害福祉は，福祉的支援を必要とする住民の声が，発災時から復旧復興までの各時期段階において，反映される必要がある。復旧に向けた街づくりにおいては，こうした声が反映されなければ，福祉的支援を必要とする地域住民にとって住みにくい街となってしまう。災害福祉を捉える場合には，「被災者」を考える際に，福祉的支援を必要とする住民を軸に据えてこそ，意味のあるものとなることを念頭に置く必要がある。

■参考文献

・都築光一：明日への胎動―東日本大震災後の地域福祉―，東北福祉大学地域福祉研究センター，2015

・吉田渉，都築光一：被災地の福祉ニーズ，日本社会福祉学会東北部会「調査研究報告書」，日本社会福祉系学会連合，2012

・立木茂雄：災害と復興の社会学，萌書房，2016

・立木茂雄：災害と障がいのある人たち―障害者の権利条約11条「リスク状況および人道上の緊急事態」に求められる措置の視点から―，兵庫県人権啓発協会研究紀要19，pp.49-80，2018

・アンドリュー・ゾッリ，アン・マリー・ヒーリー著／須川綾子訳：レジリエンス―復活力―，ダイヤモンド社，2013

・西田玄：災害対策関係法律をめぐる最近の動向と課題―頻発・激甚化する災害に備えて―，立法と調査，2018.9，No.404，pp.99-114

・津久井進：災害ケースマネジメント，合同出版，2020

・千葉実：自治体災害対策の基礎，有斐閣，2019

・Sphere Association：スフィアハンドブック，2018

・ナオミ・ザック／髙橋隆雄，阪本真由美，北川夏樹訳：災害の倫理，勁草書房，2020

214

事例6 地域福祉推進の原点は防災体制の確立から
―山形県高齢者福祉施設防災ネットワーク協定締結の経過―

　山形市内にある特別養護老人ホームながまち荘では，有事の際に地域との協力関係が不可欠であると判断し，地域住民への支援体制の構築を目指すこととした。具体的な取り組みとしては，施設のある千歳地区長町町内と自主防災協力員組織の構築締結を行い，年間を通しての総合・夜間避難訓練等の参加や車いす操作の訓練等の研修会開催を通じて，地域住民の福祉拠点として提供してきた。

■山形県高齢者福祉施設防災ネットワーク協定の締結式の経過

　山形県高齢者福祉施設防災ネットワーク協定が締結されたきっかけは，2004（平成16）年10月に発生した新潟県中越地震である。高齢者福祉施設利用者が犠牲となるケースが多く，災害時における支援体制の課題が浮き彫りになり，4地区で順次協定締結が進み，2006（平成18）年4月13日：庄内地区特別養護老人ホーム防災ネットワーク締結，2008（平成20）年7月8日：置賜地区老人福祉施設長連絡協議会災害時施設相互応援協定締結，2009（平成21）年4月3日：最北地区特別養護老人ホーム施設長連絡会災害時施設相互応援締結，最後に同年8月26日：村山地区特別養護老人ホーム災害時施設相互応援協定が締結された。

　また，4地区で順次協定締結が進んでいく中で，山形県老人福祉施設協議会が中心になり，未加入の施設を含めた防災体制の強化が必要との認識のもと，特に特養部会が中心となり推進していくことになった。その後各地区協定締結施設が増加し，現在では，庄内地区22施設（すべて特養），最北地区20施設（すべて特養），置賜地区20施設（特養16，養護3，ケアハウス1），村山地区37施設（特養34，養護3），合計99施設により，2011（平成23）年8月24日に4地区合同で山形県高齢者福祉施設防災ネットワーク協定を締結する運びとなった。

　その一方，福祉避難所の指定状況について福祉新聞に掲載されたが，山形県は35市町村中福祉避難所として指定済市町村が2010（平成22）年4月調査したもので3市町村（金山町・白鷹町・庄内町），2011（平成23）年8月現在では，4市町村（金山町が外れ中山町と川西町が増えた）となっていた。指定割合にして8.6％と全国で最下位の結果となった。その理由として，福祉避難所を指定し得る受け皿の絶対量が少ない，また，災害時要援護者の線引きの難しさなど原因は多様であるものの，地域福祉の観点から地域に密着した福祉を提供していくことができるようにするため，福祉避難所の指定に向けた取り組みが計画された。

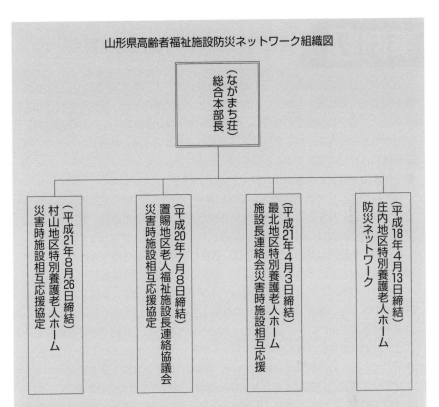

山形県高齢者福祉施設防災ネットワーク組織図

（ながまち荘）
総合本部長

（平成21年8月26日締結）
村山地区特別養護老人ホーム
災害時施設相互応援協定

（平成20年7月8日締結）
置賜地区老人福祉施設長連絡協議会
災害時施設相互応援協定

（平成21年4月3日締結）
最北地区特別養護老人ホーム
施設長連絡会災害時施設相互応援

（平成18年4月13日締結）
庄内地区特別養護老人ホーム
防災ネットワーク

■これからの取り組み

　今回の高齢者福祉施設防災ネットワーク協定の取り組みは，地域福祉の推進の第一弾で，第二弾は，地域福祉の観点から福祉避難所に協定施設が県内をあげて推進するところに意義がある。大規模の施設の利点を活かし，防災拠点としての対応が大切であることが確認できた。ながまち荘の小さな取り組みが，東日本大震災後の山形県高齢者福祉施設防災ネットワーク協定締結や福祉避難所の指定に向けての取り組みに発展してきている。

事例7 災害時における社協活動と視点

　釜石市社会福祉協議会（以下，釜石市社協）は，東日本大震災により甚大な被害を受けた。役職員2名が死亡，福祉サービス利用者の死亡・行方不明者が18名であった。指定管理施設も被災し，児童館5施設中3施設が流失，事業用車両も，15台のうち10台を失った。地域住民の被災者支援を行う考えはあったものの，社協自体がこれだけ被災することは想定していなかった。

■発災直後の状況と災害ボランティアセンター

　発災直後は，行方不明の職員の情報収集や，サービス利用者の安否確認を行う日々が続いた。捜索していた職員の情報が自衛隊からもたらされ，遺体確認したほか，遺体収容袋には既知の名札が散見され，茫然自失となる日々が続いた。

　数日後，組織的な活動が可能となり，過酷な避難生活を余儀なくされている多数の住民に対して，それぞれのフェーズに応じて支援活動を実施した。

　最初に立ち上げたのは，災害ボランティアセンター（以下，災害VC）と福祉避難所であった。災害VCでは，100か所以上となった避難所の支援のために食料等の生活必需品の提供や炊き出し，清掃活動を行った。開始2か月の対応ニーズは，災害対策本部からの依頼が8割を占めた。その活動は復興支援VCへと引き継がれ，延べ93,523人が活動している（2020（令和2）年3月末時点）。

　災害VCを窓口に開設された生活福祉資金・特例小口貸付は2年間で556件，80,160,000円となった。また，医療施設と避難所の中間施設として発災後に急遽開設した福祉避難所は3月15日に設置され，137日間の運営で延べ1,730名（実数63名）が利用している。

■多様なニーズ対応（生活支援相談員活動と多種の会議の設置）

　避難所から応急仮設住宅への入居が始まると，被災者のプライバシーが確保される反面，健康に対するニーズや福祉課題を持つ方々への接触が困難となった。また，実態のわからない世帯も多く，世帯ごとの現況と被災世帯の全体像を早期に把握する必要が生じた。そうしたニーズに応えようと「傾聴」と「つなぎ」を基本姿勢とする，生活支援相談員活動が始まった。生活支援相談員は最大30名で，66か所2,845戸の仮設団地を含め，みなし仮設，在宅避難者約3,600世帯を訪問対象とした。

　ここで協働を進めるためには，組織内外において共通理解，相互理解を行う必

要がある。このため釜石市社協では，「本部運営会議」，「定例職員会議」，「ご安心センター運営会議」，「支援者連絡会」等を新たに設置し，社協他部署や諸団体のマインドセットによる事業活動の相互理解を図り，団体同士の役割分担を行った。

■被災者支援のための異業種との連携

さらに，福祉による被災者支援活動をより広く進めるためには，地域住民の主体的な活動の促進はもちろんのこと，日頃密接していない地域の経済界や地場産業などの異なる部門と，福祉の専門性を接着した計画的な取り組みが求められると考えられた。釜石市社協ではこのため，震災後に策定した地域福祉活動計画において，適切な役割分担による取り組みを計画の中に位置づけ，計画的に行うことを目指し現在推進している。

■ま と め

そもそも社会福祉に関する諸活動は，概ね制度がない中で萌芽し，社協は民間組織としてそれらの課題に柔軟かつ即応的に対応してきた。災害の場合の社協活動は，まさにそうした活動が求められる。その中で，支援対象者の生活実態や福祉課題の把握に努め，そのニーズに立脚した活動を展開していくことは，社協活動の基本とするところである。その際の被災者支援活動は，公私協働による福祉支援の総合体となるのが望ましい場合が多く，東日本大震災においても効果的であったと考えられる。

社協の地域福祉活動の展開方法において，住民の自主性・主体性による取り組みを重視する姿勢は，普遍的なものである。それは被災者支援活動においても同様であり，自立した生活を営むうえで必要な，自主性や主体性を損ねない支援と関わりが求められる。このことから，社協による支援は，当事者の依存心を生まないような配慮が施されるが，本人が持つ力を取り入れるような福祉の性質上の支援特徴を周囲に理解していただく必要もある。

被災者支援を通じて社協には，住民と共に地域のありたい姿を構想する力と具体的な課題解決に向けた対応力の2つの期待があることが確認されている。この視点に関しては，災害時における社協活動も，日常的に営む地域福祉活動と同一線上にあるものと理解できる。

終 章
住民主体の地域福祉推進に向けて

　これまで折に触れて，地域福祉は住民主体で実施されるべきであることを述べてきた。あらゆる住民が協力して，主体的に地域福祉活動を実施することによって，福祉のまちづくりは達成されるものだからである。社会福祉の専門職は，この点を踏まえた上で，住民主体の活動を側面的に支援する態度とスキルが望まれる。こうした点を中心に，地域住民が地域福祉活動を通じて，福祉のまちづくりに至るためのいくつかの課題を述べる。

第1節　地域住民による地域再生

　今日，地域福祉の推進の上で大きな課題となっているのは，地域住民が主体となって地域づくりを進める方法である。ここでは，近年の特徴として，地域再生をテーマに，いくつかの事例を紹介しながら検討する。

1　被災地の地域再生

　日本には風水害を中心とした様々な災害が，毎年のように国内各所に襲来している。そのたびに災害に対応した取り組みがなされ，多くの報告がなされている。その報告の中では，新たな地域づくりの報告も少なからず見受けられる。被災地における実際の地域づくりを見てみよう。

　東日本大震災の際には，2011（平成23）年から2013（平成25）年までの間，ある地区で被災地の福祉関係者による情報交換会が継続的に開催された。そこで確認された点の主要な概要を列挙すると以下のようになる。

　①　支援団体間の取り組み状況の情報交換
　②　地域が被災し，嘆きの声と併せて，今後取り組もうと思っていた事業や
　　　活動ができなくなったことへのやり場のない気持ちの吐露
　③　福祉関係者の思いと地域住民の思いのズレの部分の意見交換と確認

④　被災地への支援団体の方針と自らの所属団体の方針との違いの概要

⑤　当面の取り組みに関する情報交換

　以上のような内容について，数か月ごとに会合が繰り返し開催され，様々な取り組みが実施されていった。注目すべき点は，発災初期の段階の情報交換を行いながら，様々な福祉関係者の活動上の現在の気持ちの吐露がなされる中で，そのつど気持ちのリセットがなされたことである。初期段階のこうした取り組みは，関係者間の意識のすり合わせを行い，共有化を図り社会の中での役割意識を高めていくことが，専門職にとって大切な点であると思われたのである。

　こうした情報交換や意見交換が重要な点として，情報や考え方の共有や深化があげられる。地域住民が主体的に地域福祉活動に取り組むためには，活動の主要な概要について，地域住民が活動の意味に関して共有していなければならない。そのためには，地域住民の主要な人々や支援関係者が，しっかりと活動の概要を企画し，共有しなければならない。ここで重要な点は，活動の企画前段階の情報交換をしっかりと行うことと，意見交換しながら内容の深化を図り，活動実施の可能性を探りながら具体化させるプロセスである。意見交換しながら行うため，活動の企画概要は程度の違いはあっても，地域住民に浸透していく。どのような地域をつくるのかは住民が決めていくことになる。

　こうした活動の基本は，地域住民と関係者間での話し合いの進め方にある。関係者間の情報交換により明確になった点は，お互いの意見や考えを言語化し合うことで，他者が肯定したり否定したりあるいは学習したり提案したりなどの検討過程を経て，徐々に自らの役割が明確になってくる。自分の役割が明確になることで，支援者側としての地域再生意識が強化されるものと思われる。被災地の地域再生に向けた取り組みとして地域住民の場合も同様に，意見交換のプロセスを透明化させながらその経過を経て，多くの方々の意見を集約し，当事者意識と役割意識を高めていくことが重要と思われる。現にこの情報交換会に参加した市町村社会福祉協議会の職員は，住民を対象とした情報交換会を開催し，震災からの地域の復興に取り組んだ。例示したようにこうした取り組みの経過を経て，いかに住民が望む地域像をつくり上げていくのか，そのプロセスを支援する手法の普及徹底が課題といえる。

2 過疎地の地域再生

　過疎地の地域再生に関しては，被災地の場合と違い，地域住民が強い地域の危機意識を，必ずしも地域生活課題として共通して抱いているわけではないため，支援していく上では，地域住民の共通の課題を明確にすることが初期段階では重要となる。とりわけ過疎地では，地域存続の危機にあるという意識に関しては，かなり程度の差はあるものの一般的に共有している。しかしその危機感の持ち方が様々である。役職についている人々は，地域の担い手となる後継者を望んでいる。年配の人々は，かつての地域の賑わいを懐かしみ，そのときの姿こそが自分たちの地域だと思い，復活を願っている。一方，若い年代の人や外部からの転入者は，かつての地域の賑わいは知らない。また地域内の組織運営のあり方についても，無理や無駄と感じられる運営方法の事例が散見されるため，現在の地域の指導者に対する不信感を抱くようになって，地域の統一感が失われる場合もあり，地域によって程度の差がかなりみられる。

　過疎地では，①高齢者世帯および高齢者単身世帯が増加している，②人口と世帯数が減少しており，地区組織の資金が集まらなくなってきている，③人口減少に伴う自治会会員の減少と未加入者の増加により地域の組織が解体してきている，④地域内で力仕事をこなせる人がいないため，地区の祭りや行事ができなくなってきている，⑤消費単価が低いので採算が取れず商店が極めて少ない，⑥住民が役職を何役もこなし多忙である，といった状況にある。

　こうした状況で，地域住民の主体的な地域福祉活動を推進することは，住民にとっても支援する側においても，かなり大変である。このため例えば豪雪地帯の場合は雪かきの活動，住宅が点在している地域の場合は見守り活動など「みんなで協力して何とかしよう」と，生活防衛的な形で活動が展開される方向に向かうケースがみられる。その意味では，地域再生に至るとは限らない。いずれ地域が消滅するかもしれないという存続の危機は一旦棚上げし，その上で協力して取り組む活動をまとめていくのである。またそのため生活防衛的な活動においても，必ずしも自分たちだけで実施するとは限らない。隣接する地域と協働して実施する場合もある。大切なのはどのように活動を実施するのか，そ

れを決定するのは当該の地域住民であるということである。

　過疎地の地域づくりは，実際に新たな地域づくりに至る場合と，生活防衛に向かう場合とがあり，その中でも生活防衛に向かう場合の方が多い。なぜなら人口が減少し，人材も若手が減り，かつ社会資源もなくなり地域の組織力も低下し，地域経済も縮小していく状況で，新たな活動を起こすことはかなり厳しいからである。過疎地では外部から様々な提案がなされる場合も少なくはない。しかしその方法と今後に向けて継続的に実施していくための方法だけではなく，資金と担い手の確保ができない限り，活動を具体的に展開できない。その意味では地域の総合力が問われているともいえよう。いずれにしても，地域住民の地域再生意識の高揚を図りつつ，いかに個々の地域の特性に応じた地域福祉の推進を図るようにするのか，大きな課題となっている。

第2節　地域福祉を推進する活動プログラム（住民組織）

1　支援プログラム

　地域福祉は，地域住民が主体となったものでなければならない。そのためには活動の企画や提案が，地域住民からなされることが望まれる。最も望まれるのは，住民が活動を展開する際に，ワーカーが中心とならないことである。その意味でワーカーには，ワーカー自身が中心とはならないようにする勇気が必要なのである。住民から中心となるよう求められるとしても，それは適当ではない。住民の主体性を原理とする以上，それは当然のことなのである。住民主体の活動にするための具体的な展開手法として，地域福祉の支援プログラムと実践プログラムがあり，この2つが地域福祉の活動プログラムなのである。

　具体的な地域福祉活動を展開する際には，例えばはじめは社会福祉協議会が地域住民に対して活動展開の打診を行うにしても，その後地域住民によって活動の運営ができるように，取り組みの実施主体の移行を見据えて進めていく必要がある。そのためには，地域住民に対して活動展開の打診を行う段階で，地域住民が主体的に活動内容を組み立てることができるように，側面的に支援し

ていくことを念頭においた打診の方法が重要である。さらにその後の支援のあり方について，十分に見通しを持って取り組むことが不可欠となる。こうした地域住民の活動に対して，住民の主体的な活動として位置づけていくための支援の過程を，ここでは「支援プログラム」と称して説明する。

　支援プログラムでは，いつ・どこで・誰が・誰に対して・何をするか・どのようにするのか，住民自身で自己決定していくことが重要である。いわゆる活動プログラムについては，住民の主体的な企画に任せ，コミュニティワーカーは，そこに社会福祉サービスを必要とする地域住民が参加できるように関わりを持っていくことや，人的社会的資源の活用に向けた助言など，あくまで側面的な支援に徹することが肝要である。積極的に活動内容に踏み込んだアドバイスや，地域住民への指導的態度での対応は，住民の主体性を損なう原因を，ワーカー自身がつくってしまうことになるからである。地域のメンバーで活動内容を決めていく意義は，達成目標を設定しながら，それに向かって活動プログラムを自分たちで組み立て，活動が終わったときに地域住民で達成感を味わうというねらいがある。

　社協事務局において事業や活動を新たに展開しようとするときは，その時点で住民主体の形ではないわけであり，これを住民主体にしていくような工夫が求められる。そのためには，社協事務局から地域に事業や活動の実施を打診する前の段階に，何らかの構想を決めておく必要がある。

2　実践プログラム

　地域福祉を推進する上で，タイムスケジュールにしたがって活動を展開する手順をまとめたものを，実践プログラムという。この実践プログラムは，参加する地域住民自身が具体的な活動内容を組み立てていくことが望まれる。そのプロセス次第で，実践プログラムの持つ意味が地域福祉における実践プログラムになるのか，それとも行政や社会福祉協議会にとってのイベントになるのかの分岐点になるといえよう。具体的には，地域住民同士で協議して自己決定する内容の部分である。この協議の段階は，非常に重要なプロセスである。この中で，いつ，どこで，誰が，誰に対して，何を，どのように行うのか，また予

算はいくらかなど（5W2H）の活動実施概要を決めていく必要がある。

　活動実施概要の検討においては，まとまる部分の内容をまず決めていくことが大切である。協議や検討段階のはじめに，まとまるところを整理しておくと，参加している地域住民も話が進んでいることを実感できるので，話をまとめる方向で参加してくるようになるのである。

　ここまでまとめた内容で実際にプログラムを実施した後，ここまでの活動をさらに発展させていきたい場合，これを今回限りではなく，翌年度に向けて今後も続けていくときの進め方について，しっかりと見通しを持って支援活動を行う必要がある。このときその場で話し合ってもいいし，簡単なアンケートを事前に準備しておいて実施するのもよい方法の1つである。基本的には参加した当事者から，次につなげる意見をもらうようにすることが重要である。その上で，次の企画につなげていき，実践プログラムの検討に進めることができるよう，支援プログラムをまとめていくことを考えておく必要がある。

第3節　地域福祉の今後の展望（地域共生社会）

1　変貌する地域社会での地域福祉活動

　福祉計画の策定については，社会福祉に関する各法令で計画化が義務づけられ，行政においてそのノウハウを蓄積してきている一方で，相当数の市区町村社会福祉協議会において，地域福祉活動計画の策定が進んでいる。これは，住民主体の地域福祉の推進のために不可欠の計画であり，その策定作業だけでなく進捗管理や評価についても，基本的には住民主体で実施されることが望まれる。しかし，それを実現していくための課題としては，計画の実効性が問われているということがあげられる。

　これについては，さらに計画実施段階において少子高齢化などといった社会経済の変化に伴って制度政策がしばしば変更され，計画策定機関である地方公共団体において，計画変更を迫られることが少なくない。地域福祉計画で計画された事業は実施段階で社会福祉協議会等に委託することが少なくないだけ

に，思い切った展開ができないという事態を招くこととなる。そのため，計画した各種事業や活動を実施できるものとできないものが発生したり，場合によっては計画自体が有名無実となる場合もある。もちろん本来社協の地域福祉活動計画は住民主体の計画であることから，制度に左右されない計画であるはずではあるが，実態としては財源手立てなどの点で行政の果たす役割が大きく，制度と密接な関係にある場合が少なくない。

　一方で今日の地域社会は，人口集中地域と地方の格差が非常に拡大してきているほか，変貌の速度が速くなってきている。地域における諸活動のリーダーが健在だったり，後継者がスムーズに決まっているうちは地域福祉活動も滞ることなく継続されてはいくものの，ひとたびリーダーが不在となった場合や後継者が決まらずにこれまでの体制のまま継続するようになると，地域の変貌の速度についていけず，時代に即した新たな取り組みの方法を創出できずに衰退している地域や，活動を中断してしまった地域などが目につく。今日国から発出される様々な地域福祉活動のガイドラインは，こうした点で制度や社会の潮流に乗りやすい条件を有している地域が，活動できるように組み立てられてきている側面が強い。本来個別支援と同じように，地域支援は，条件を満たすことが困難な地域にこそ，向けられるべきである。社会福祉の基本的な考え方に立てば，様々な点で脆弱さを抱えた地域が，見捨てられるようなことがあってはならないのである。困難を抱えている地域が，地域福祉活動を通じて福祉のまちづくりができてこそ，地域福祉のモデル事業といえるであろう。

2 福祉コミュニティの構築（地域共生社会）に向けて

　1960年代に糸賀一雄が「障害を有していることが，なぜ社会の問題となるのか」と叫んで以降，障害を有している人と有していない人が，共に生きていくことができる社会を目指した取り組みは，これまで幾度となく試みられてきた。加えて要介護状態であろうとなかろうと，これまで住み続けてきた地域社会で引き続き暮らしていくことができるように，地域包括ケアシステムの構築を目指した取り組みがなされているが，これもかつては「在宅ケアシステム」の構築を図ろうと試みられたところと基本的には変わりはない。様々な制度が創設

され，普及徹底を図ろうと専門的な部分の深化を進めていく中で，他の制度と
分化していく中でしばしば不都合が生じてきたのである。すなわち常にソー
シャル・インクルージョンが形を変えて叫ばれ，福祉コミュニティの構築を図
ろうと様々な試みがなされているのである。確かに言葉は踊っている。しか
し，それでもなぜ，目的が達成されていかないのであろうか。制度では達成で
きないということは，人が制度を創設するにもかかわらず，制度の運用に焦点
が集まり，その目的とするところを地域社会や一人ひとりの地域住民に向かっ
ていないからというほかはないであろう。すなわち制度運用の際に，運用する
側や専門職等が，制度活用に目が行きがちで肝心の地域住民や福祉サービスを
必要とする住民に目が行っていないからと言わざるを得ないのである。

　地域福祉の制度達成とは，制度の成果を数値目標で評価してできるものでは
ない。取り組む前と比較して，ソーシャル・インクルージョンがどれだけ図ら
れたかを，評価していくものでなければならないのである。これによって，福
祉コミュニティの達成状況を確認することこそが重要なのである。その意味で
は，糸賀一雄の時代から形は変えているものの，福祉サービスを必要とする地
域住民に対する社会のありようは，基本的に大きく変化していないのかもしれ
ない。それだけに地域福祉活動の推進は，今後より一層充実させていかなけれ
ばならないといえよう。したがって新たに創設される様々な制度も，地域福祉
活動の充実に向けた動機づけやきっかけづくりに大いに活用すべきである。

■参 考 文 献

・山崎美貴子，北川清一編著：社会福祉援助活動，岩崎学術出版社，1998
・大橋謙策，手島陸久，千葉和夫，辻浩編：コミュニティソーシャルワークと自己実
　現サービス，万葉舎，2005
・大塚達雄，硯川眞旬，黒木保博編：グループワーク論，ミネルヴァ書房，1986
・副田義也：コミュニティ・オーガニゼイション，誠信書房，1974
・窪田暁子：グループワーク，誠信書房，1972
・服部正：ソーシャルグループ・ワーク，ミネルヴァ書房，1972
・都築光一：地域福祉推進の理論と実際，中央法規出版，2007

索　　引

執筆者・執筆担当

〔編著者〕

都築　光一　　東北福祉大学総合福祉学部教授　　序章・第1章・第3章第9節・第5章・第8章・終章

〔著　者〕（五十音順）

日下　輝美　　福島学院大学福祉学部教授　　第3章第2節

熊坂　聡　　元宮城学院女子大学教育学部教授　　第7章第1〜4節

佐藤　哲郎　　岩手県立大学社会福祉学部准教授　　第2章・第6章

柴田　邦昭　　柴田社会福祉士事務所代表　　第3章第1節❸・第6〜8節

菅原　里江　　東北福祉大学総合福祉学部准教授　　第3章第4節

豊田　正利　　東北文化学園大学現代社会学部教授　　第3章第1節❷

中村　健治　　北海道社会福祉協議会副局長　　第3章第1節❶・第7章第5節

長谷川武史　　佐久大学人間福祉学部准教授　　第3章第5節

吉田　守実　　八戸学院大学健康医療学部教授　　第3章第3節・第4章

■事例執筆者（執筆順）

事例❶❷：鏡　　洋志（上山市社会福祉協議会事務局長）

事例❸：長岡　芳美（山形市社会福祉協議会元事務局長・金井地域包括支援センター社会福祉士）

事例❹：江部　直美（山形市社会福祉協議会地域福祉課長）

事例❺：及川　和代（奥州市社会福祉協議会生活困窮者自立支援室主任）

事例❻：峯田　幸悦（特別養護老人ホームながまち荘施設長・羽陽学園短期大学非常勤講師）

事例❼：菊池　亮（釜石市社会福祉協議会地域福祉課長）

福祉ライブラリ

現代の地域福祉〔第2版〕

2020年（令和2年）10月15日　初版発行
2022年（令和4年）5月20日　第2版発行

編著者　都　築　光　一
発行者　筑　紫　和　男
発行所　株式会社 建　帛　社
　　　　　　　KENPAKUSHA

〒112-0011　東京都文京区千石4丁目2番15号
TEL（03）3944 - 2611
FAX（03）3946 - 4377
https://www.kenpakusha.co.jp/

ISBN 978-4-7679-3393-1　C 3036　　　中和印刷／田部井手帳
©都築光一ほか, 2020, 2022.　　　　　Printed in Japan
（定価はカバーに表示してあります）